AF600754

DAS RADIO IN DER NUSSSCHALE

HIRMER

Museumsstiftung Post
und Telekommunikation

Das Radio in der Nussschale

UND ANDERE OBJEKTGESCHICHTEN

aus den Sammlungen der Museumsstiftung Post und Telekommunikation

HERAUSGEGEBEN VON

VEIT DIDCZUNEIT

VORWORT

Das Radio in der Nussschale ist eines der kuriosesten Objekte in den Sammlungen der Museumsstiftung Post und Telekommunikation. Es ist ein Bastler-Apparat, der von einem Enthusiasten dieser Technik in ihrer Frühzeit in den 1920er Jahren hergestellt wurde. Seit 1978 ergänzt das funktionsfähige Empfangsgerät unseren Objektfundus, dessen Anfänge auf den Generalpostdirektor Heinrich Stephan, den Gründer des Reichspostmuseums, und seinen Auftrag von 1872 zurückgehen, das Nachrichtenwesen der Menschheit ausschnitthaft zu dokumentieren. Aus nachvollziehbaren Kapazitätsgründen konzentrieren wir uns schon seit Langem auf Deutschland betreffende Entwicklungen der Kommunikationsgeschichte. Heute befinden sich in unseren Depots in Berlin und Heusenstamm bei Frankfurt am Main sowie im Archiv für Philatelie in Bonn mit insgesamt über 20.000 Quadratmeter Fläche Schätze in einer Anzahl von über zwei Millionen Objekten, die vielen Millionen von Briefmarken nicht eingerechnet. Die umfangreichen Bestände umfassen sowohl die klassische Geschichte der Brief- und Schreibkultur sowie die Logistik der Beförderung und des Reisens als auch die Nachrichtentechnik und Mediengeschichte von den Anfängen der Telegrafie und des Telefons über die Massenmedien Radio und Fernsehen bis hin zu den aktuellen Entwicklungen der digitalen Transformation.

Mit der Namensänderung und dem Wandel der ehemaligen Postmuseen zu den heutigen Museen für Kommunikation vollzog sich zugleich ein Paradigmenwechsel dergestalt, dass die Geschichte der Kommunikation breiter und vor allem im Hinblick auf ihre Relevanz für Gegenwart und Zukunft betrachtet wird und die Technik im Kontext ihrer Nutzung und der Veränderung von Verhalten und Gewohnheiten steht.

Seit Gründung der Museumsstiftung Post und Telekommunikation im Jahr 1995 werden die Sammlungen zunehmend digital erschlossen und seit den 2000er Jahren im Internet über unsere Website zugänglich gemacht. Die häufige Nutzung und große Resonanz unserer Sammlungsseiten, beispielhaft sei hier die Online-

Stellung von Feldpostbriefen und Post von »Drüben« genannt, spornt uns bei der weiteren Digitalisierung der Stiftungsbestände an. Gleichzeitig wurde vielfach aus dem Museumspublikum der Wunsch an uns herangetragen, den Kosmos hinter den Objekten, ihre Entstehung, Verwendung, Sammlung und Ausstellung in analoger Manier als hochwertige Objektpublikation zu präsentieren.

Ausbau der digitalen Datenbank und analoge Publikation sind kein Widerspruch, und so sind wir gerne diesem Ansinnen gefolgt. Mit 101 lesenswerten Texten zu den Objekten, die nicht nur in nuce *Geschichte* dokumentieren, sondern auch fesselnde *Geschichten* erzählen, und den ausgezeichneten Abbildungen vermittelt sich nicht nur das Gefühl, die Exponate buchstäblich in den Händen zu halten, sondern auch die enorme Fülle und Bandbreite der Sammlungen. Dieses Buch soll Neugierde und Lust auf weitere Betrachtungen in unseren Ausstellungen in Berlin, Frankfurt am Main und Nürnberg, in den Depots und im Internet wecken. Wir laden alle Leserinnen und Leser zu einer Entdeckungsreise durch die gleichermaßen spannende wie aktuelle Geschichte der Kommunikation ein, die zugleich aufschlussreiche Einblicke in unsere Sammlungstätigkeit gewährt.

Bei so vielen aussagekräftigen Objekten und interessanten Möglichkeiten fiel die Auswahl nicht leicht. Sie folgt daher verschiedenen Kriterien: Zum einen umspannt sie einen langen Zeitraum, rund 4.000 Jahre Kommunikationsgeschichte, von der Keilschrifttafel von 2052 vor Christus bis zum Paketkopter aus dem Jahr 2014 oder zur heutigen Datenbrille, zudem repräsentiert sie alle Sammlungsbereiche (Archivalien, Bibliotheksschätze, Briefmarken, Fotografien, Kunstwerke und technische Objekte), und sie zeigt Exponate aus den aktuellen Ausstellungen ebenso wie verborgene Schätze aus den Depots. Sie nimmt Meilensteine der Kommunikationsgeschichte wie das Reis-Telefon auf und typische »Leitfossilien« wie die Postkutsche oder die Originaltelegramme der Titanic, folgt aber auch ganz subjektiven Vorlieben der Autoren. So sind Objekte mit großem Wert versammelt wie die Blaue Mauritius und

Dalís Hummertelefon, aber auch bedeutungsvolle Alltagsgegenstände wie ein früher Walkman oder ein Commodore 64. Das titelgebende Radio in der Nussschale steht zugleich für das Konzept: die große Welt der Medien und Kommunikation komprimiert im Kleinen – in diesem Band.

Wir danken allen Autorinnen und Autoren, ausnahmslos Beschäftigte der Museumsstiftung, für ihre Beiträge und die intensive Auseinandersetzung mit den Exponaten. Zum nachhaltigen Mehrwert der Publikation zählen neben den neuen Erkenntnissen hinsichtlich Datierung, Objektherstellung und -gebrauch sowie Musealisierung der Dinge auch die hervorragenden Objektfotografien, die der Fotograf Roman März eigens für dieses Buch angefertigt hat. Ein weiterer Dank gilt Ragnar Schmuck. Von ihm stammen die beeindruckenden Fotos der arrangierten Objektwelten.

Großer Dank gebührt dem Hirmer Verlag München für die Aufnahme des Bandes in seine Publikationsreihe, Stephan Fiedler und Eva-Maria Bolz für die sehr ansprechende Gestaltung dieses Buches und Birgit Anna Schumacher für ihr sorgfältiges Lektorat. Schließlich gilt unsere große Anerkennung dem Herausgeber Veit Didczuneit für die gleichermaßen umsichtige wie geduldige Betreuung der Produktion vom ersten Konzept bis zur finalen Korrektur und dem nun vorliegenden Buch.

Als Gemeinschaftswerk vieler Mitarbeiterinnen und Mitarbeiter der Museumsstiftung Post und Telekommunikation aus den Bereichen Sammlungen und Öffentlichkeitsarbeit ist das Buch auch ein Abschiedsgeschenk an Lieselotte Kugler, die scheidende Stiftungskuratorin, für zehn erfolgreiche gemeinsame Jahre.

HELMUT GOLD

SYNDICATO CONDOR Ltda
RIO DE JANEIRO
Briefmarken
MIGNO

Post Verein
Steele u. Umg.
1891
1931
Deutsche Bundespost
Abfahrt der Kraftposten in Richtung:
Orth
Kiel
Oldenburg
Bad Segeberg
Katharinenhof
Gammendorf
Dänschendorf
Abfahrt ab Markt
Burgtiefe Strand
Werktags
sonntags
Gültig ab:

101 OBJEKTGESCHICHTEN

ANHANG

101 OBJEKTGESCHICHTEN

~ No 1 ~

KEILSCHRIFTTAFEL

gesiegelte sumerische Verwaltungsurkunde aus der Stadt Girsu

~

Ton, mit Holzgriffel beschriftet

UM 2052 V. CHR.

IN TON GESPEICHERT Aus der Museumsperspektive heraus betrachtet ließe sich sagen, dass Verwaltungen Gegenwart sammeln. Genau damit tun sich Museen schwer; sie müssen gewissermaßen heute das Objekt auswählen, das morgen unser Gestern repräsentieren wird.

Zu ihrer Entstehungszeit war unsere Keilschrifttafel nichts Besonderes, sondern lediglich ein in einer Verwaltung dokumentiertes Stück Gegenwart. Heute ist sie eines der ältesten Objekte in den Sammlungen der Museumsstiftung Post und Telekommunikation. Wertvoll ist die Tafel schon wegen ihres Alters, doch in erster Linie aufgrund der in ihr enthaltenen Informationen. Sie gehen tiefer als die reine Sachinformation, die einer unserer Vorfahren vor über 4.000 Jahren in ihre tönerne Oberfläche gedrückt (beziehungsweise geschrieben) hat. Zunächst liegt jedoch einfach nur eine Verwaltungsurkunde vor uns. Sie stammt wie circa 50.000 ähnliche Dokumente aus Girsu, einer Stadt im heutigen Südirak mit damals etwa 12.000 Einwohnern. Leider hat die Verwaltung des Reichspostmuseums beim Zugang der Keilschrifttafel nicht so sorgfältig gearbeitet wie die sumerische, aus der sie ursprünglich stammt. Wir wissen dank des Erwerbsbuches, dass die Tafel als Geschenk von Postinspektor Karl Kirchhoff aus Konstantinopel im Jahr 1908 in unsere Sammlung gelangte – wir wissen allerdings nicht, wie sie in seinen Besitz kam. Es steht zu befürchten, dass sie aus einer der Raubgrabungen stammt, die nach dem Ende der offiziellen französischen Grabungen ab 1902 für die Fundstelle Girsu dokumentiert sind.

Oberflächlich betrachtet geht es im konkreten Fall dieser völlig durchschnittlichen Tontafel um die Lieferung von zwei Königssur Gerste (etwa 500 Liter), eine Information, die auch dadurch nicht spannender wird, dass sie Jahrtausende alt ist. Gelesen wird von oben nach unten und von links nach rechts, die eingerückten Zeilen zeigen an, dass der in sumerischer Sprache verfasste Text wie ein Formular aufgebaut ist. Wir erfahren, dass die Gerste als Verpflegung für Soldaten bestimmt war, und zwar für die Truppe aus einer Ortschaft namens Magda.

Hält man die Tafel in der Hand, wirkt sie überraschend glatt – fast ein wenig wie Speckstein – und schwerer als die 20 Gramm, die die Briefwaage anzeigt. Sie ist also durchaus robust und zumindest in diesem Punkt den unserer Verwaltung zur Verfügung stehenden Speichermedien haushoch überlegen. Man kann davon ausgehen, dass keines der heutigen Verwaltungsdokumente auch nur eine annähernd lange Zeit überdauern wird. Flash-Speicher behalten ihre Daten vielleicht dreißig, gepresste Blu-rays hundert Jahre. Zumindest die aus säurefreiem Papier bestehenden Akten kommen bei guter Lagerung auf mehrere Hundert Jahre. Die momentan wohl beständigsten modernen Datenträger sind die extra für die Langzeitarchivierung entwickelten Glasgravur-Discs, deren Technik Hersteller Syylex passenderweise mit in Stein gemeißelter Keilschrift vergleicht. Glasgravur-Discs sollen praktisch unbegrenzt datensicher sein – was die zukünftige Verfügbarkeit von Geräten angeht, die eben jene Medien zu lesen imstande sind, ist eine andere Frage.

Unsere Keilschrifttafel stammt aus der Regierungszeit Šulgis oder seines Nachfolgers Amar-Su'enas und entstand somit zwischen 2094 und 2038 v. Chr. Selbstverständlich wurde die Tafel wie jedes ordentliche Verwaltungsdokument datiert, doch gibt es Schwierigkeiten bei der exakten Bestimmung des Jahres. Die Sumerer benannten die Jahre nach konkreten Ereignissen, im Fall der Tontafel nach der Zerstörung der Stadt Šašrum. Problematisch ist, dass Šašrum sowohl während der Herrschaft Šulgis als auch Amar-Su'enas zerstört wurde und beide Regenten das Ereignis für so bedeutsam hielten, dass sie jeweils ein Jahr ihrer Herrschaft danach benannten: Šulgi das 42., Amar-Su'ena das sechste. In der Regel ist jedoch der bei Amar-Su'ena verwendete Jahrescode länger als der auf unserer Tafel ablesbare – er beinhaltet zusätzlich den Namen des Regenten und benennt eine weitere zerstörte Stadt. Es ist möglich, dass der Schreiber der Tafel den Jahresnamen aus Zeitdruck abkürzte. Schließen wir diesen eher unwahrscheinlichen Fall jedoch aus, können wir sagen, dass der Text während Šulgis Herrschaft im Jahr 2052 oder 2051 v. Chr. mit einem Griffel aus Schilfrohr in den noch weichen Ton geschrieben wurde.

Zu dieser Zeit schrieben die Menschen in Mesopotamien bereits seit weit über 1.000 Jahren. »Der Anfang der Schreibkunst ist der Keil«, heißt es in einem sumerischen Sprichwort, was sich auf das kleinste namensgebende Element der Keilschrift bezieht. Die Schrift darf man sich nicht als originäre Erfindung vorstellen, sondern als eine Entwicklung fortschreitender Abstraktion, die ihren Ursprung in Verwaltung und Handel hat – lange bevor die Menschen Geschichte(n) schrieben, schrieben sie Rechnungen. Vorläufer der Schrift sind etwa dreidimensionale Zählsteine aus Ton, die ganz konkrete Güter oder Leistungen symbolisierten – sogenannte Tokens, die wir heute in der Informationstechnik begrifflich wiederfinden, als Hardwarekomponente bei der Zwei-Faktor-Authentifizierung. Danach ging man über zum Gebrauch von (potenziell zweidimensionalen) Schriftzeichen. Ein großer Schritt war die Errungenschaft, auch Abstraktes schriftlich festzuhalten, Werte wie Freiheit und Mut oder Emotionen wie Freude und Trauer. Zur Regierungszeit Šulgis und Amar-Su'enas bestand die Keilschrift aus etwa 350 verschiedenen Zeichen. 1.000 Jahre später reichten 22 – mit der ersten, von den Phöniziern verbreiteten Alphabetschrift, der Basis für alle folgenden Alphabetschriften. In der Dauerausstellung des Museums für Kommunikation Berlin finden wir die Keilschrifttafel unter der Überschrift *Schriftspeicher.* Sie ist damit auch als Metapher für die Entstehung, Entwicklung und enorme Wirkung der Schrift als Motor des Fortschritts zu verstehen.

Obschon nur etwa so groß wie eine Digitaluhr mit Taschenrechnerfunktion, finden sich Zeichen dieses Fortschritts auch ganz konkret auf der Oberfläche der Tafel – und zwar in Form der leicht zu übersehenden, dellenförmigen Flächen auf ihrer Vorderseite, die durch die Verwendung eines Rollsiegels entstanden. Dessen Abdruck ist leider kaum noch erkennbar, zeigte aber vermutlich eine figürliche Darstellung mit kurzer Beischrift. In Zeile vier des Textes erfahren wir, dass es sich um das Siegel des Lu-Ningirsu, Sohn des Bazi, handelt. Auf der hier nicht abgebildeten Rückseite sind außerdem leicht sichelförmige Spuren zu entdecken, wie sie entstehen, wenn man mit dem Fingernagel in eine weiche Oberfläche sticht, und höchstwahrscheinlich ist genau das hier geschehen. Wenn wir die Informationen richtig deuten, werden wir Zeugen eines Verwaltungsvorgangs, wie er typisch ist für eine ausdifferenzierte Gesellschaft: Bei ihrer Anlieferung nahm der Verwalter Lu-Ningirsu die Ware, in unserem Fall Gerste, entgegen, fertigte die Verwaltungsnotiz an und quittierte den Buchungsvorgang mittels Rollsiegel. Der Empfänger, der die Ware seinem Bestimmungsort zuführen sollte, bestätigte ihren Empfang schließlich mit einem Siegelersatz auf der Urkunde – dem Abdruck seines Fingernagels. Mehrere solcher kleinen Verwaltungsurkunden wurden auf sogenannten Sammeltafeln zusammengestellt, die man heute als Gesamtabrechnungen bezeichnen würde. Derartige Arbeitsabläufe sind vor allem für spätere Zeiten gut dokumentiert.

Unsere Keilschrifttafel erlaubt also einen Einblick in ein intelligentes Verwaltungssystem, das es ermöglicht, größere Menschenmassen und komplexe Gesellschaften zu organisieren, zu verwalten und zu kontrollieren. Basis dieses Systems ist die Schrift. Ihre eigentliche Funktion – die externe Speicherung von Informationen und ihre Weitergabe unabhängig von Zeit und Raum – macht sie zum mächtigsten Werkzeug der Zivilisation. Es dauerte weit über 100.000 Jahre, bis der Mensch das Schreiben lernte. Sobald er es konnte, brauchte er nur 6.000 Jahre, um seinen Fuß auf den Mond zu setzen. Als Exponat erzählt uns die zunächst so unscheinbare Verwaltungsurkunde auch diese Geschichte – und vielleicht ist sie es, die unsere Tafel schwerer wirken lasst als 20 Gramm. JOHANNES LINDENLAUB

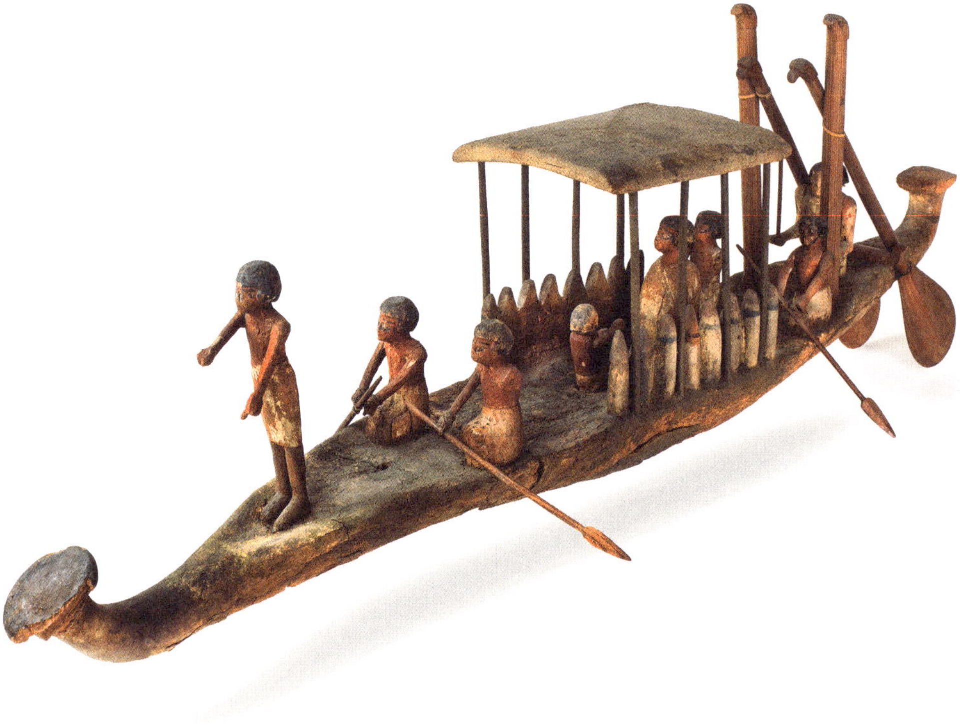

~ N°2 ~

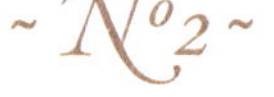

NILBARKE

Modell als Grabbeigabe, Fundort Achmim in Ägypten

~

Holz, bemalt

2200–1800 v. Chr.

FÜR EIN LEBEN NACH DEM TOD Im Diesseits wie im Jenseits waren Schiffe für Götter und Menschen in Ägypten das wichtigste Verkehrsmittel. Mit dem Nordwind segelte man den Nil stromauf, und stromab wurde gerudert. Auf dem Nil wurden Transporte unterschiedlichster Art durchgeführt: Der Pharao zur Erfüllung seiner Herrscherpflichten in Kult und Verwaltung, die Götterstatuen bei ihren festlichen Prozessionen, Beamte auf ihren Dienstfahrten, und viele Reisende und Handeltreibende bewegten sich auf dem großen Strom, der Hauptschlagader Ägyptens. Wohlhabende Ägypter konnten sich originale Boote als Grabbeigaben leisten, um die Verstorbenen über die Wasserläufe der Unterwelt zu tragen. Weniger Begüterte begnügten sich mit kleinen Modellen.

1894 kaufte das Reichspostmuseum Berlin zur Erweiterung seiner Fahrzeugmodell-Sammlung für 300 Mark »2 Miniatur-Nilbarken« von dem Schweizer Robert Forrer (1866–1947). Der Sammler, Kunsthändler, Kunsthistoriker und Archäologe führte selbst Ausgrabungen durch, so auch 1891 in Achmim. Forrer war bestens mit der wissenschaftlichen Fachwelt vernetzt und leitete von 1909 bis 1945 als Direktor das Archäologische Museum Straßburg. 1895 schenkte er dem Reichspostmuseum seine kleine Schrift mit dem Titel *Mein Besuch in El-Achmim. Reisebriefe aus Ägypten,* 1895 in Straßburg erschienen. Darin beschreibt er auch seine Ausgrabungen spätantiker und frühislamischer Textilfragmente. Laut Inventarschildchen und Karteikarten des Reichspostmuseums stammen die beiden Nilbarken aus einem Steingrab in eben jenem Achmim in Oberägypten, 200 Kilometer nördlich von Luxor. Sie werden in der Reisebeschreibung nicht erwähnt, auch der genaue Fundort der Objekte ist nicht überliefert – nicht unwahrscheinlich, dass Forrer die Schiffsmodelle in Achmim für seine private Sammlung erworben hat. Denn der Handel mit archäologischen Artefakten, vor allem aus Raubgrabungen, war damals schon sehr verbreitet.

In der Mitte des Barkenmodells sitzt unter einem Baldachin die Statue des Toten. Vier Ruderer und ein Steuermann, am Heck stehend zwischen zwei großen Steuerrudern, sowie ein Lotse am Bug, ursprünglich mit einer langen Stange die Wassertiefe prüfend, begleiten ihn. Das Schiff besteht aus bemaltem Holz, leider erhielten sich von der Bemalung nur Fragmente. Beide Steuerruder sind Reproduktionen. In der Ersten Zwischenzeit war es in Ägypten üblich geworden, auf bildliche Darstellungen an den Grabwänden zu verzichten. Plastische Nachbildungen in Form von Modellen aus Holz und Ton ersetzten sie. Die Nilbarke wird als Leihgabe bei den Staatlichen Museen zu Berlin, Ägyptisches Museum und Papyrussammlung, im Dauerausstellungsbereich *Lebensraum Niltal* im Neuen Museum präsentiert. ANKE HÖWING

~ Nº3 ~

PAPYRUS HIBEH I 110

mit Vermerken der ägyptischen Staatspost

~

Papyrus

259–253 v. Chr.

DIE POSTURKUNDE IN DER MUMIENMASKE Die ältesten uns bekannten Schriftzeichen stammen aus dem 3. Jahrtausend v. Chr. Sie wurden in Alt-Ägypten und im Zweistromland genutzt. Zähl- und Rechensymbole als früheste Aufzeichnungen belegen, dass die Kontrolle in Verwaltungen Vorrang gegenüber der Fixierung von Texten hatte. Die ersten Beschreibstoffe waren Ton, Stein oder mit Wachs überzogene Holztafeln. Der Papyrus, um 3000 v. Chr. in Ägypten erfunden, löste diese festen Schriftträger ab. Er erlaubte es, die Zeichen leichter und schneller mit Pinseln zu setzen. Damit stand ein handliches Schreibmaterial für den alltäglichen Gebrauch zur Verfügung.

Unser Fragment des Kurstagebuches eines Stationswartes der ptolemäischen Staatspost aus der griechisch-römischen Zeit des Alten Ägypten (332 v. Chr. bis 395 n. Chr.) hat eine bewegte Geschichte hinter sich, bevor es vom Reichspostmuseum Berlin gekauft wurde. Hergestellt in einer der vielen Papyrusfabriken Ägyptens wurden die einzelnen aus der Papyruspflanze gefertigten Blätter zu einer mehrere Meter langen Rolle verklebt und anschließend in den Handel gebracht. Eine dieser Rollen wurde an ein großes Landgut, gelegen im Südosten der mittelägyptischen Provinz Fayum, verkauft. Der Buchhalter des Landguts nahm die Rolle um 270 v. Chr. in Gebrauch und vermerkte auf der Innenseite die Einnahmen und Ausgaben an Weizen, Gerste und Bargeld. Nachdem die Innenseite der Rolle beschrieben war, wurde sie 15 Jahre lang im Landgut aufbewahrt. Um 255 v. Chr. wurde Phönix, der Herr des Landguts, liturgischer Postdirektor für ein Jahr. Die Liturgie war die zwangsweise Übernahme eines Amts. Sie stammte aus dem griechischen Mutterland und bezeichnete dort die ehrenamtliche Übertragung öffentlicher Aufgaben auf wohlhabende Bürger. Die anfallenden Kosten zur Ausübung des Amts mussten selbst getragen werden, in unserem Fall zum Führen eines Postamts. Hierzu gehörten auch der Kauf von Papyrus und Tinte. Um die Kosten für Papyrus zu sparen, ließ Phönix die einseitig beschriebenen Rollen aus seinem Landgut holen und wies die ihm untergebenen Postbeamten an, die Rollen umzudrehen und die unbeschriebene Seite im Dienstbetrieb zu nutzen.

Tag für Tag vermerkte ein Kursbeamter die Ankunft und den Abgang der nichtöffentlichen Briefposten auf der Papyrusrolle – inklusive der Zeiten und Namen der Postbegleiter – von Alexandrien, dem Sitz der obersten Regierungsbehörde, zu den Militär- und Zivilbehörden Mittel- und Oberägyptens und umgekehrt. Ebenso wurde bei jeder Post die Anzahl der Briefbündel, der Briefe und der Adressen festgehalten. Waren die Rollen auf beiden Seiten beschrieben, archivierte man sie, nun zur Staatsurkunde geworden, 50 Jahre und länger bei den staatlichen Ämtern. Nach ihrer endgültigen Aussonderung kauften Sargfabriken sie auf, um daraus Mumienkartonagen zu fertigen. Die hierfür nach Bedarf zerschnittenen Bogen klebte man mehrfach übereinander, um die nötige Dicke zu erreichen, presste das Ganze feucht in eine Form, überzog es später mit Kalk und übermalte es zum Schluss mit bunten Farben und Gold. Der Egypt Exploration Fund, eine Stiftung zur Förderung britischer Ausgrabungen in Ägypten, finanzierte 1898 bis 1907 die Grabungen von Bernhard Grenfell und Arthur Hunt aus Oxford. 1902/03 gruben die beiden in El Hibeh, immer auf der Suche nach Papyrus, eine farbige Mumienmaske aus, die aus beschriebenem Papyrus hergestellt worden war. Die farbige Papyruskartonage wurde nach England gebracht, in Oxford eingeweicht, und die einzelnen Papyrusdokumente wurden voneinander gelöst. Anschließend entzifferten und publizierten die Gelehrten die Texte. 1906 veröffentlichten sie die in El Hibeh gefundenen Papyri und gaben dem Postpapyrus die Nummer I 110. Das Reichspostmuseum erhielt Kenntnis von dem interessanten Fund und bemühte sich intensiv um den Erwerb zur Erweiterung seiner Sammlung. Ein Eintrag im Erwerbsbuch am 16. März 1909 belegt den erfolgreichen Kauf mit dem Vermerk, dass der Egypt Exploration Fund eine Zuwendung von 250 Mark erhalten hat. Der Papyrus Hibeh I 110 erhielt die Inventarnummer IA 10a und wurde bereits kurz nach seinem Ankauf in der Ausstellung präsentiert. Im *Archiv für Post und Telegraphie* von 1909 erschien ein umfangreicher Aufsatz zum Papyrus mit dem Hinweis, dass die Urkunde, zwischen zwei Glasplatten liegend und mit Stoffvorhängen vor Tageslicht geschützt, im Reichspostmuseum gezeigt wird. 1988 wurde der Papyrus im Ägyptischen Museum Berlin restauriert und ist seit der Wiedereröffnung des Museums für Kommunikation Berlin im Jahr 2000 Bestandteil der Dauerausstellung. ANKE HÖWING

ABLASSBRIEF

vom Bischof von Straßburg für das Heilig-Geist-Haus zu Rostock

~

Pergament mit Wachssiegel an Seidenfäden

1274

AN ALLE CHRISTGLÄUBIGEN Konrad, Bischof von Straßburg, stellte mit Zustimmung des Bischofs Hermann von Schwerin 1274 auf dem Konzil in Lyon dem Heiligen-Geist-Hause zu Rostock, einer kirchlichen Wohn- und Pflegestätte für Bedürftige, diesen in lateinischer Sprache verfassten Ablassbrief aus. Er fordert in dem mittelalterlichen Dokument alle »Christgläubigen, die diese Urkunde sehen«, eindringlich zur Verminderung ihrer Sünden auf und bittet um tatkräftige Unterstützung des nach einem Brand zerstörten und nun an neuer Stelle errichteten Rostocker Heiligen-Geist-Hospitals. Als Lohn erlässt der Bischof den sündigen Helfern barmherzig 40 Tage der ihnen von der Kirche bereits auferlegten Buße. Der Ablass gehörte zur mittelalterlichen religiösen Praxis und war ursprünglich an zu erfüllende Aufgaben und Reue gebunden. Später entwickelte er sich zu einer von Händlern vertriebenen Ware. Noch heute ist der an den Ablassprediger Johann Tetzel erinnernde Ausspruch in der Öffentlichkeit geläufig: »Sobald das Geld im Kasten klingt, die Seele in den Himmel springt!«

Im Mittelalter trugen Urkunden, Schriftstücke und Schreiben die Bezeichnung Briefe. Der althochdeutsche Begriff *briaf* oder *brief* leitet sich vom Lateinischen *brevis libellus* (kurzes Büchlein) ab. Briefe im heutigen Sinne als Kommunikationsmittel zwischen Korrespondenzpartnern hießen damals eher *missive* oder *litterae* (Send- und Mitteilungsschreiben).

Der Ablasstext wurde mit Vogelfeder und Tinte auf Ziegen-Pergament geschrieben. Ein großes Siegel aus Wachs, das einen segnenden Bischof sitzend zeigt, beurkundet den offenen Kirchenbrief. Pergament, ein Beschreibstoff aus enthaarten, geglätteten, ungegerbten Tierhäuten, die unter Spannung getrocknet werden, ist als Schriftträger im Vorderen Orient seit dem ausgehenden 2. Jahrtausend v. Chr. bezeugt. Von Rom und Byzanz aus verbreitete sich die Nutzung des Materials über das ganze Abendland. Hauptverbraucher im Mittelalter waren die Schreibkundigen der weltlichen und geistlichen Herrscher. Erst im 15. und 16. Jahrhundert wurde das Pergament nördlich der Alpen mehr und mehr durch das Papier ersetzt. Seiner Dauerhaftigkeit wegen werden noch heute wichtige Urkunden auf Pergament niedergelegt. VEIT DIDCZUNEIT

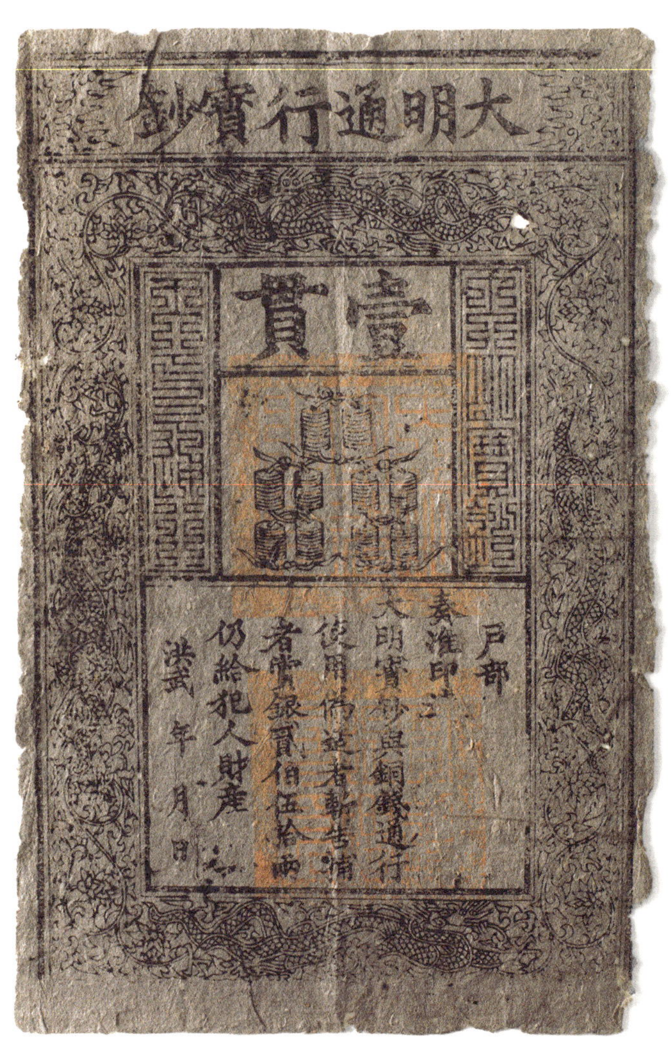

~ Nº5 ~

CHINESISCHER GELDSCHEIN

im Wert von einem Kuan aus der Ming-Dynastie

~

Papier aus der Rinde des Maulbeerbaums, bedruckt

NACH 1350

ÜBER GELD SPRICHT MAN NICHT Aber über Geld kommuniziert man miteinander. Immer und überall wo Menschen zusammenkommen, wo sie wohnen, sich ernähren, arbeiten, handeln, sich austauschen – eben kommunizieren, spielt Geld eine wesentliche Rolle.

Geld war als handliches, unverderbliches und wertstabiles Tauschmittel für eine immer komplexer werdende Gesellschaft eine Grundvoraussetzung des Wirtschaftens. Statt des aufwendigen Warentauschs konnte seit der Erfindung der Münzen im 7. Jahrhundert v. Chr. in Kleinasien an jedem Ort jede gewünschte Ware erworben werden. Das Medium Geld wurde so zu einem Gegenstand des alltäglichen Handel(n)s und damit zu einer Grundlage des Gemeinschaftslebens. Als mit dem zunehmenden Geldverkehr eine immer größere Menge an Münzen notwendig wurde, deren Gebrauch bei großen Summen unpraktisch und gefährlich war, kam es zur Entwicklung des Papiergeldes. Nachdem in China viel früher als in Europa bereits das Papier und der Druck erfunden waren, führte man auch hier das erste Papiergeld ganze sieben Jahrhunderte eher ein. Das erste *echte* Papiergeld, das heißt Noten mit einer Geldreserve als Garantie, wurde in der Provinz Sichuan um die erste Jahrtausendwende herausgegeben. Leider sind davon keine Scheine erhalten geblieben.

Zu den ältesten im Original überlieferten Geldscheinen der Welt gehört auch der Schein der Museumsstiftung Post und Telekommunikation. Er stammt allerdings erst aus der zweiten Hälfte des 14. Jahrhunderts, aus der Epoche Hung Wu der Ming-Dynastie, einer Zeit, in der sich in Europa das Papier als Schriftspeichermedium gerade einmal durchzusetzen begann. Das chinesische Papier wurde damals aus der Rinde des Maulbeerbaums hergestellt, und die Geldscheine erhielten so ihre bläuliche Färbung. In Größe und Form unterscheiden sie sich stark von den späteren europäischen Banknoten, allerdings waren die Aufschriften, wie das Zahlungsversprechen und der Straftext, schon ähnlich. In der Überschrift stehen der Name des Ausgebers und die Losung »Hung Wu« des Begründers der Ming-Dynastie. Im zentralen Feld ist der Wert des Scheins von einem Kuan, das entspricht 1.000 Käsch, der damaligen Standardmünze, ausgeschrieben und für Analphabeten bildlich in Form von zehn Münzstapeln dargestellt. Im unteren Feld wird darüber informiert, dass die Note genau wie Kupfergeld gültig ist, dass Fälscher mit dem Tode bestraft werden und diejenigen, die einen Fälscher anzeigen, eine Belohnung sowie das Vermögen des Fälschers erhalten. Das Datum mit Jahr, Monat und Tag sollte handschriftlich eingesetzt werden; die Ränder der Banknote sind auffällig ornamental verziert.

Es dauerte noch bis ins 17. Jahrhundert, bevor Geldscheine auch in Europa ausgegeben wurden. In Deutschland entwickelte sich ihr Gebrauch und eine allgemeine Akzeptanz sogar erst im 19. Jahrhundert. WENKE WILHELM

·CAVRVS·CHORVS·VEL·IAPIX·SIVE·ARGESTES·
·:·CIRCTVS· VEL·TRESIIAS
FAVONIVS·ZEPHIRVS·
EVROPA
LIBIA INTERIOR
AFFRICA
ETHIOPIA INTERIOR·
·AFRICVS·VEL·LIBS·
·LIBONOTVS·EVROAV·STER·

AQVILO VEL BOREAS
CECIAS APELIOTES
SVBSOLANVS
ASIA
MARE INDICVM
MARE INDICVM
PRASODVM
MARE
EVRNOTVS
VLTVRNVS EVRVS

~ N° 6 ~

COSMOGRAPHIA VON CLAUDIUS PTOLEMÄUS

ältester Atlasdruck nördlich der Alpen

~

Papier, Holzschnitt, koloriert

1482

EIN WIEGENDRUCK Aus dem Jahr 1482 stammt das älteste und zugleich das wertvollste Buch im Besitz der Sammlungen der Museumsstiftung Post und Telekommunikation. Es handelt sich um die Cosmographia des Claudius Ptolemäus, eines Gelehrten der Astronomie und Geografie, der im 2. Jahrhundert moderner Zeitrechnung in Alexandria lebte. Das Werk ist in den Eingangsbüchern des Reichspostmuseums Berlin, einer Vorgängerinstitution der Museumsstiftung, verzeichnet und wurde vor 1895 erworben.

Ihren Ursprung hat die Cosmographia in einer zuerst lateinisch mit Geographia betitelten Abhandlung über die Beschaffenheit der Welt. Darin wird eine Einführung in die Erdkunde um Tabellen, Skizzen und eine Anleitung zum Anfertigen einer Landkarte ergänzt. Um das Jahr 1410 wurde die ptolemäische Geographia durch den byzantinischen Diplomaten Manuel Chrysoloras, einen Förderer der griechischen Literatur in Westeuropa, wiederentdeckt und durch den Florentiner Humanisten Jacobus Angelus de Scarperia unter dem Titel Cosmographia ins Lateinische übersetzt. Das in acht Bücher untergliederte Werk enthielt jetzt eine Anleitung zur Konstruktion von Gradnetzen und listete die Namen und Koordinaten von nicht weniger als 8.100 Orten auf. Ein weiterer Hauptteil war auf 26 Länderkarten den drei bekannten Kontinenten Europa, Afrika und Asien gewidmet.

Abschriften der Cosmographia verbreiteten sich ab da über ganz Europa, bevor eine erste gedruckte Textausgabe 1475 im norditalienischen Vicenza und zwei um Kupferstichkarten erweiterte Drucke 1477 in Bologna und 1478 in Rom aufgelegt wurden. Endlich erschien ein Druck der Cosmographia im Jahr 1482 bei Lienhart Holl in Ulm. Unter den Inkunabeln, den vor 1500 gedruckten Buchpublikationen, gilt die Ulmer Cosmographia als ältester Atlasdruck nördlich der Alpen.

Als Kartenvorlage dienten der Ulmer Ausgabe Zeichnungen und Projektionen des Geistlichen Nicolaus Germanus in einer Handschrift der Cosmographia von 1468. Darin war der Kartenanhang bereits auf mittlerweile 27 Darstellungen erweitert und um weitere fünf aktuelle Tafeln ergänzt worden. Dieser aktuelle Teil, die *Tabulae modernae,* besteht aus Karten der Länder Spanien, Frankreich, Italien, Skandinavien und Palästina. Im Druck von 1482 wurde das gesamte Kartenwerk beibehalten, Änderungen ergaben sich allein bei der Herstellungstechnik. Während die 32 Karten der italienischen Ausgaben im Tiefdruckverfahren entstanden waren, sind sie, mehrfach koloriert, bei Holl in Holz geschnitten. Die Ausführung lag in Händen des Formschneiders Johannes Schnitzer de Armßheim, der die Holzschnitte regelrecht signierte. Aus der Handschrift von 1468 übernahm Lienhart Holl neben den Zeichnungen des Nicolaus Germanus auch eine an Papst Paul II. gerichtete Widmung. Insgesamt gliedert sich die Ulmer Ausgabe der Cosmographia in eine drei Seiten umfassende Vorrede und Einleitung neben weiteren 21 Seiten, die dem Thema der Projektionslehre gewidmet sind. Es folgen Ortskataloge und Beschreibungen und schließlich das insgesamt 32 Atlanten umfassende Kartenwerk. Für den Druck bediente Holl sich einer besonders großen und entsprechend gut lesbaren Antiqua-Type.

Glanzstück der Cosmographia von 1482 ist die doppelseitige ptolemäische Weltkarte mit den Erdteilen Europas, Asiens und Afrikas. Das Kartenbild wird durch zwölf Windbläser in Gestalt pausbäckiger Männerköpfe umrahmt. Gemeinsam bilden die Zwölf eine Windrose mit den Winden – von Norden im Uhrzeigersinn – Aparctias, Boreas, Apeliotes, Subsolanus (O), Eurus, Euronotus, Notus (S), Euro Auster, Lips, Zephyrus (W), Argestes und Thrascias. Im Vergleich zu den vorausgegangenen handschriftlichen Ausgaben sowie den italienischen Drucken wurde die zentrale Weltkarte bei Holl um jüngere geografische Erkenntnisse erweitert.

Nicht wenige der nachgewiesenen Ausgaben unterscheiden sich in Details. Allein für die Drucke nach der Handschrift von 1468 wurden drei verschiedene Fassungen ermittelt, die in Textumfang und Kartenzahl voneinander abweichen. Gerade an der Vollständigkeit der Text- und Kartenanteile bemisst sich bei den erhaltenen Wiegendrucken der Cosmographia aber ihr Seltenheitswert. Es wird angenommen, dass etwa zwei Dutzend Druckexemplare nach der Vorlage von Nicolaus Germanus erhalten geblieben sind. Über einen kompletten Anhang des aktuellen Kartensatzes verfügt jedoch ausschließlich die bei Holl in Ulm gedruckte Ausgabe von 1482. Für ihn erwies sich die Cosmographia dennoch als ein Verlustgeschäft. Obwohl sie, wie aus reichlichen Vorbestellungen zu schließen ist, eine vergleichsweise hohe Auflage erlebt haben dürfte, muss sich der Drucker – etwa bei der erlesenen Typografie und bei der Wahl einer eigens aus Mailand bezogenen Papiersorte – gründlich übernommen haben. Nur wenige Jahre nach Erscheinen der Cosmographia meldete Holl Konkurs an. KLAUS BEYRER

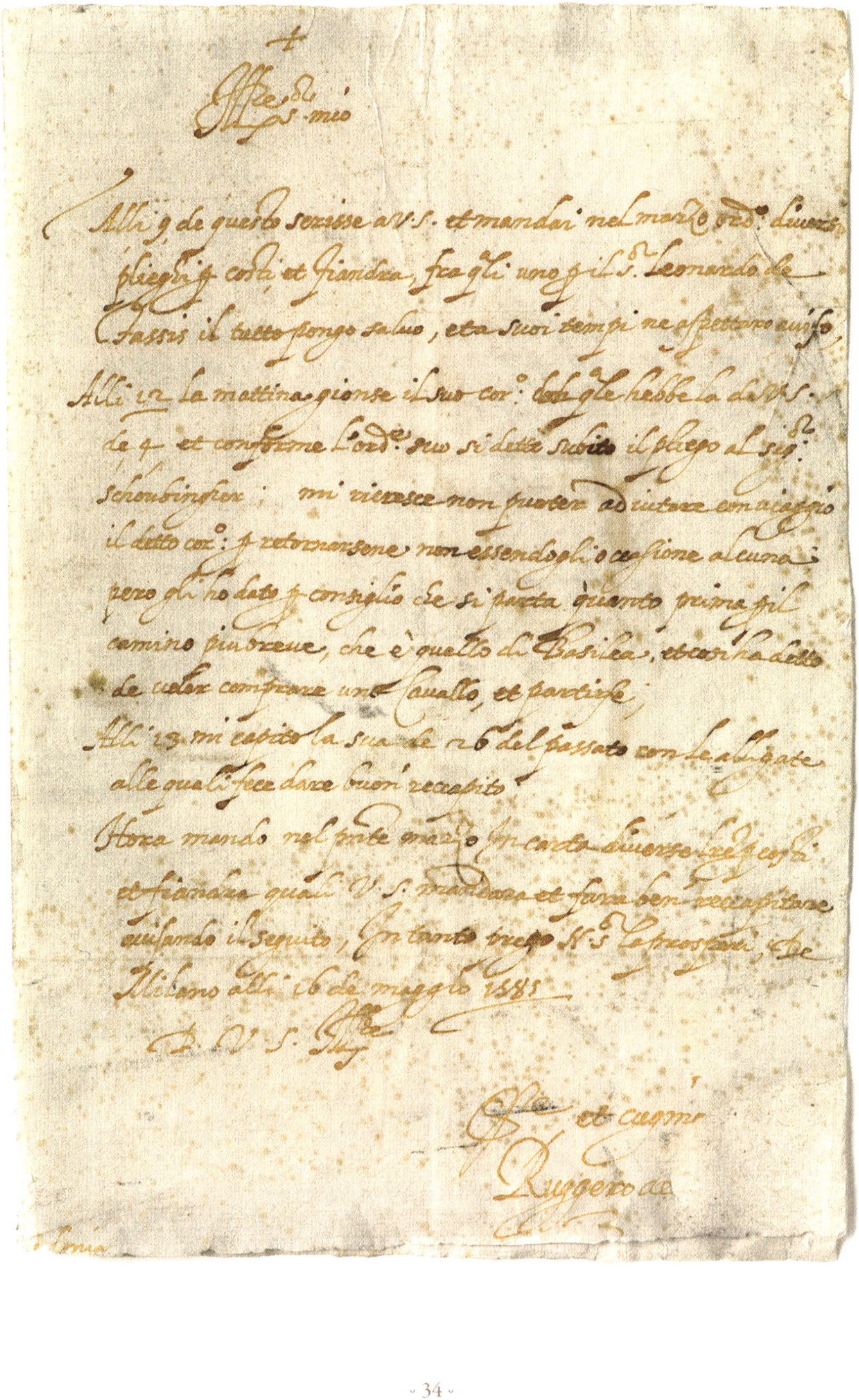

+

Ill.re S.r mio

Alli 9 de questo scrisse a V.S. et mandai nel mazzo ord.o diversi
plieghi p. corti et Fiandra, fra gli uno p. il S.r Leonardo de
Tassis il tutto spero salvo, et a suoi tempi ne aspetterò aviso
Alli 12 la mattina gionse il suo cor.o dal quale hebbe la di V.S.
de 4 et conforme l'ord.e suo si dette subito il plego al sig.r
Schonbingher; mi rincresce non puoter adiutare con viaggio
il detto cor.o p. retornarsene non essendogli occasione alcuna;
però gli ho dato p. consiglio che si parta quanto prima p. il
camino più breve, che è quello di Basilea, et così ha detto
de voler comprare un Cavallo, et partirse,
Alli 13 mi capitò la sua de 26 del passato con le alligate
alle quali fece dare buon recapito
Hora mando nel p.nte mazzo in carta diverse lett.e p. corte
et Fiandra quali V.S. mandarà et farà ben recapitare
avisando il seguito; Intanto prego N.S. la prosperi; De
Milano alli 16 de maggio 1585

D. V. S. Ill.re

Aff.mo et cugino
Ruggero de
Tassis

~ *N°7* ~

POSTAVISO

Postbegleitschreiben aus dem Brieffund von 1889

~

Papier

1585

DER FRANKFURTER POSTFUND Am 16. Mai des Jahres 1585 setzte Ruggero de Tassis, spanischer Generalpostmeister in Mailand und Rom, in seinem Mailänder Kontor einen Postaviso an seinen Vetter in Köln, Lamoral von Taxis, auf. Lamoral, Sohn des Brüsseler Generalpostmeisters Leonhard I. von Taxis, residierte zu dieser Zeit vorübergehend in der Domstadt. Das Schriftstück, eine Art Frachtbrief und eines der ersten seiner Art, würde Ruggero einer für das Postamt in Köln bestimmten größeren Briefsendung beifügen. In italienischer Sprache abgefasst, enthielt es Notizen und Vermerke zu einigen Beförderungsvorgängen aus der jüngeren Vergangenheit sowie Erläuterungen zum bevorstehenden Transport. Sein Ziel in Köln sollte das Briefpaket allerdings nie erreichen.

Der Aviso des Mailänder Postmeisters zählt zu den Schlüsseldokumenten eines Bündels verschollener Briefe, das im Jahr 1889 beim Umzug eines Frankfurter Amtsgerichts aufgefunden und später unter nie geklärten Umständen dem Berliner Reichspostmuseum ausgehändigt wurde. Der Fund umfasst 175 verschlossene Briefsendungen mit weiteren eingelegten Briefen, insgesamt nicht weniger als 272. Wie sich rekonstruieren ließ, war das mit der Post beförderte Briefpaket unterwegs von Mailand nach Köln zwischen den Pferdewechselstationen Rheinhausen und Wöllstein abgefangen worden.

Das Briefkonvolut bietet die seltene Gelegenheit eines unverstellten Einblicks in die Schreib- und Beförderungsgewohnheiten der Frühen Neuzeit, als Staatsbeamte und Kaufleute, kirchliche Würdenträger und Gelehrte den Brief als Medium einer rasch wachsenden schriftlichen Kommunikation entdeckten. Wie ihr Ausgangsort nahelegt, entstammen die Sendungen bedeutenden oberitalienischen Handelsstädten, darunter Mailand, Venedig und Genua, sowie der Kurienstadt Rom. Sie sind überwiegend in italienischer Sprache, vereinzelt auch in Spanisch, Portugiesisch, Französisch und Flämisch abgefasst. Zu einem Großteil besteht das Konvolut aus Geschäftsbriefen, die für die korrespondierenden westeuropäischen Handelszentren Köln, Antwerpen und Lüttich bestimmt waren. (Die an der Route gelegenen Städte Nürnberg und Augsburg hatte der Kurier bereits passiert, daher waren die dorthin adressierten Briefe in dem Paket nicht mehr enthalten.)

Die Kaufleute nutzten die Post, um Bestellungen oder Reklamationen aufzugeben, sich mit ihren Filialen auszutauschen und die oft aufwendigen wie auch heiklen Transporte zu organisieren; vereinzelt verschickten sie Warenproben. Einem Schreiben aus Genua sind blau und gelb gemusterte Stoffstücke beigelegt, einen Brief aus Venedig nach Antwerpen schmückt eine weiße Leinwandprobe. Mehrere Geschäftsbriefe enthalten Zahlungsanweisungen in Form von Wechseln. Zu einem großen Teil sind sie frankiert, das Porto wurde in diesen Fällen ungeachtet der Wahlfreiheit durch den Absender beglichen. Selten wurde die Gebührenlast dem Empfänger aufgebürdet, worauf etwa der Vermerk »soluatur portatura« verweist.

An den offiziellen geschäftlichen Teil schlossen die Korrespondenten gewöhnlich Nachrichten und Informationen zu Wechselkursen, Getreidepreisen und den aktuellen politischen Entwicklungen an. Auf besonderes Interesse stießen so Indiskretionen aus dem jüngsten Konklave zur Papstwahl Sixtus V., aber auch Details eines Volksaufstands in Neapel, der sich an einer Brotpreiserhöhung entzündet hatte, oder die Nachricht vom Bankrott einer britischen Firma.

Weitere Briefe enthalten private Mitteilungen zu Familien- und Vermögensangelegenheiten, sie sind an Offiziere und Soldaten des spanischen Heers in den Niederlanden gerichtet oder dokumentieren den Austausch unter Geistlichen, etwa wenn sich Mitglieder der römischen Kurie an Glaubensbrüder des Domkapitels in Lüttich wandten. Die rein private familiäre Korrespondenz zählte im Jahr 1585 aber noch zu den Ausnahmen. In einem Fall zum Beispiel berichtet ein junger Student der Rechte aus Rom seinem Vater in Köln, dem angesehenen Syndikus Heinrich Sudermann, vom schleppenden Erfolg seiner Lernbemühungen und stellt dabei den erhofften Promotionsabschluss in Frage. Zu den prominenten Briefempfängern gehörten der Ständige Apostolische Nuntius in Köln, Bischof Giovanni Francesco Bonomi, und der spanische Reiteroberst Giovanni Battista von Taxis, ein Sohn des Kaiserlichen Postmeisters in Füssen, Innozenz von Taxis.

Über Ursache und Hintergründe des Verlusts lässt sich nur spekulieren. Fest steht aber, dass das Ereignis in eine politisch instabile Zeit fiel. Im letzten Drittel des 16. Jahrhunderts litt das von Amts wegen für die Postbeförderung im Reich zuständige Haus Taxis erheblich unter der geballten Konkurrenz des älteren Botengewerbes. Als das Unternehmen in den Strudel der spanischen Staatsbankrotte und selbst in Zahlungsschwierigkeiten geriet, vermochten die Augsburger Kaufmannschaften dessen aussichtslose Lage zu nutzen, um einen eigenen internationalen

Kurierdienst auf die Beine zu stellen. Unter den gegnerischen Parteien gehörten Anfeindungen, die bis zu Handgreiflichkeiten und materiellen Schädigungen reichen konnten, ohnedies über viele Jahre zur Tagesordnung. In diesen Zusammenhang passte ein inszenierter Überfall auf die Kuriere der Konkurrenz. Eine Verschwörung mit rein politischem Hintergrund wird hingegen auszuschließen sein. Es wäre sonst kaum zu erklären, weshalb ausgerechnet das hochbrisante Schreiben an Bischof Giovanni Bonomi dem Postfund erhalten blieb und nicht etwa entfernt wurde, um es beispielsweise einem potenziellen Auftraggeber auszuhändigen.

Freilich kommt auch ein Raub aus niederen Beweggründen in Betracht. Gerade die Region um Pfalz und Hunsrück galt wegen des unwegsamen Geländes und der schutzbietenden Wälder über Jahrhunderte als Hochburg umherstreunender Diebesbanden, die es vor allem auf Geldtransporte abgesehen hatten. Dass endlich ein Teil der Briefe erst nach dem 16. Mai 1585, dem mutmaßlichen Absendetag des Mailänder Postaviso, datiert ist, bietet hinreichend Stoff für weitere Gedankenspiele. Insofern ist nicht einmal auszuschließen, dass auf dem Weg nach Berlin in die Sammlungen des Reichspostmuseums Brieffunde gleich aus mehreren Raubzügen zusammengeführt wurden. KLAUS BEYRER

~ N°8 ~

FELLEISEN

Postbehälter für den Brief- und Dokumententransport

~

Leder, Holz, Metall

~

UM 1600

DER RUCKSACK DES POSTREITERS Zu einer professionellen Logistik der Postbeförderung gehörte seit dem 16. Jahrhundert ein sicherer Transport der Postsendung. Briefe und Päckchen wurden für die Dauer der Expedition in einer verschließbaren Tasche aufbewahrt, die als Felleisen und bei Nutzung durch Postkuriere konkret als Post-Felleisen bezeichnet wurde. Gewöhnlich schnallte der Reiter das Felleisen hinter sich am Sattel fest oder befestigte es mit Blickkontakt direkt vor sich am Steigbügel, wollte er der drohenden Gefahr eines Diebstahls vorbeugen. Der Inhalt eines Post-Felleisens war nach Etappenzielen vorsortiert, ein direkter Zugriff auf die Sendung allein den Postmeistern der zentralen Stationen vorbehalten. In Stichen aus dem 17. Jahrhundert wird die Nutzung des Felleisens veranschaulicht, das dem galoppierenden und ins Horn stoßenden Postillion als ein unverzichtbares Reiseutensil diente.

Ältere etymologische Wörterbücher führen den Begriff Felleisen übereinstimmend auf das mittellateinische *valisia* (Satteltasche) mit dem Präfix *val* (Einfassung) zurück. Insbesondere im 14. und 15. Jahrhundert bildeten sich über das italienische *valigia* und das französische *valise* (Reisekoffer) verschiedene regionale Färbungen aus. Im deutschsprachigen Raum kamen das schweizerische *Vällis*, das schwäbische *Fällis* und das österreichische *Felleisen* in Gebrauch. Ab dem späten 17. Jahrhundert bürgerte sich außerdem eine Fehleinschätzung ein, als die verwendeten Materialien Fell und Eisen irrtümlich der Begriffs-Etymologie zu genügen hatten.

Das Objekt aus den Sammlungen der Museumsstiftung ist aus Holz gefertigt und zum Schutz gegen Witterungseinflüsse mit rauem Leder überzogen. Der zylindrische Köper lässt sich mit einer Klappe in Längsrichtung öffnen und vor unbefugtem Zugriff mithilfe eines eisernen Verschlusses sichern. Anders als in der Literatur gewöhnlich beschrieben, ist dieses Felleisen in seinem Innern jedoch weder gefüttert, noch in einzelne Kammern unterteilt. KLAUS BEYRER

~ Nº 9 ~

BOTENORDNUNG DER STADT NÜRNBERG

Gesamtverzeichnis der eingehenden und abgehenden Ordinari-Boten

~

Papier, Holzschnitt, koloriert

1610

Aller Botten Ordnung võ welichem ort dieselbigen alle Wochen gen Nürnberg kommen/ vnd wo die jhr Herberg liegen/ auch an welchem Tag die alle Wochen wider weg Räisen/ allen Kauffleuten Handelsleuten Nützlich zu gebrauchen.

1610.

Wañ die Boten gen Nürnberg kommen.	An welchem Tag.	Wo die Potten jhr Herberg haben.	Wañ die Potten wider auß Nürnberg gehn
Von Andorff.	Alle Sambstag.	Wonen hie.	Alle Mittwochen,
Auß Cölln.	Alle Sambstag,	Wonen/ hie.	Alle Mittwochen.
Franckfort.	Alle Sambstag.	wonen hie.	Alle Mittwochen,
Hamburg.	Alle Montag.	Wonen hie.	Alle Sontag.
Von Breßlaw.	Alle Freytag.	Zwen frembt bey der Gulden Ganß/ vñ zwen hie.	Alle Mittwochen.
Von Prag.	Alle Donerstag.	Bey dem Bitterholt.	Alle Sontag.
Von Wien.	Im Somer am Donerstag Im winder/ am Ertag.	Wonen hie.	Alle Sontag.
Auß Venedig	Alle Freytag.	Bey der gulten Ganß	Alle Mittwochen.
Võ Augspurg.	Alle Ertag. Freitag. vnd Sambstag.	Bey der gulten Ganß	Alle Mittwochen/ Donerstag vnd Sontag.
Von S. Galln.	Alle Freytag.	Bey der gulten Ganß.	Alle Ertag.
Auß Lyon.	Alle vierzehen Tag/ am Donerstag.	Bey der gulden Ganß.	Alle 14. Tag/ am Sontag.
Von Vlm.	Alle Donerstag/ vnd Freytag.	Bey der gulten Ganß.	Alle Sambstag.
Auß Leibzig.	Alle Ertag	Wonen hie.	Alle Freytag
Saltzburg.	Alle 14. Tag/ am Donerstag.	Wonen hie.	Alle 14. Tag/ am Sontag.
München.	Hat kein ordnung/ ist Nötig so schickt mã post Augspurg	Wonen hie.	Hat kein ordnung ist Nötig so schickt mã Post Augspurg
Regenspurg.	Hat kein Ordnung.	Bey dem Bitterholt.	Hat kein Ordnung.

Gedruckt zu Nürnberg/ bey Wolff Drechssel.

GLANZ DES ALTEN BOTENWESENS Bis ins Spätmittelalter reicht die Tradition organisierter Botenanstalten zurück. Kaufleute und Handelsgesellschaften, Städte und Universitäten, aber auch feudale und kirchliche Kreise verfügten über eigene Botendienste. Ein erstes Netzwerk entstand im Umfeld kooperierender italienischer und bald auch süd- und norddeutscher Kaufmannschaften, deren Filialen sich über ganz Europa erstreckten. Durch ihren überregionalen Verbund sparten die Botenorganisationen Kosten und Zeit. Noch bis ins 16. Jahrhundert waren die hauptberuflichen Boten überwiegend zu Fuß unterwegs: Ihr übliches Tagespensum lag bei 30 bis zu 50 Kilometer.

Im späten 16. Jahrhundert ordnete das Gros der mitteleuropäischen zentralen Städte – darunter Frankfurt, Hamburg und Köln, Straßburg, Augsburg und Nürnberg – sein Botenwesen neu. Insbesondere im Süden des Alten Reiches erwuchs die öffentliche Post des Hauses Taxis, die durch eine regelmäßige und rasche Briefbeförderung auf sich aufmerksam machte, zu einer ernst zu nehmenden Konkurrenz. Eine nötige Reform der Botenanstalten hatte daher die merkliche Professionalisierung des Gewerbes zur Folge, das sich jetzt alle wichtigen Eigenschaften einer ordentlichen Post zu eigen machte. Die gewöhnliche Ordinari-Botenpost verkehrte ebenfalls regelmäßig zu festgesetzten Zeiten, mit berittenen Kurieren und, so weit möglich, im Stafettenbetrieb.

Unter dem Vorzeichen des reformierten Botenbetriebs entstand im Jahr 1610 das in der Werkstatt des Druckers Wolff Drechsel aufgelegte Gesamtverzeichnis der in Nürnberg eintreffenden beziehungsweise abgehenden Ordinari-Boten. Das Botenwesen der Freien Reichsstadt, das seit dem 14. Jahrhundert urkundlich belegt ist, war 1570 unter die Aufsicht eines durch den städtischen Rat einberufenen Handelsvorstands gestellt worden. Ihm war es vorbehalten, regelmäßige Botenlinien zu den wichtigen europäischen Handelsplätzen einzurichten und zu verwalten. In ihren Briefen unterrichteten die Kaufleute sich untereinander über aktuelle Marktentwicklungen und politische Veränderungen. Der regen Korrespondenz verdankte Nürnberg seinen Ruf als bestinformierte Nachrichtenmetropole der Zeit.

Der kolorierte Holzschnitt rubriziert die europäischen Fernhandelsbeziehungen der Nürnberger Kaufmannschaft mit nicht weniger als 16 Städten. Der Einfluss der Kaufleute reichte von Antwerpen *(Andorff)* bis nach Wien und von Hamburg bis nach Lyon (erste Spalte). In Nürnberg trafen die Boten regelmäßig, überwiegend einmal in der Woche ein, bei nahegelegenen Städten aber auch zwei- bis dreimal pro Woche, bei ausländischen Städten hingegen nur vierzehntägig (zweite Spalte). Die dritte Spalte belegt, in welcher Herberge die Boten sich einquartierten und während ihres Aufenthalts zu erreichen waren. Zur Hälfte fiel der Nachrichtentransfer in die Zuständigkeit der einheimischen Boten, zur Hälfte waren die Boten der Zielorte zuständig. Ausnahmslos waren die ortsansässigen Boten am Platze zu erreichen, während die Boten der korrespondierenden Städte im Gasthof zur Goldenen Gans Quartier nahmen. Die Verbindung mit der Stadt Breslau teilten sich je ein Botenpaar aus beiden Städten. Endlich wird in einer vierten Spalte der Abgangstag aller Boten angezeigt. Als Illustration dienen am linken oberen Rand das Wappen der Stadt Nürnberg und rechts oben die Vignette eines reitenden Boten als plakativer Ausdruck des höchst fortschrittlichen Angebots.

Der Nürnberger Botenplan steht beispielhaft für eine ausgereifte institutionalisierte Dienstleistung. Auf dem Höhepunkt des frühneuzeitlichen Botenwesens sind die Protagonisten nicht länger zu Fuß unterwegs, sondern nutzen wie selbstverständlich das Pferd und das Prinzip des Pferdewechsels zum beschleunigten Nachrichtentransfer; sie sind zu städteübergreifenden Kooperationen in der Lage und überbringen nicht mehr nur eine einzige Nachricht, sondern sammeln, bevor sie aufbrechen, vor Ort die Korrespondenz aller Geschäftsleute und Interessenten. In all diesen Merkmalen erweist sich die Einrichtung der Nürnberger Ordinari-Botenanstalt von 1610 der parallel entstehenden Institution Post als ebenbürtig. Nur fünf Jahre nach dem Erscheinen des Botenplans zog die Post jedoch gleich: Im Jahr 1615 eröffnete das Haus Taxis in Nürnberg eine Kaiserliche Reichspost, die sogleich in direkter Verbindung mit der Reichsstadt Frankfurt am Main stand. KLAUS BEYRER

~ N° 10 ~

DAS TAXIS'SCHE POSTHAUS ZU AUGSBURG

Kupferstich von Lukas Kilian

~

Papier

1616

DAS POSTHAUS AM PFANNENSTIEL Unter den frühneuzeitlichen Postniederlassungen spielte das Augsburger Posthaus eine zentrale Rolle. Zwar querte der erste Postkurs nördlicher der Alpen, der in Regie des Hauses Taxis ab 1490 die habsburgische Residenz im österreichischen Innsbruck mit dem burgundischen Mechelen verband, den Süden des Alten Reiches weiter westlich auf einer Route über Memmingen, Ulm und Cannstatt, doch wurde die Reichsstadt aus gutem Grund im frühen 16. Jahrhundert rasch in die Wegeplanung einbezogen. Das oberdeutsche Augsburg war die Stadt ungezählter Reichstage, es beheimatete die Handels- und Finanzdynastien der Fugger und Welser, die nicht von ungefähr zu den ersten privaten Nutzern der Post zählten, und die Stadt erfreute sich – in der geografischen Mitte zwischen Venedig und Antwerpen – einer verkehrsstrategisch günstigen Lage. Ab dem Jahr 1520 ließen die Taxis sich in Augsburg fest nieder. Dass sie auf die Stelle des Postmeisteramts stets Mitglieder aus dem Kreis des eigenen Familienclans beriefen, unterstrich ihre besondere Wertschätzung der oberdeutschen Metropole.

Ein erstes Postgebäude hatte die Stadt Augsburg in den Wirren des Schmalkaldischen Kriegs niederreißen lassen, worauf im Jahr 1549 unter Postmeister Innozenz von Taxis das Posthaus vor dem Wertachbrucker Tor erbaut wurde. Im Jahr 1616 ließ Postmeister Octavio von Taxis es durch den angesehenen Augsburger Künstler Lukas Kilian in Kupfer stechen. Das Blatt besiegelte nicht zuletzt das Ende krisengeschüttelter Jahrzehnte, in deren Verlauf sich die Taxis nur mit Mühe gegen eine starke Konkurrenz des Augsburger Botengewerbes zur Wehr gesetzt hatten. Zu einem für die Taxis glücklichen Ende bedurfte es in Person Rudolfs II., des Reichskaisers, einer bedingungslosen Rückendeckung durch allerhöchste Instanz. In den 1570er Jahren verhängte der Habsburger über das augsburgische Botenwerk ein absolutes Verbot, und endlich erklärte er die Post im Jahr 1597 zum »hochbefreiten« kaiserlichen Regal.

Mit dem Beförderungsmonopol in der Tasche konnte Octavio von Taxis das Augsburger Reichspostamt jetzt als repräsentatives Prestigeobjekt in seiner ganzen Pracht und Größe ins Bild setzen lassen. Insofern hat sich der ausführende Lukas Kilian für eine idealtypische Szene entschieden, in der er – neben dem Posthaus – sämtliche Protagonisten des Verkehrs- und Reiselebens der Zeit zusammenführt. Das Posthaus selbst gliedert sich in ein Hauptgebäude (links), mit dem Wappen der Kaiserlichen Reichspost über der Eingangstür, und die Stallungen mit Aufenthaltsräumen für das Postpersonal (rechts). Für hohe Dynamik sorgt ein Postreiter, der von links ins Bild sprengt und dessen Ankunft ein Hornsignal ankündigt. In seinem Gefolge finden sich zwei Reisende, die sich ihm und seiner Ortskenntnis anvertraut haben. Insbesondere Kaufleuten war diese rasche Form der Fortbewegung mit Postpferden geläufig. Weiter rechts nähert sich eine vierspännige Equipage – lange vor Beginn eines regulären Postkutschenverkehrs eine der frühesten Darstellungen eines Reisewagens überhaupt. Noch ohne Kutschbock, wird der Wagen von einem hinteren Leitpferd, auf dem der Postillion sitzt, dirigiert.

Ein kniehohes Gatter trennt den gefahrvollen Hauptverkehrsweg und einen Fußweg. Ein Bürger, der sich in der Bildmitte auf dem Gatter niedergelassen hat, ist in einen Brief vertieft. In einigem Abstand steht ein zweiter Bürger, ebenfalls in einem Brief lesend. Unten rechts nimmt ein Bettler mit Wanderstab aus der Hand von Edelleuten eine Gabe entgegen. Am rechten Bildrand ist der Ausläufer einer Festung zu erkennen. Flankiert wird die Szene durch die Wappen der Kaiserlichen Reichspost und der Stadt Augsburg. In der Mitte der Unterleiste findet sich das Wappen des Hauses Taxis mit dessen Leittier, einem Dachs. Die ruhmvolle Bildunterschrift ergeht sich in dem Superlativ: »Aus disem, als dem Haubthaus, hat / Gsetzt Kayserliche Majestatt / Durchs gantz Reich Deutscher Nation / Aller Endts her, die Post zuegohn.« Darunter wird Octavio de Taxis als Auftraggeber genannt. Das Augsburger Posthaus am Pfannenstiel diente als Vorbild für viele weitere Postbauten, deren Bau ab der Mitte des 16. Jahrhunderts vor allem auf dem Lande, ab dem frühen 18. Jahrhundert auch vermehrt in den Städten erfolgte. Die Liegenschaft am Pfannenstiel sollte die Reichspost nach 200-jähriger Nutzung im Jahr 1756 verlassen, um in das Innere der Stadt, an die Grottenau, zu wechseln. KLAUS BEYRER

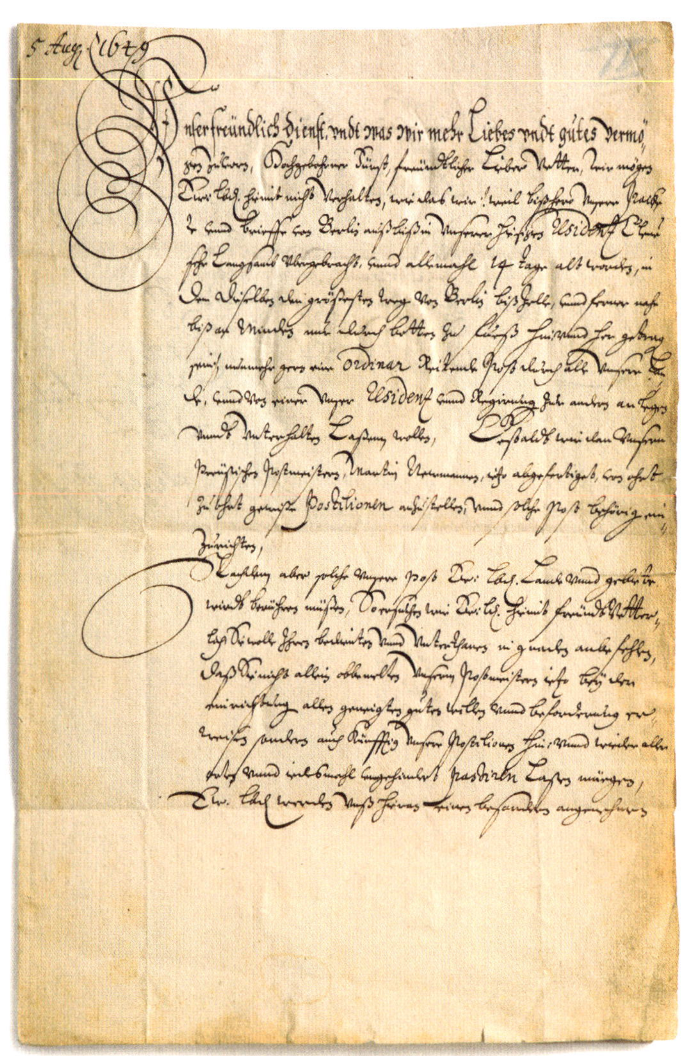
5 Aug. 1649

Unser freündlich dienst, undt was wir mehr Liebes undt gutes vermögen zuvorn, Hochgeborner Fürst, freundlicher Lieber Vetter,

~ Nº 11 ~

SCHNÖRKELBRIEF DES GROSSEN KURFÜRSTEN

zur Einrichtung einer reitenden Post

~

Papier

1649

FLIEGENDE POST Im 17. Jahrhundert vergrößerte sich das Postangebot in Deutschland, und die Kaiserliche Reichspost bekam starke Konkurrenz. Im Gefolge des Westfälischen Friedens schufen die mächtigen protestantischen Reichsfürsten im Nordosten des Reiches eigene, vom Kaiser und Reich unabhängige Landesposten zur Stärkung ihrer staatlichen Verwaltung. Die geschwächte kaiserliche Zentralgewalt erkannte die umstrittene Rechtmäßigkeit der Landesposten an. Die Verständigung durch Verträge auf Postinteressengebiete nach geografischen Gesichtspunkten förderte die Entwicklung der postalischen Versorgung der Bevölkerung.

Der 1646 von Friedrich Wilhelm von Brandenburg auf der Strecke von Königsberg / Preußen nach Cleve am Niederrhein errichtete Postkurs bildete den Ausgangspunkt der 1649 gegründeten brandenburgisch-preußischen Staatspost. Der Posttransport erfolgte zwischen Berlin und Minden meist mit Fußboten und benötigte auch aufgrund von weiten Umwegen mehr als 14 Tage bis Cleve. Die Herzöge von Braunschweig-Lüneburg, die eine eigene Landespost aufbauten, verweigerten den brandenburgischen Postlauf durch das eigene Territorium. Ende Juli 1649 hielt sich Friedrich Wilhelm, nun auch Mitglied im antikaiserlichen Lager, in seiner Residenz in Cleve auf. Er beauftragte die Einrichtung einer regelmäßig verkehrenden, durchgehend reitenden Post zwischen Cleve und Berlin. Noch am selben Tag ließ er durch seine Kanzlei ein Schreiben an Herzog Georg Wilhelm von Braunschweig-Lüneburg aufsetzen, das er eigenhändig unterschrieb und in dem er die Bitte äußerte: »Sie wolle Ihren bedienten Unnd Unterthanen in gnaden anbefehlen, daß Sie nicht allein obbemelten Unsere Postmeistern ietzo bey der einrichtung allen geneigten guten willen unnd beforderung erweisen sondern auch künfftig Unsere Postilionen hin unnd wieder aller orten unnd iedesmahl ungehindert passiren Laßen möegen«. Gleichzeitig versicherte er Georg Wilhelm, der in Hannover residierte, »bey fürfallenden occasionen mit freündtvetterlichen dienstbezeigungen alstets zu erwiedern«.

Bereits Ende 1649 war der über 1.400 Kilometer lange Hauptpostkurs von Memel nach Cleve vollständig aufgebaut. Die Verkürzung der Abstände zwischen den Poststationen, an denen die Postreiter wechselten, von 75 bis 120 auf 30 bis 40 Kilometer – die Pferde wurden schon nach 20 Kilometern ausgetauscht –, die realisierte Tag- und Nachtbeförderung sowie neue Disziplinarvorschriften und Kontrollen bewirkten eine rasante Beschleunigung der Brief- und Paketbeförderung. Briefe, immer noch vornehmlich Herrschafts-, Diplomaten- und Geschäftsschreiben, benötigten auf der Postlinie von Königsberg nach Cleve mit der damals bewunderten und ab 1655 zweimal wöchentlich abgehenden »fliegenden« Post des Kurfürsten nur noch zehn Tage. VEIT DIDCZUNEIT

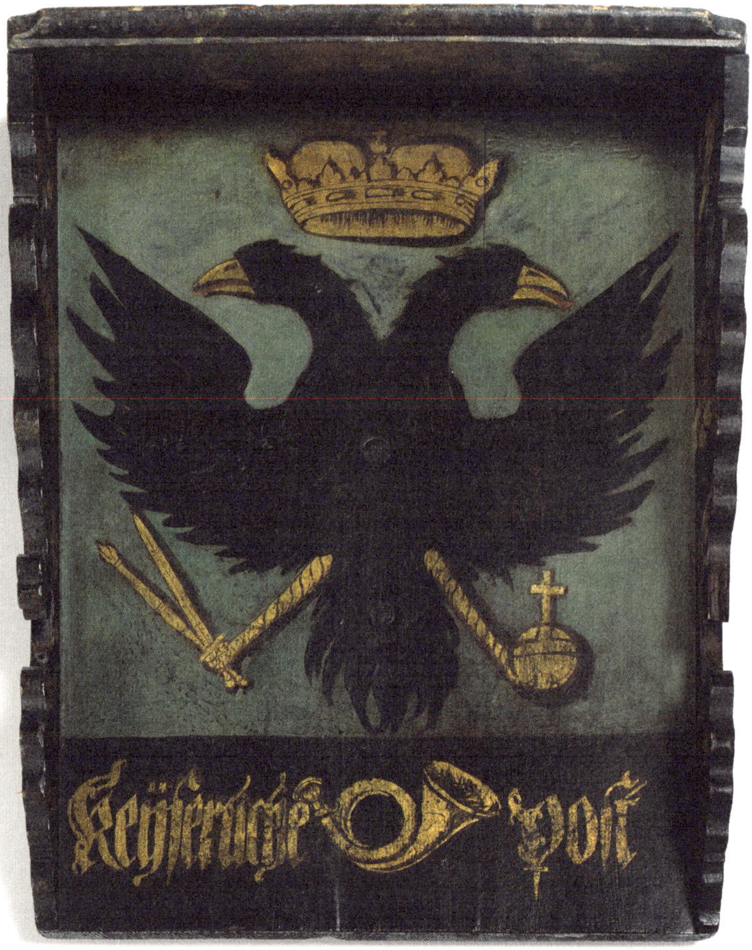

~ Nº12 ~

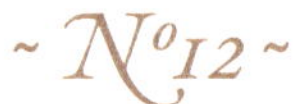

POSTHAUSSCHILD

der Kaiserlichen Reichspost aus Quedlinburg

~

Holz, bemalt

VOR 1686

D*AS UMSTRITTENE POSTHAUSSCHILD* Die geplante Ausdehnung der unter kaiserlichem Schutz stehenden Taxis'schen Postverbindungen auf die Harzregion wurde durch den Dreißigjährigen Krieg unterbunden – auch beanspruchten die braunschweigischen Herzöge in ihrem Herrschaftsgebiet die Posthoheit für sich. 1659 einigte man sich, dass die Taxis'schen Postillione Briefe nur in verschlossenen Paketen durch das Herzogtum Braunschweig transportieren und dort Privatpost weder einsammeln noch zustellen durften. Die herzogliche Post musste zudem frei befördert werden. Ab 1660 wurden Postritte von Leipzig über Quedlinburg nach Braunschweig eingerichtet mit einer Pferdewechselstation in Quedlinburg. Der Einrichtung eines Thurn- und Taxis'schen Postamts widersetzte sich die Äbtissin von Quedlinburg, die das Postregal für sich in Anspruch nahm. Obwohl der Kurfürst von Sachsen als Schirmvogt hinter ihrer Einrichtung stand, wurde 1681 dann doch ein kaiserliches Postamt in Quedlinburg eingerichtet.

1695 eskalierten die Spannungen, als der kursächsische Stiftshauptmann den kaiserlichen Postmeister aufforderte, »das Kaiserliche Postwappen von seinem Hause zu entfernen, und als dieses Verlangen von (Postmeister) Holdefreund verweigert wurde, mussten auf Vorstellung des Sächsischen Oberpostmeisters Kneß in Leipzig und auf Anordnung des Stifts-Hauptmannes Sächsische Soldaten das Schild ›bei nächtlicher Weile‹ abreißen.« Nachdem das Schild erneut aufgehängt und gewaltsam wieder abgehängt wurde, versuchte die Sächsische Post, den kaiserlichen Postmeister mit einer aussichtsreichen Poststelle ins sächsische Lager herüberzuziehen, der jedoch empört ablehnte. Kaiser Leopold I. schrieb nun an den Kurfürsten von Sachsen am 22. November 1696, er möge »sich aller ferneren turbation, violenz und Eingriff ins Kaiserliche Postregal (...) enthalten, auch den Kaiserlichen Postmeister in allem ruhig zu lassen«. Daraufhin ließ ein kaiserlicher Abgesandter »am 26. Januar 1697 in seinem Beisein den Kaiserlichen Adler wieder an das Postverwalters Haus anschlagen«. Dennoch wurde das Schild auch diesmal wieder von sächsischen Soldaten abgerissen und der kaiserliche Postmeister in Arrest genommen.

Diese andauernden Rivalitäten beeinträchtigten den Postverkehr, einzelne Postfuhren wurden sogar aufgehoben. Mit dem Verkauf der Stiftsvoigteirechte an den Kurfürsten von Brandenburg 1698 änderte sich nichts an dem Vorgehen gegen das Posthaus der Thurn und Taxis, nur dass die Soldaten diesmal brandenburgische waren und nun ein brandenburgisches Postamt eingerichtet wurde. Das umstrittene Posthausschild mit dem kaiserlichen Adler fand sich im Juli 1874 »unter den Nachlaßsachen der Geschwister Schencken auf dem Mummenthale. (...) Wegen seines historischen Werthes wird dasselbe jetzt im Postmuseum zu Berlin aufbewahrt«, schrieb 1889 der Quedlinburger Postdirektor Ferdinand Lohmann. ANKE HÖWING

~ Nº13 ~

REISEHANDBUCH

in zahlreichen Auflagen im 18. Jahrhundert erschienen

~

Papier, Pergamenteinband

1729

EUROPÄISCH REISEN Beim Schlendern durch den ersten Stock des Museums fällt der Blick auf ein aufgeschlagenes altes Buch in einer der Vitrinen: »Die vornehmsten Europaeischen Reisen, Wie solche durch Teutsch-Land, Franckreich, Italien, Holl- und Engeland, Daennemarck und Schweden, Vermittelst der dazu verfertigten Reise=Charten, nach den bequemsten Post=Wegen anzustellen / und was auf solchen Curieuses zu bemercken. Wobey die Neben=Wege, Unkosten, Münßen und Logis zugleich mit angewiesen werden. Welchen auch beygefüget / LVII. Accurate Post=und boten=Charten, von den vornehmsten Städten EUROPA. Die VII. verbesserte Ausfertigung. Hamburg / Bey Johann Christoph Kißner / im Dom. ANNO 1729.«

Was für ein Buchtitel! Grandios, vielsagend, Neugier weckend. Welche waren es wohl, diese vornehmsten Städte des frühen 18. Jahrhunderts? Die Texttafel unter dem über 600-seitigen Buch informiert darüber, dass es sich bei ihm um den damals bekanntesten Reiseführer handelt, der auch Fahrpläne der Post enthält.

Schon früh kam das Buch in den Besitz des 1872 gegründeten Museums. Im ersten gedruckten *Katalog des Postmuseums im Kaiserlichen General-Postamt zu Berlin* von 1878 finden wir es noch nicht, aber im schon zwei Jahre später neu aufgelegten *Katalog des Museums der Reichs-Post- und Telegraphen-Verwaltung, Berlin 1880 gedruckt in der Reichsdruckerei.* Im Kapitel Büchersammlung findet es sich an 63. Stelle.

Seit der Eröffnung des Museums-Prachtbaus 1898 stand es im Obergeschoss in den Reihen der inzwischen auf fast 1.050 Titel angewachsenen Büchersammlung zur Einsicht bereit. Bis es, bedingt durch die Geschehnisse des Zweiten Weltkriegs, selbst eine lange strapaziöse Reise antreten musste.

Zusammen mit den anderen wertvollen, zur Evakuierung bestimmten Museumsobjekten wurde die inzwischen berühmte philatelistische und postgeschichtliche Bibliothek verpackt und so vor der Zerstörung infolge der alliierten Bombentreffer bewahrt. Unser Buch gelangte über Stationen auf Schloss Waltershausen bei Mellrichstadt mit dem Ruckzug der Amerikaner und zusammen mit anderer in über 40 Postsäcken verpackter Literatur nach Hessen und konnte ab 1955 in Frankfurt in der Villa Neufville am Schaumainkai in der Bibliothek des bald gegründeten Bundespostmuseums wieder an ihm Interessierten Auskunft geben. Bis 1801 erreichte das Werk 17 autorisierte Neuauflagen, von denen sich einige im großen Sammlungsbestand an historischer Reiseliteratur der Museumsstiftung befinden. In den ehemals zerstörten, seit 2000 wieder in früherer Pracht eröffneten Postpalast kam das alte Buch als Ausstellungsobjekt im Jahr 2014 zurück und steht nun als wichtiges Reisehilfsmittel der Postkutschenzeit hinter Glas – nur scheinbar unerreichbar: In der Deutschen Digitalen Bibliothek kann jeder, egal an welchem Winkel der Welt, in den verschiedenen Ausgaben dieses damals bekanntesten Reiseführers nach Herzenslust schmökern. Probieren Sie es aus! CLAUDIA LOEST

Post Charte
von dem
Churfürstentum Brandenburg
angefertigt
auf gnädigstem Befehl
Eines Hochpreislichen
General Post Amts
in
Berlin
Magdeburg
Chur
Fürstentum
Anhalt
Sachsen
Braun
Schweig
Mecklenburg

Das grosse Haff
Das
Herzogthum Pommern
West
Preus-
sen.
Königreich
Polen.
Herzogtum
Schlesien

~ N° 14 ~

POSTROUTENKARTE

des Kurfürstentums Brandenburg

~

Papier, koloriert

1776

» … *ANGEFERTIGT AUF GNAEDIGSTEM BEFEHL*« Auf einen Blick zeigt die Karte des Kurfürstentums Brandenburg den Entwicklungsstand des Postkurssystems im Jahr 1776. Strahlenförmig gehen von Berlin, dem politischen, wirtschaftlichen und kulturellen Zentrum des Landes, die einzelnen Postkurse ab. Rote, grüne und gelbe Linien symbolisieren die verschiedenen Beförderungsarten: Fahrende Posten, Reitende Posten und Fußboten-Posten. Entfernungsangaben, Poststationen und die Kennzeichnung, woher selbst kleinste Orte abseits der Postkurse ihre *Correspondence* bezogen, komplettieren die Darstellung. Eine Besonderheit, die keine andere Quelle so unmittelbar und anschaulich zu leisten vermag.

Der Hinweis »Weg bey schlimmen Wetter« für die Ausweichstrecke von Magdeburg nach Burg lässt das beschwerliche Reisen erahnen. Das Interesse Friedrichs des Großen war auf den Ausbau der Wasserstraßen gerichtet, weniger auf den der Landstraßen. Dementsprechend schlecht war deren Zustand. Etwas anders sah es auf der Strecke Berlin-Potsdam aus. Sie ist zumindest als eine der ersten mit Allee-Bäumen gesäumten Straßen Brandenburgs ausgewiesen. Zur Verbindung zwischen den königlichen Residenzen verkehrte hier ab 1754 die tägliche *Journalière.* Die andere königliche Strecke nach Rheinsberg, zu dem geliebten Refugium des jungen Friedrich und später seines Bruders Prinz Heinrich, ist auf der Karte mit dem Zusatz »Von Reinsberg die Printzliche Reise Route nach Berlin« versehen. Die Karte entstand im Auftrag der obersten preußischen Postbehörde »… auf gnaedigstem Befehl Eines Hochpreislichen General Post Amts in Berlin«. Dem Typ nach eine Kabinettskarte, eine große detaillierte Übersichtskarte, die der Dokumentation, Planung und Repräsentation an höchster Stelle diente. Hier ging es nicht um den praktischen Gebrauch als Reisehilfsmittel, wie es ansonsten der Bestimmungszweck von Postkurskarten war, sondern um verwaltungsinterne Nutzung.

Berücksichtigt wird auf der Karte bereits der Erwerb der Provinz Westpreußen im Jahr 1772. Das Gebiet ging im Zuge der ersten Teilung Polens an Preußen über. Diese territoriale Ausdehnung wirkte sich unmittelbar auf das Postkursnetz aus: In Ergänzung zum bestehenden Hauptkurs von Berlin nach Königsberg i. Pr. wurde nun ein zweiter, kürzerer Postkurs unter Umgehung Danzigs über westpreußisches Gebiet eingerichtet. Auf der Karte ist diese Veränderung am rechten Kartenrand, am Ende des Postkurses Berlin–Küstrin–Driesen, mit dem Hinweis »Koenigsberg 57 Meilen« aufgenommen. Dem topografischen Charakter der Karte entspricht die Kennzeichnung der Landesgrenze, einschließlich der Exklaven, der Siedlungen, der Gewässer und der Vegetationsgebiete. Wälder, Feuchtwiesen entlang der Flussläufe und großflächige Luche sind durch eine abgesetzte Farbgebung und spezielle Zeichen hervorgehoben. Das Gelände ist unterschiedlich, zum Teil in Maulwurfshügelmanier, überwiegend jedoch in Bergstrichen angedeutet. Ins Auge sticht die hohe Dichte an Ortsnamen. Sie erzeugt den Eindruck einer dichten Besiedlung, wie sie de facto gar nicht bestand.

Trotz der immensen Fülle an Informationen fasziniert die Karte durch ihren bestechend schönen Gesamteindruck und das klare Kartenbild. Stilistisch noch dem Barock verhaftet, sind die Legende und die Titelkartusche als opulenter Kartenschmuck angelegt. Wie selbstverständlich taucht im Titel der Name des Kartenautors auf: Carl Ludwig Hahn. Ein in der Branche völlig Unbekannter steigt hier in die Gilde der Kartenmacher auf, legt ein Bravourstück hin und verschwindet sogleich wieder von der kartografischen Bühne. Offenbar handelt es sich um den Breslauer Oberpostamtssekretär Hahn – ein höherer Postbeamter, kein Kartograf.

Als Handzeichnung gefertigt, schuf der Autor ein Unikat! An genau diesem Blatt Papier saß vor 240 Jahren Carl Ludwig Hahn, wertete Vorstudien aus, zeichnete, korrigierte und hinterließ Spuren seiner ganz individuellen Zeichenmanier. Der Jahrhunderte zurückliegende Herstellungsprozess ist auf diese Weise buchstäblich in greifbare Nähe gerückt – die Distanz nüchterner Geschichtsbetrachtung aufgehoben. MIRJAM KASPERL

~ No 15 ~

POSTILLIONSTIEFEL

zum Schutz vor Verletzungen durch Pferd und Fuhrwerk

~

Leder, Metall

NACH 1750

VON PFERDE- UND STIEFELSTÄRKEN Wer diesen Langschäfter hergestellt und wer ihn wie lange getragen hat, wissen wir nicht. Die Gebrauchsspuren, das brüchige Leder, die Risse und Fehlstellen sowie Ausbesserungen deuten auf eine lange und intensive Nutzung hin. Die Datierung stammt von einem goldfarbenen Objektschild, das mit vier Drahtösen an der Schaftkante für Ausstellungszwecke im Reichspostmuseum befestigt wurde. Ein Foto der Dauerausstellung zeigt das Stiefelpaar im November 1928 im Bereich Kutschen und Fuhrwerke. Ob es sich bei dem Objekt um die im November 1898 vom Museum für 40 Mark von L. L. Landsberg in Oldenburg angeschafften *Courier-Stiefel* handelt, kann nicht eindeutig belegt werden. Dafür spricht jedenfalls die Exponatbenennung als Kurierstiefel. Allerdings denkt man bei dieser Bezeichnung eher an Siebenmeilenstiefel, nicht aber an diese 7,5 Kilogramm schweren Sporen-Ungetüme, deren Sohlen mit Nägeln und Krampen beschlagen sind.

Die auch als Stangenreiterstiefel bezeichnete Arbeitsschutzbekleidung legt Zeugnis ab von den Strapazen und der Gefährlichkeit des Postillionberufs. Die verstärkten klobigen Stiefel, in die man mit üblichem Schuhwerk stieg, sollten Verletzungen vorbeugen. Unfälle kamen im Dienst öfter vor: Das Pferd stürzte auf schlechtem Weg und fiel auf den Reiter, das mitgeführte ungestüme Beipferd klemmte das Bein des Postillions ein, die Deichsel, auch Stange genannt, schlug den auf dem Pferd sitzenden Fuhrwerkslenker. Bis zur Einführung von Wagenlaternen Anfang des 18. Jahrhunderts hatten darüber hinaus Postillione und Passagiere bei den preußischen Nachtposten »in beständiger Finsterniß gesessen, auf den redlichen Willen der Pferde und die nachgiebigen Bestandtheile des Wegeterrains vertrauend, auf welchem sie demnächst umgeworfen werden würden«. (Heinrich Stephan, 1859)

In Zeiten ohne Krankenkassen war für die meisten Menschen ein schwerer Unfall ein existenzielles Problem. Brach sich ein Postillion in Ausübung seines Dienstes ein Bein, erhielt er von der preußischen Staatspost Unterstützungsgelder aus der 1711 gegründeten Postarmenkasse. Nichtstaatliche Postverwaltungen, vor allem Thurn und Taxis, arbeiteten mit privaten Subunternehmern zusammen, den Posthaltern, meist Gastwirte mit Beherbergungserfahrung, die dieses Risiko trugen. Deren Knechte machten die Postritte oft nebenbei und nutzten dafür das vorhandene Inventar. Mit dem vermehrten Aufkommen der Postwagen in Deutschland in der zweiten Hälfte des 17. Jahrhunderts und den steigenden Anforderungen entwickelten sich höchstwahrscheinlich aus leichtem Schuhwerk diese robusten Spezialanfertigungen. VEIT DIDCZUNEIT

~ N°16 ~

KAMINUHR

mit Funktionsmodell eines optischen Telegrafen

~

Bronze, Metall, Glas

1820ER JAHRE

DER »TELE-GRAF« VON MONTE CHRISTO Diese Kaminuhr mit einem von einem Automaten angetriebenen optischen Telegrafen wurde in den 1820er Jahren von dem Pariser Uhrmacher H. Castor gefertigt. Das Gehäuse aus brüniertem Messing mit feuervergoldeten Applikationen besteht aus der plastischen Nachbildung eines Bergs, auf dem ein Turm und eine kleine Kapelle stehen. Im Turm ist das Uhrwerk eingebaut, im Inneren des Gehäuses befindet sich ein separates Federwerk, das die verschiedenen Funktionen der Uhr antreibt: Das Wasserrad einer Mühle dreht sich; unter dem Wasserrad erzeugen zwei gewundene, sich drehende Glasstäbe den Eindruck fließenden Wassers in einem versilberten Bachlauf. Die Wetterfahne der Kapelle ist ebenfalls in Bewegung. Am eindrucksvollsten aber ist die Bewegung des optischen Telegrafen selbst, dessen Flügelarme in unregelmäßiger Folge verschiedene Zeichen wiedergeben.

Optische Telegrafen wurden von dem Techniker Claude Chappe (1763–1805) erstmals während der Französischen Revolution errichtet. Sie bestanden aus einem Holzgerüst, an dem ein 4,60 Meter langer schwenkbarer Querbalken befestigt war. An jedem Balkenende war ein zwei Meter langer und ebenfalls schwenkbarer Arm angebracht. Über Rollen und Seile ließen sich diese drei Arme in 45-Grad-Winkeln so verstellen, dass man 196 verschiedene Zeichen bilden konnte. Die Signalanlagen wurden in einem Abstand zwischen neun und zwölf Kilometern auf Türmen oder hohen Gebäuden errichtet, sodass man mit einem Fernrohr die Zeichen der Nachbarstation erkennen und an die nächste weitergeben konnte. Die erste Telegrafenlinie von Paris in das 260 Kilometer entfernte Lille wurde 1794 eröffnet und hatte 22 Stationen. Bis 1845 entstand ein 2.500 Kilometer langes Telegrafennetz, das Paris mit allen wichtigen Städten des Landes verband. Die Übertragung der Telegramme war recht langwierig; Unwetter, schlechte Sicht oder einsetzende Dämmerung sorgten für Verständigungsprobleme und Verzögerungen. Trotzdem war der Zeigertelegraf im Vergleich zu berittenen Boten unschlagbar schnell. Kein anderes Medium ermöglichte es, Nachrichten in so kurzer Zeit über weite Distanzen zu übertragen. Davon profitierte vor allem die französische Wirtschaft – etwa durch die Verbreitung von Börsenkursen.

Die Kaminuhr stammt aus dem Besitz von Jean-Georges Humann (1780–1842), was durchaus pikant ist, denn Humann war seinerzeit in einen großen Skandal um den optischen Telegrafen verwickelt. Der in Straßburg geborene Humann stammte aus einfachen Verhältnissen. 1799 gründete er ein kleines Handelsgeschäft und brachte es bis 1810 durch Schmuggelgeschäfte während der Kontinentalsperre zu einem ansehnlichen Vermögen. Nachdem er sich während der Hungersnöte von 1812 und 1816/17 bei der Getreideversorgung der hungernden Bevölkerung hervorgetan hatte, wurde er 1820 Abgeordneter. Ab Mitte der 1820er Jahre war der umtriebige Humann als Investor an mehreren großen Industrieprojekten beteiligt, etwa im Salzbergbau. Gleichzeitig machte er Karriere als Abgeordneter und wurde nach der Julirevolution im Oktober 1832 Finanzminister im Kabinett von Nicolas Jean-de-Dieu Soult, der gleichzeitig Kriegsminister war. Zu seinen Kabinettskollegen gehörten Innenminister Adolphe Thiers und Jean Charles Persil als Justizminister und Generalstaatsanwalt.

Während ihrer Amtszeit brach 1833 in Spanien mit dem Karlistenkrieg ein Bürgerkrieg aus, in dem sich die Franzosen militärisch auf der Seite von Regierung und Liberalen engagierten. Gleichzeitig tobte in Portugal der Miguelistenkrieg zwischen dem legitimen Regenten Don Pedro und seinem Bruder Don Miguel. Beide Konflikte vermischten sich, da sich die einander gegenüberstehenden Parteien – die liberal-föderalistische und die ultrakatholisch-zentralistische – in beiden Ländern gegenseitig unterstützten. In Portugal siegte Don Pedro 1834 mit englischer Hilfe in der Schlacht von Asseiceira, und Don Miguel musste im Vertrag von Evora Monte auf die Krone verzichten. Dies bedeutete auch eine Niederlage für die Partei der Karlisten in Spanien und hatte unmittelbare Auswirkungen auf die Kurse der spanischen Staatsanleihen.

Die Nachricht aus Asseiceira wurde über den optischen Telegrafen nach Paris übermittelt, dort aber zunächst zurückgehalten. Diese kurze Zeitspanne nutzten einige Regierungsmitglieder, um durch Spekulationsgeschäfte mit spanischen Staatsanleihen an der Pariser Börse ein riesiges Vermögen an sich zu bringen. Darunter befanden sich Premierminister Soult, Innenminister Thiers, Justizminister Persil und eben Finanzminister Humann. Insbesondere der gerade zum Innenminister ernannte Thiers nutzte den optischen Telegrafen, um im Voraus informiert zu werden und wurde durch die Insidergeschäfte reich. Er wurde wegen »Manipulationen« angeklagt, der Prozess jedoch niedergeschlagen. Alle Beteiligten – auch Humann –

gingen unbeschadet aus der Affäre hervor. 1837 wurde Humann zum Pair erhoben. Es bleibt offen, ob die Kaminuhr im Hause von Jean-Georges Humann ein selbstbewusstes Statement war, mit dem er selbst auf die Affäre anspielte, oder ob er sie schon vorher besaß. Angesichts der Entstehungszeit der Uhr, die wohl eher aus den 1820er Jahren stammt, ist Letzteres jedoch wahrscheinlicher.

Allerdings musste es sich Humann gefallen lassen, offen verspottet zu werden. Die Karikatur *Le Moulin du Télégraphe* von Honoré Daumier in der Zeitschrift *La Caricature* vom 16. Oktober 1834 zeigt einen optischen Telegrafen, der auf einer Mühle montiert ist. Auf dem großen Signalarm befindet sich der Schriftzug »Nouvelles d'Espagne«. Aus der Mühle heraus kommen Thiers, Humann, Soult und Persil, die Säcke voller Geld schleppen. Oben aus dem Fenster schaut – als Müller gekleidet – König Louis Philippe von Frankreich dem Treiben tatenlos zu, ebenso wie Antoine Maurice Apollinaire d'Argout, der Gouverneur der französischen Zentralbank. Auch literarisch wurde die Affäre verarbeitet: Im Roman *Der Graf von Monte Christo* von Alexandre Dumas bestraft der unschuldig verurteilte Edmond Dantés einen der Verschwörer, die ihn in den Kerker gebracht haben. Dieser Verschwörer – Baron Danglars – hat es zum vermögendsten Bankier von Paris gebracht. Als Graf von Monte Christo verstrickt ihn Dantés in weitreichende Finanzgeschäfte. Der geldgierige Danglars kauft wie Dantés spanische Staatsanleihen. Dantés aber besticht einen Telegrafisten der optischen Telegrafenlinie, die falsche Nachricht vom Sturz der spanischen Regierung durchzugeben. Danglars verkauft seine Anleihen in Panik und mit Verlust. Nachdem er ruiniert ist, muss er nach Italien fliehen. Humann selbst wird an anderer Stelle in dem Roman namentlich erwähnt: Im Kapitel *Das Frühstück* spielt Dumas auf Humanns Vergangenheit als Schmuggler und Lobbyist an. Dies zu lesen, blieb Humann allerdings erspart: Der Graf von Monte Christo erschien erst 1844, zwei Jahre nach seinem Tod. FRANK GNEGEL

~ Nº 17 ~

WERTGELASS

Transportkiste zur Brief- und Geldbeförderung

~

Holz, Metall

1829

MIT KRONE, POSTHORN UND MONOGRAMM Der dänische König Christian IV. erließ 1624 eine Verordnung über das Postwesen in seinem Königreich. Darin legte er auch Postkurse fest, von denen der wichtigste wöchentlich Briefe und Pakete auf der Strecke Kopenhagen, Middelfort, Kolding, Hadersleben, Flensburg, Gottorf, Rendsburg, Itzehoe und Hamburg beförderte. In der Hansestadt gab es seit 1649 einen dänischen Postmeister. Der König begründete dies damit, dass Hamburg eine ihm erbuntertänige holsteinische Stadt sei. 1626 war bereits in Hadersleben eine dänische Poststation eingerichtet worden. 1649 ist in dem Ort ein Postcomptoir genannt, das 1850 zu einem Postamt I. Klasse aufgewertet wurde.

Zur sicheren Beförderung der Post wurde den Postwagen eine Holzkiste mitgegeben. Bereits in der mecklenburg-schwerinschen Postordnung von 1770 war ein Holzkoffer zur Aufbewahrung der Briefbeutel erwähnt: »auf den Ecken und in der Mitte mit tüchtigem und geschmeidigem Eisen wohl beschlagen«. Bei der vorliegenden einfachen Eichenholzkiste befinden sich – mit Ziernägeln ausgeführt – auf der Frontseite das Monogramm des dänischen Königs und Herzogs von Holstein und Lauenburg Friedrich VI. (1808–1839) in der Abkürzung von Fridericus Rex sowie ein Posthornsymbol und auf dem Deckel die Ortsbezeichnung Christiansfeld, in der Nähe von Hadersleben in Nordschleswig gelegen, sowie die Jahreszahl 1829. An der verschließbaren Kiste sind keine Seitengriffe befestigt. Die beiden einfachen Deckelscharniere erinnern an solche für Stalltüren. Um ein Überschlagen des Deckels zu verhindern, wurde dahinter ein Holzklotz befestigt. Vorn an den beiden Ecken schützen Metallverstärkungen die Kiste. Die Seitenteile wurden jeweils aus einem Eichenbrett hergestellt, was auf einen großen und alten Baum schließen lässt und damit in der Herstellung nicht ganz billig gewesen sein dürfte. Die Kiste war lange Witterungseinflüssen ausgesetzt, worauf die Feuchtigkeitsränder auf dem Holzdeckel und Korrosionsspuren an den Nagelköpfen und Beschlägen hindeuten.

Wie die Holzkiste in die Sammlung des Reichspostmuseums Berlin gelangte, ist bislang nicht geklärt. Im Erwerbsbuch wurde sie nicht verzeichnet. Die aufgeklebte Inventarnummer »Hadersleben IA I 12« stimmt nicht mit der Systematik des Reichspostmuseums Berlin überein. Dennoch wurde für sie in den 1930er Jahren eine Objektkarteikarte mit der Bezeichnung »Wertgelass für offene Personenpostwagen um 1829« angelegt und auf die Präsentation in der Berliner Dauerausstellung verwiesen. Es kann nicht ausgeschlossen werden, dass es sich um eine späte Übernahme aus einem anderen Museum handelt, Unterlagen hierüber sind in der Museumsstiftung aber nicht vorhanden. BJÖRN EGGERT

~ Nº18 ~

DRUCKPROBE

für die Briefmarke Großbritannien Nr. 1

~

Papier auf Karton

1840

DIE WELTWEIT ERSTEN BRIEFMARKEN Die große Postreform, der die britische Post im Jahr 1840 unterzogen wurde, führte in einigen Bereichen Neuerungen ein, die die Welt der Kommunikation bis heute maßgeblich prägen. Bis zu dieser Reform war der Versand von Briefen und Postsendungen in Großbritannien wie auch in anderen Ländern meist eine komplizierte Angelegenheit. Die Kosten eines Briefs bemaßen sich nicht nur nach dem Gewicht des Briefs und der Entfernung seines Bestimmungsorts – sogar der Postweg konnte Einfluss auf den Preis haben. Außerdem war es teuer, einen Brief zu versenden: Ein britischer Arbeiter musste vor der Reform einen ganzen Tag arbeiten, um einen Brief über hundert Meilen schicken zu können! Die Ursachen für die hohen Kosten und den unwirtschaftlichen Betrieb der Post waren vielfältig. So genossen zum Beispiel die Parlamentsabgeordneten für ihre Korrespondenzen Portofreiheit und missbrauchten dieses Privileg häufig, indem sie gegen Bezahlung ganze Firmenkorrespondenzen abwickelten. Dadurch entgingen der Post nicht unwesentliche Einnahmen. Ein anderer Grund lag in der Tatsache begründet, dass damals in der Regel nicht der Absender, sondern der Empfänger für die Kosten eines Briefs aufzukommen hatte. Falls der Empfänger also nicht anzutreffen war oder die Annahme eines Briefs schlicht verweigerte, dann blieb die Royal Mail auf ihren Kosten sitzen.

Bereits 1837 hatte der ehemalige Lehrer Rowland Hill (1795–1879) in einer bedeutenden Denkschrift auf diese Missstände aufmerksam gemacht und eine umfassende Postreform angeregt. Zwei revolutionäre neue Ideen prägten seinen Reformansatz: Zum einen schlug er ein niedriges Einheitsporto völlig unabhängig von der Entfernung vor, Briefe bis zu einem Gewicht von einer halben Unze sollten künftig nur noch einen Penny kosten. Zum anderen sollte das Porto zukünftig vom Absender mit Hilfe von vorauszubezahlenden Stempeln (»stamps«) entrichtet werden. Damit war sichergestellt, dass die Post nicht auf ihren Kosten für den Brieftransport sitzen bleiben würde. Schließlich sollten zahlreiche Privilegien und Sonderregelungen entfallen und die Post allgemein effektiver organisiert werden. Die Einnahmeausfälle, die aufgrund des niedrigen Einheitsportos zu erwarten waren, hoffte Hill durch ein steigendes Postaufkommen kompensieren zu können.

Obwohl seine Thesen durchaus kontrovers diskutiert wurden und ihm besonders von Seiten der Leitung der Post Widerstand entgegengesetzt wurde, bot man Rowland Hill schließlich einen Posten im Schatzamt an und beauftragte ihn, an die Umsetzung seiner Reformvorschläge zu gehen. Die konkrete Realisierung der Idee mit den neuen »stamps« war anfangs nicht recht klar. Hill hatte ursprünglich wohl eher an Briefbögen gedacht, die verkauft werden sollten und *gestempelt* waren. Im Rahmen eines öffentlichen Wettbewerbs wurden aus der Bevölkerung rund 2.600 Ideen und Entwürfe für die Gestaltung der neuen Postwertzeichen eingereicht. Und langsam setzte sich die Idee einer mit Klebstoff versehenen gedruckten Briefmarke durch. Da keiner der Wettbewerbsentwürfe vollständig überzeugen konnte, kam man zu einem anderen Entwurf, an dem neben Hill selbst auch der Graveur William

Wyon und der Stecher Charles Heath mitgearbeitet hatten. Wyons Medaille der jungen Queen Victoria diente als Vorbild und wurde von Heath gestochen. Die auf Wertdruck spezialisierte Druckerei Perkins, Bacon & Petch wiederum war in der Lage, den komplizierten und mit Hilfe einer Maschine erzeugten Rand und den Bilduntergrund herzustellen und auch die große benötigte Menge von Briefmarken zu drucken.

Im Prozess der Herstellung der ersten Briefmarke der Welt belegt die hier gezeigte Druckprobe vom Urstöckl eine entscheidende Stufe. Der Untergrund der Marke, der in seiner Komplexität für ihre Fälschungssicherheit sorgen sollte und auch heute noch besonders eindrücklich den weltweit führenden Stand der britischen Drucktechnik in der Mitte des 19. Jahrhunderts demonstriert, wurde ohne das eigentliche Markenbild in verschiedenen Farben gedruckt. Der mit diesen Probedrucken beklebte Karton diente damit sicherlich der endgültigen Farbauswahl der zu druckenden One-Penny- und Two-Pence-Marken. Für die One-Penny-Marke wählte man schließlich Schwarz als Farbe aus (»Penny Black«), während man sich beim Two-Pence-Wert für Blau entschied. Am 1. April 1840 begann der Druck der Marken, und am 6. Mai 1840 wurden die ersten Briefmarken offiziell an den Postschaltern verkauft. Dort mussten die Marken von den Postbeamten noch mit der Schere einzeln aus dem Bogen geschnitten werden, eine Perforation wurde erst einige Jahre später eingeführt. Die technische und logistische Herausforderung war gewaltig: Pro Tag wurden rund 600.000 Briefmarken produziert. Bis zum Januar 1841 wurden allein von der Penny Black über 68 Millionen Exemplare hergestellt. Dann entschied man sich, die Marken zukünftig in Rot herzustellen, da der schwarze Entwertungsstempel auf den Marken oft schlecht zu erkennen war und eine Wiederverwendung schon entwerteter Marken nicht sicher ausgeschlossen werden konnte. Der Erfolg der Briefmarke war groß. Schnell erkannten auch andere Länder das Potenzial und die Vorteile dieser postalischen *Prepaid-Quittung* für den Postversand. Bereits 1843 folgten Brasilien und die Schweizer Kantone Zürich und Genf dem britischen Beispiel, ab 1849 führten dann auch die ersten deutschen Staaten eigene Briefmarken ein. ANDREAS HAHN

TELEGRAFENSTATION VON CHARLES B. ROBINSON

mit Morsetaste, Reliefschreiber und Relais

~

Metall, Holz

1847

DIE MORSE-STORY Im Mai 1847 kamen Charles B. Robinson, sein Stiefvater William Robinson und Charles L. Chapin nach Hamburg. Alle drei hatten zuvor am Bau amerikanischer Telegrafenlinien mitgewirkt. Sie brachten nicht nur ihr Know-how und die Schaltpläne mit nach Hamburg, sondern hatten auch zwei Morseschreiber aus der Werkstatt von A. S. Chubbuck mit den zugehörigen Morsetasten und Relais sowie die nötigen galvanischen Batterien im Gepäck. Zum Entsetzen von Samuel Morse suchten die Robinsons am 30. Juni 1847 in der Hamburger Zeitung *Börsen-Halle* nach Interessenten für dessen in Deutschland nicht geschützte Erfindung. Unterstützung erhielten sie dabei von dem Hamburger Senator Carl Möring, der die drei bereits in den Staaten kontaktiert und überhaupt erst zu ihrer Reise animiert hatte. Möring hatte erkannt, dass der Morsetelegraf zuverlässiger und wirtschaftlicher war als die seit 1838 zwischen Hamburg und Cuxhaven bestehende optische Telegrafenlinie. Diese diente der Übertragung von Schiffsnachrichten, an deren rascher Übermittlung die Hamburger Kaufmannschaft größtes Interesse hatte.

Morse war alarmiert und wandte sich hilfesuchend an den mit ihm befreundeten Alexander von Humboldt und an den amerikanischen Botschafter in Wien. Morse hatte mit den Patentgesetzen in Europa in der Vergangenheit nicht die besten Erfahrungen gemacht: Nachdem er seine Erfindung in den Vereinigten Staaten 1838 zum Patent angemeldet hatte, war er nach England gereist, um dort ebenfalls ein Patent zu erhalten. Dies wurde aber abgelehnt, denn Morse beharrte darauf, als alleiniger Erfinder der elektromagnetischen Telegrafie anerkannt zu werden, obwohl es mit den Nadel- und Zeigertelegrafen von Cooke, Bain und Wheatstone bereits elektrische Telegrafen anderer Bauart gab. Auch in Frankreich hatte Morse keinen Erfolg: Er erhielt zwar ein Patent, doch es verlangte vom Erfinder, seine Entdeckung innerhalb von zwei Jahren in Betrieb zu nehmen. Für die Gründung einer privaten Telegrafengesellschaft erhielt Morse keine Erlaubnis, denn die Telegrafen unterstanden der Regierung. So kehrte er 1839 unverrichteter Dinge wieder nach New York zurück.

Nach der erfolgreichen Eröffnung der Telegrafenstrecke zwischen Washington und Baltimore hatte Morse 1845 einen neuen Versuch unternommen. Auch diesmal waren seine Bemühungen um ein Patent in England ohne Erfolg, ebenso in Frankreich. Österreich entschied sich für den Nadeltelegrafen von Bain, und Preußen lehnte die Erteilung eines Patents an Morse ab – es sei eine zu unbedeutende Erfindung. Nun, im Juli 1847, präsentierten die Robinsons im großen Saal der Hamburger Börsenarkaden den im Prinzip bereits bekannten Morseschreiber. Freilich achteten die Robinsons sorgfältig darauf, den Rest ihres Know-hows geheim zu halten. Das Relais, das dem Morsetelegrafen seine fast unbegrenzte Reichweite verlieh, hielten sie in einem zugedeckten Kasten versteckt. Und sie hatten Erfolg: Interessierte Kaufleute gründeten die Hamburger Electro-Magnetische Telegraphen Compagnie und erwarben die notwendigen Apparate von den Robinsons. Charles Robinson wurde Bauleiter für den Bau der Telegrafenlinie Hamburg-Cuxhaven, die besonders wegen des Elbübergangs, unter dem noch die Segelschiffe verkehren mussten, Aufsehen erregte. Der neue elektrische Telegraf – die erste Morsetelegrafenlinie in Europa – verlief parallel zu der bestehenden optischen Telegrafenlinie und trieb diese nach ihrer Eröffnung im Oktober 1848 in den Ruin.

Danach begab sich Robinson nach Bremen, wo seit 1846 eine mit Zeigertelegrafen von Stöhrer betriebene Telegrafenlinie nach Bremerhaven bestand. Ihr Betrieb wurde auf Morseschreiber umgestellt. Robinson, der versuchte, sich als

Apparatehersteller zu etablieren und eine eigene Werkstätte eröffnete, konnte einige Apparate an die Linie Bremen-Bremerhaven liefern. Noch im gleichen Jahr verkaufte er mehrere Telegrafenapparate an das Königreich Hannover. So spielten die Robinsons bei der Einrichtung der ersten Telegrafenlinien in Deutschland eine zentrale Rolle. Auch in Preußen kam Robinson zum Zuge: 1848 wurden zwei Telegrafen für die Linie Berlin-Köln gekauft – zunächst auf Probe. Nachdem die Versuche erfolgreich verliefen, dachte Preußen freilich nicht daran, auch die Folgeaufträge an die Robinsons zu vergeben. Vielmehr nutzte man ihre Apparate als Muster und ließ die übrigen Telegrafen für die preußischen Linien bei Siemens & Halske herstellen. Zufrieden notierte der zuständige preußische Beamte, man habe die Muster nur »zu einem mäßigen Preise« erwerben können. Robinson sah sich plötzlicher Konkurrenz gegenüber, da verschiedene Instrumentenbauer dasselbe Verhalten wie zuvor er selbst an den Tag legten und dessen Apparate einfach nachbauten. Den Anfang machten F. H. Brüggemann in Bremen und W. Brücking in Hamburg, später folgten neben Siemens & Halske auch Lewert und Gurlt in Berlin, Stöhrer in Leipzig und Ekling in Wien, wobei Letzte nur das Grundprinzip übernahmen und wenigstens ein anderes Design wählten. Am Ende blieb den Robinsons nichts anderes übrig, als wieder in die Vereinigten Staaten zurückzukehren, wo Charles bereits vor Juni 1850 als Betriebsleiter der New York & Erie Telegraph Co. fungierte.

Einige Jahre später – als alle europäischen Staaten durchgängig Morsetelegrafen verwendeten – unternahm Morse, der mit seinen Bemühungen um entsprechende Patente in Europa zuvor keinen Erfolg gehabt hatte, noch einmal einen Versuch, zu seinem Recht zu kommen. Sehr diplomatisch verfasste er 1857 ein Memorandum, in dem er ausdrückte, dass eine Entschädigung dafür wohl angemessen wäre. Dabei konnte er mit der Unterstützung dieser Forderung durch die amerikanische Regierung rechnen. Auf Initiative Frankreichs beschlossen daher 1858 Österreich, Belgien, Frankreich, die Niederlande, Russland, Schweden, Piemont, die Toskana, der Vatikan und die Türkei, eine entsprechende Entschädigung an Samuel Morse zu zahlen. Morse erhielt zusammen 400.000 Dollar – nach heutigen Maßstäben rund 150 Millionen Euro, wobei der Anteil jedes Staates nach der Anzahl der dort eingesetzten Morseapparate ermittelt wurde. Die Deutschen zahlten nichts. FRANK GNEGEL

~ Nº20 ~

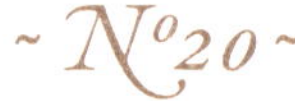

FÜNFNADELTELEGRAF

Modell nach dem Original von Wheatstone und Cooke

~

Metall, Holz, Glas

1849

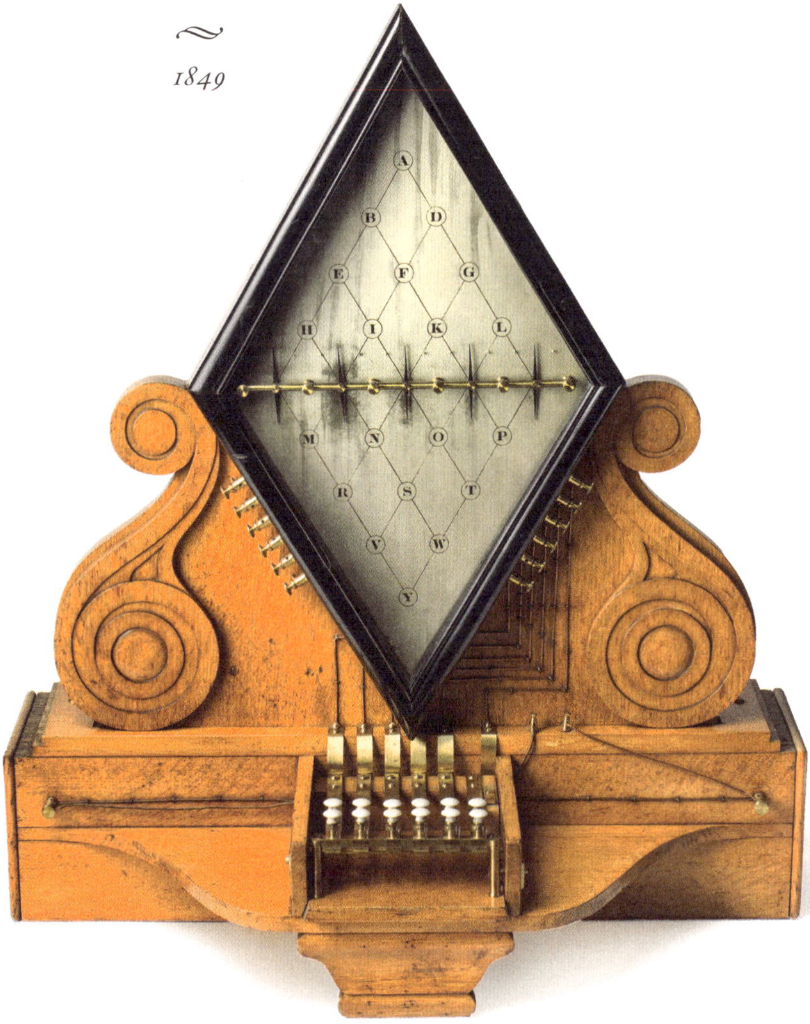

ORIGINAL ODER MODELL? Einen Beitrag zum Fünfnadeltelegrafen von Wheatstone und Cooke zu verfassen, scheint zunächst eine überschaubare Aufgabe zu sein. Schließlich gilt der elegante, seit den 1880er Jahren im Reichspostmuseum ausgestellte Apparat als erster in der Praxis erprobter elektrischer Telegraf: Schon im Sommer 1837 soll er zwischen Euston Station und Camden Town entlang der London & Birmingham Railway in Betrieb gewesen sein. Zwei Jahre später wurden mit ihm Nachrichten zwischen Paddington und West Drayton an der Great Western Railway übermittelt. Weil auch die Funktionsweise recht anschaulich erklärt werden kann – die verlängerten Linien je zwei abgelenkter Magnetnadeln treffen sich auf dem zu übermittelnden Buchstaben – wird dem Telegrafen in Sach- und Fachbüchern stets viel Raum gewidmet. Seine Geschichte ist angesichts dieser Expertise wohl schnell erzählt.

Es ist John Liffen, dem Curator of Communication am Science Museum London zu verdanken, dass dieser Artikel so vorhersehbar und herkömmlich nun aber doch nicht ist. Denn mit deutlicher Kritik an nur bei Vorgängern abschreibenden Autoren legte Liffen 2010 eine Reihe von Unstimmigkeiten in der bisherigen Geschichtsschreibung offen, unterzog die vorhandenen Quellen einer kritischen Analyse und formulierte im Ergebnis für einen baugleichen Apparat am Science Museum eine Neubewertung, die von bisherigen Deutungen abweicht und auch für das Berliner Exemplar Folgen hat.

Doch der Reihe nach: Den Briten William Fothergill Cooke und Charles Wheatstone steht unzweifelhaft die Ehre zu, die in vielen Ländern betriebenen Versuche zur elektrischen Nachrichtenübertragung für einen Einsatz in der Praxis zusammengeführt zu haben. Cooke hatte 1836 bei Professor Muncke in Heidelberg eine Nachbildung des Telegrafen von Schilling von Cannstatt kennengelernt und sofort das wirtschaftliche Potenzial der »tanzenden Nadeln« erkannt. Zurück in England versuchte er, die Schilling'sche Apparatur den Bedürfnissen des noch jungen Eisenbahnwesens anzupassen, scheiterte aber an seinem unzureichenden Verständnis der physikalischen Vorgänge. Auch seine Suche nach einem Partner aus der Wissenschaft war erfolglos, bis er im Februar 1837 auf Charles Wheatstone traf. Der junge Physik-Professor ließ sich begeistert auf eine Partnerschaft mit Cooke ein, und schon im Frühjahr gleichen Jahres gelang es ihnen, Magnetnadeln zuverlässig über größere Distanzen abzulenken. Wohl Ende Mai 1837 beantragten sie ein Patent über »Verbesserungen in der Signal- und Alarmgebung zwischen entfernten Orten mit Hilfe elektrischen Stroms« und hatten dem britischen Patentrecht entsprechend nun sechs Monate Zeit, die Akklamation näher auszuarbeiten.

Allerdings ließ sich die Erfindung in der zweiten Jahreshälfte 1837 weder endgültig zu Papier bringen, noch mündete sie in eine Kleinserienproduktion erster Telegrafen. Vielmehr wurde permanent im laufenden Betrieb verbessert, verändert und ausgetauscht: Zwischen Euston Station und Camden Town kamen zunächst Cookes Prototyp aus Heidelberg, dann ein hastig von Wheatstone konstruierter

Viernadeltelegraf und zuletzt Telegrafen mit fünf Magnetnadeln und einem rautenförmigen Buchstabenblatt zum Einsatz. Jedoch handelt es sich bei Letzteren nicht um die berühmten Fünfnadeltelegrafen, sondern um nahezu doppelt so große Instrumente, die fest montiert werden mussten und von John Liffen in zwei Objekten des National Museum Scotland und des Science Museum London wiedererkannt wurden. Die illustrierte Patent-Spezifikation vom 12. Dezember 1837 nimmt bei der Größenangabe der Anzeigenraute und der nur fünf (statt später sechs Tasten) eindeutig Bezug auf diese ursprünglichen Apparate.

Auch ein Einsatz der berühmten Fünfnadeltelegrafen entlang der Great Western Railway (GWR) ist fraglich: Weil Wheatstones Aussage vor dem House of Common (1840) die einzige zeitgenössische Quelle für dessen Nutzung ist, der Professor jedoch mit Cooke erbittert um die Ehre stritt, Erfinder der Telegrafen zu sein, sollten die Worte Wheatstones genau überprüft werden. So sagte er aus, der in der Patent-Spezifikation illustrierte Apparat entspräche »in allen essenziellen Einzelheiten« den bei der GWR eingesetzten Instrumenten und gab die Patentzeichnungen für den Druck frei, woraufhin diese massenhaft reproduziert wurden und statt eines Bildes aus der Praxis Eingang in die Fachliteratur fanden. Betrieben wurde die Strecke wohl aber mit Viernadeltelegrafen von Cooke, deren einzelne Teile (Spulen, Schalter, Nadeln und so weiter) natürlich ebenfalls dem Patent entsprachen, jedoch neu arrangiert waren, um einen besseren Betriebsablauf zu ermöglichen. Die Kenntnis dieser Telegrafen hat sich durch eine Abbildung in Cookes *Telegraphic Railways* (London 1842) sowie einigen Objekten am Science Museum London erhalten. Historisch erfolgreicher war jedoch Wheatstones taktische Aussage: Bis heute werden sein Name und die elegante, aber umständliche Rautentafel mit den ersten praktischen Erfolgen der Telegrafie in Verbindung gebracht.

Wenn die berühmten Fünfnadeltelegrafen nun aber nicht entlang der ersten Eisenbahnstrecken genutzt wurden, woher stammen sie dann? Nach Meinung John Liffens lohnt ein Blick auf die Rechtsstreitigkeiten der Zeit: Wie später das Bell-Patent für Telefone hatten Wheatstone und Cooke 1837 ein sehr wirkmächtiges, weil allgemein formuliertes Patent erhalten, und so mangelte es nicht an Konkurrenten, die dieses unterlaufen wollten oder in Frage stellten. Mehrfach musste die von Cooke initiierte Electric Telegraph Company (ETC) in den 1840er Jahren entsprechende Prozesse bestreiten und griff in einem Prozess gegen Alfred Brett 1849/50 sogar auf eine gefährliche Taktik zurück: Sie ließ verdeckt Modelle eines Fünfnadeltelegrafen mit einer Raute als Anzeigefeld anfertigen, um in der Anhörung die Funktionsfähigkeit des Patents von 1837 zu beweisen – ein Vorgehen, das Cooke erst in seinen späten Schriften (1868/75) andeutend zugab. Nach dem Prozess fanden diese Modelle zunächst einen neuen Platz im Konferenzraum der ETC, bevor sie entweder als Doppel verkauft wurden oder nach der Verstaatlichung der nationalen Telegrafengesellschaften (1870) über das General Post Office an das spätere Science Museum gelangten.

Wegen der frappierenden Übereinstimmungen der verwendeten Materialien könnte auch der Apparat des früheren Reichspostmuseums eines der Modelle aus den Patentprozessen sein. Er wurde zu einem noch ungeklärten Zeitpunkt von Siemens Brothers & Co. in London gekauft und im September 1882 für den stolzen Preis von 21 Pfund (446 Mark) an das junge Reichspostmuseum weiterveräußert. Noch in den ersten Katalogen des Museums (1889 und 1897) scheint die nicht gänzlich geklärte Herkunft des Geräts in Verweisen auf einen Original-Apparat im Londoner General Post Office anzuklingen, bevor dieser Hinweis in den 1930er Jahren aus den Publikationen verschwand. Allerdings hatten die Patentprozess-Modelle zu diesem Zeitpunkt auch schon Eingang in das kulturelle Gedächtnis gefunden: Durch populäre Darstellungen in Büchern oder auf Zigarettenbildchen sowie durch die Ausstellungspraxis der Museen waren sie als »Telegraphen von 1837« gemeinhin bekannt. OLIVER GÖTZE

An das
Comité für die Gewerbeausstellung
Eichstaett.

~ Nº21 ~

EICHSTÄTTBRIEF

Brief von Straubing nach Eichstätt mit Briefmarke Bayern Nr. 1

~

Papier mit Lacksiegel

1850

KRONJUWEL DER DEUTSCHEN PHILATELIE Am 1. November 1849 führte das Königreich Bayern als erster deutscher Staat im Gefolge einer Gebührenreform und -vereinfachung eigene Briefmarken ein. Die Königlich-Bayerische Post, die damals noch eines von über 40 Postunternehmen war, die im Deutschen Bund existierten, folgte damit dem erfolgreichen Beispiel Großbritanniens, das bereits 1840 die Briefmarke als neuartiges Bezahl- und Quittungsinstrument im Rahmen einer großen Postreform eingeführt hatte. Auch andere deutsche Staaten wie etwa Preußen und Sachsen planten in dieser Zeit die Einführung dieser Neuheit, aber das Königreich Bayern brachte seine Briefmarken als erstes an die Postschalter.

Drei verschiedene Werte wurden herausgegeben: eine schwarze Ein-Kreuzer-Marke, eine blaue Drei-Kreuzer-Marke und eine braune Sechs-Kreuzer-Marke. Mit diesen unterschiedlichen Werten waren die Sendungen je nach Gewicht und je nach Entfernung des Zielortes freizumachen. Hier war man also noch nicht ganz dem britischen Beispiel gefolgt. Während dort ein echtes Einheitsporto völlig unabhängig von der Entfernung eingeführt worden war, gab es in Bayern immer noch drei Entfernungsstufen, nach denen sich das Porto berechnete. Die Schalterbeamten mussten also jeweils die Entfernung des Bestimmungsortes kennen oder nachschlagen, um das korrekte Porto benennen zu können. Die Marken waren von Peter Haseney, dem Banknotengraveur der Bayerischen Hypotheken- und Wechselbank, gestaltet worden. Der Druck fand in der Münchner Universitätsdruckerei von Johann Georg Weiss statt. Fragen der Fälschungssicherheit versuchte man dabei besonderes Augenmerk zu schenken. So sollte der kombinierte Buch- und Prägedruck, für den man sich bei der Herstellung entschied, das problemlose Nachdrucken durch eventuelle Fälscher verhindern. Aus dem gleichen Grund wurde auch mit einem ins Papier eingearbeiteten Seidenfaden experimentiert. Das Papier mit Seidenfaden nach englischem Vorbild gelangte jedoch nur bei den teureren Drei- und Sechs-Kreuzer-Marken zur Verwendung, bei der schwarzen Ein-Kreuzer-Marke verzichtete man darauf. Die insgesamt recht schlichte Gestaltung der Marken mit einer zentralen Wertziffer wurde später von einem philatelistischen Autor einmal etwas geringschätzig als »bäuerliches Barock« charakterisiert, doch versuchte man mit dem grafisch interessant gestalteten Hintergrund, in dem sich sogar eine Art Geheimzeichen des Druckers befand, immerhin eine mögliche Fälschung zu erschweren. Dass König Ludwig I. auf eine Abbildung seines Konterfeis auf den neuen Marken verzichtete, mag auch mit den unruhigen Zeiten im Zuge der Revolution von 1848 sowie seiner angekratzten Popularität in Folge der Affäre rund um die Tänzerin Lola Montez zu tun gehabt haben.

Die schwarze Ein-Kreuzer-Marke, die es als »Schwarzer Einser« bei Briefmarkensammlern zu einem fast legendären Ruf gebracht hat, war für Sendungen im Ortsverkehr sowie für den Versand von Drucksachen und Streifbandsendungen vorgesehen. Nicht einmal ein Jahr nach Einführung der Marken beschloss man jedoch, die Farbe der Ein-Kreuzer-Marken von Schwarz zu Rosa zu ändern, da der schwarze Entwertungsstempel auf schwarzen Marken oft nicht eindeutig zu erkennen war und eine erneute Benutzung der Marken so nicht sicher genug ausgeschlossen werden konnte. Da insbesondere die Drucksachen meist schnell fortgeworfen oder die Marken, wenn sie auf Streifbandsendungen verklebt waren, sogar zerstört wurden, wurde der Schwarze Einser später zwar nicht zu einer ausgesprochenen Rarität, aber doch zu einer recht seltenen Marke, die für viele Philatelisten und Sammler ein Traum war und bleibt, dessen Erfüllung nicht ganz billig ist. Schon ein einzelnes Exemplar dieser »ersten deutschen Briefmarke« auf Brief oder Streifband ist ein Schmuckstück für jede Sammlung, ein Dreierstreifen auf Brief ist noch gesuchter. Dies kam gelegentlich vor, wenn einem Postamt die eigentlich benötigten Drei-Kreuzer-Marken ausgegangen waren und man sich mit einem Streifen von drei Ein-Kreuzer-Marken behalf.

Im Jahr 1959 war jedoch das Erstaunen in der Fachwelt groß: Im Stadtarchiv im oberbayerischen Eichstätt war bei Neuordnungs- und Aufräumarbeiten ein Brief entdeckt worden, der gleich einen ganzen Sechserblock (als Ersatz für die braune Sechs-Kreuzer-Marke) trug! Zudem waren die Marken mit zwei perfekt abgeschlagenen, sogenannten Mühlradstempeln mit der Nummer 336 auch noch wunderschön klar und sauber entwertet. Der Brief, der am 14. November 1850 aufgegeben worden war, enthielt geschäftliche Korrespondenz und war aus Straubing an das Comité der Gewerbeausstellung Eichstätt adressiert worden. Der bei der Entdeckung zufällig anwesende Amtsleiter erkannte, dass dieser Brief etwas Besonderes sein musste. Ein hinzugezogener Philatelist bestätigte die herausragende Bedeutung des Briefs, denn ein Brief mit einem Sechserblock des Schwarzen Einsers war bis dahin noch nicht aufgetaucht. In der Fachwelt verursachte dieser Fund einigen Wirbel, doch auch die Deutsche Bundespost war auf den Fund aufmerksam geworden. Im Jahr 1969 konnte der damalige Bundesminister für das Post- und Fernmeldewesen, Dr. Werner Dollinger, den als »Eichstättbrief« bekannt gewordenen Fund für das Postwertzeichenarchiv der Deutschen Bundespost erwerben. Heute ist diese Sammlung als *Archiv für Philatelie* Teil der Sammlungen der Museumsstiftung Post und Telekommunikation. Die für damalige Verhältnisse unerhört hohe sechsstellige Summe, die die Stadt Eichstätt seinerzeit von der Post für den Zufallsfund erhielt, bildete einen guten finanziellen Grundstock für das neu zu bauende Hallenbad der Stadt. Mittlerweile sind noch einige weitere Briefe bekannt, die mit sechs Schwarzen Einsern freigemacht wurden – insgesamt allerdings nicht einmal eine Handvoll. Doch keiner von ihnen ist mit einem Block von sechs zusammenhängenden Marken frankiert, und keiner kann dem Eichstättbrief bezüglich der Schönheit der Entwertung und des Gesamtbildes das Wasser reichen. Insofern stimmt die allgemeine Einschätzung immer noch, die den Eichstättbrief als das »Kronjuwel der deutschen Philatelie« bewertet. ANDREAS HAHN

DAGUERREOTYPIE

Die Atelieraufnahme zeigt Julius von Auenmüller

~

Kupferplatte mit Silberschicht

UM 1850

DER OBERPOSTRAT AUS DER SCHUBLADE Geheimnisvoll silberglänzend schimmert die Oberfläche aus dem Dunkel der geöffneten Schublade. Der neugierig gewordene Museologe hebt das Objekt an das künstliche Depotlicht und schützt das Vorgefundene gleich wieder vor dem starken Lichteinfall.

Bei genauerer Betrachtung, unter abgeschwächter Beleuchtung, wird die erste Vermutung zur Gewissheit. Eine frühe fotografische Aufnahme, eine kleinformatige Daguerreotypie, ist nach vielen Jahren wieder in den Fokus des Betrachters gerückt.

Es fehlen zwar die sonst typischen Bestandteile wie ein Etui aus Pappe oder Holz oder ein Passepartout. Auch ist die Aufnahme durch zahlreiche Fingerabdrücke, Kratzer und die für die angewandte Technik typischen Korrosionsspuren stark angegriffen, das Motiv ist trotzdem gut zu erkennen. Das kleine vergilbte Papierstück, das der Fotografie beigelegt ist, enthält erste Hinweise auf die abgebildete Person. Es handelt sich um ein Lichtbild, das Julius von Auenmüller zeigt, Oberpostrat bei der Oberpostdirektion in Leipzig.

Auenmüller ist auf der Porträtaufnahme in der für die Zeit um 1850 typischen Zivilkleidung eines Bürgers dargestellt. Er präsentiert sich selbstbewusst und voll konzentriert. Die etwas angespannte Haltung ist sicher auch auf das lange Stillsitzen zurückzuführen – Belichtungszeiten zwischen 10 und 20 Sekunden waren üblich. Und es blieb oft nicht bei einem einzigen Versuch. Vielleicht spürt man auch etwas von der Nervosität, die der erste Besuch in einem Fotoatelier auslöste. Das Ergebnis kann sich allerdings sehen lassen. Auf einer mit spätbiedermeierlicher Tapete beklebten Wand, einem auf schweren Teppichen stehenden Schreibtisch oder einer mit Spitze umrankten Fensterbank in einer großbürgerlichen Leipziger Stadtwohnung zeugt dieses Kleinod vom Aufbruch in eine neue von technischen Innovationen geprägte Zeit.

Unter welchen Umständen die Porträtaufnahme aus dem Besitz der Familie von Auenmüller ihren Weg in die Sammlung der Sächsischen Poststube Dresden fand, liegt noch im Dunkeln. Sicher ist, dass die Daguerreotypie nach dem Zweiten Weltkrieg mit weiteren postgeschichtlichen Gegenständen in das Postmuseum der DDR nach Ost-Berlin gelangte. In den nächsten Jahrzehnten überdauerte der Oberpostrat in einer Schublade alle politischen und strukturellen Veränderungen und wartete auf seine Wiederentdeckung.

Es müssen noch einige Recherchestunden in Archiven und Bibliotheken folgen, um verlorengegangene Informationen zu Biografie und Technik wieder erlebbar zu machen. Doch schon jetzt ist das lange unerkannt im Depot schlummernde Unikat eines der interessantesten Exponate aus den Fotosammlungen der Museumsstiftung Post und Telekommunikation. THOMAS JABS

~ N°23 ~

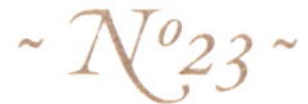

BRIEF- UND PÄCKCHENWAAGE

vermutlich die älteste erhaltene deutsche Postwaage

~

Holz, Metall, bemalt

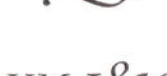

UM 1850

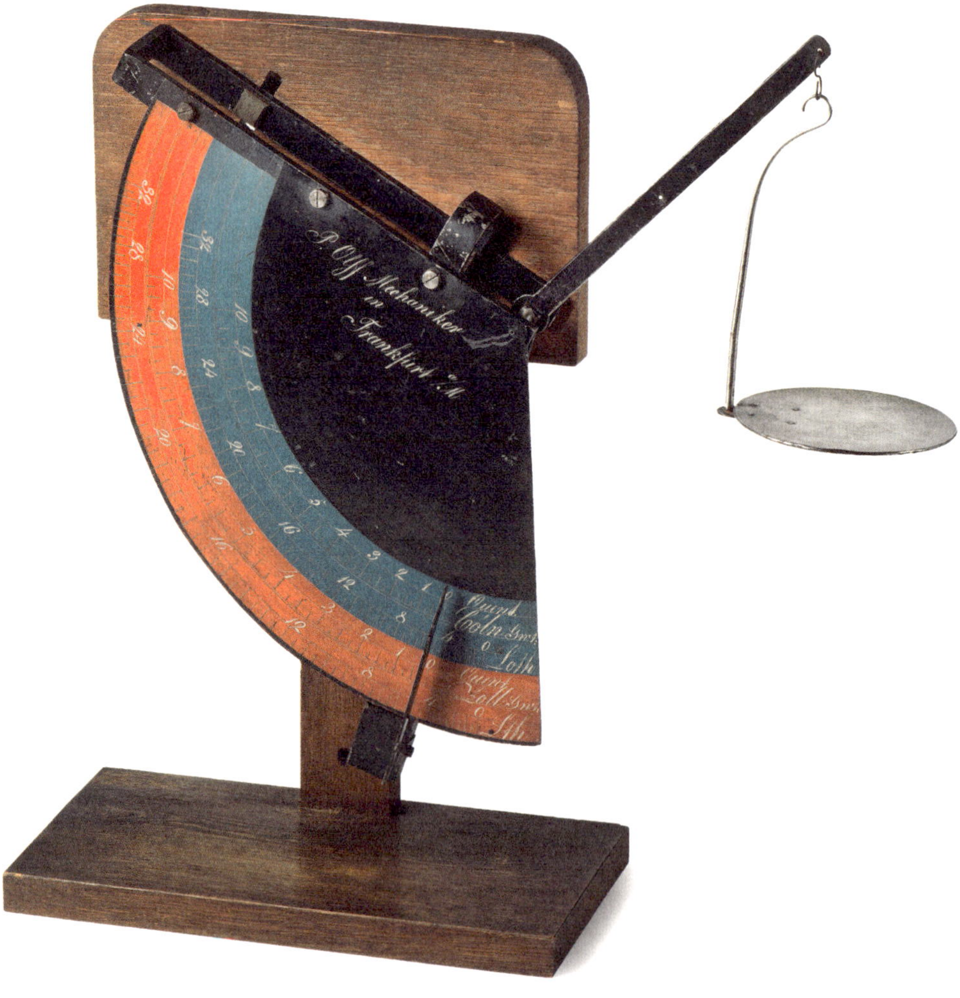

JEDES GRAMM ZÄHLT Das Wiegen von Briefen gehört zum Geschäft der Post seit ihrer Öffnung für den privaten Briefverkehr Anfang des 16. Jahrhunderts. Bis heute sind die Beförderungskosten eines Briefs abhängig von seinem Gewicht. Die komplizierte und zeitaufwendige zusätzliche Berechnung nach der Entfernung zwischen Absender und Empfänger wurde erst 1868 aufgehoben. Seit dem 1. April 1900 darf in Deutschland der einfache Normalbrief bis zu 20 Gramm wiegen. Vorher galt als Gewichtshöchstgrenze bei den meisten deutschen Postverwaltungen 15 Gramm oder ein Lot. Dieses Maß hatte sich schon früh als Einheitsgewicht des Briefs in der Kostenbestimmung herausgebildet.

Das für Verwaltungsschreiben und herrschaftliche Post anfänglich benutzte dicke Briefpapier, ein Bogen im Kanzlei- oder Doppelfoliomaß von 33 mal 42 Zentimetern, wog durchschnittlich ein Lot.

Briefwaagen zählten in den Postämtern zu den wichtigsten Arbeitsinstrumenten. Die vom Frankfurter Mechaniker Johann Peter Olhf (1787–1856) um 1850 geschaffene Pendel- oder Neigungswaage ist vermutlich die älteste erhaltene deutsche Brief- und Päckchenwaage. Auf dem Holzgestell gibt es zwei Gewichtsskalen aus Metall, eine in Blau für das Cölner Pfund (467,711 Gramm) und eine in Rot für das im Postverkehr der Postvereinsstaaten seit 1851 geltende Zollpfund (500 Gramm), jeweils mit den Gewichtsmaßen Quint (3,654 Gramm oder 3,906 Gramm) in Zehnerunterteilung und Lot (14,616 Gramm oder 15,625 Gramm) in Zweiunddreißigergliederung. Der Lastarm hat zwei Öffnungen für das Einhängen des Auflagetellers. Am Pendelende wird in Quint und weiter zum Drehpunkt in Lot gewogen. Daher haben die Skalen der beiden Maße auch unterschiedliche Nullpunkte.

Taxierungsangaben gibt es auf der Waage nicht. Die zu bezahlende Beförderungsgebühr musste der Postbeamte auf der Basis des Briefgewichts unter Hinzuziehung von Entfernungs- und Portotabellen errechnen. Es ist jedoch nicht unwahrscheinlich, dass der Waagenbauer die beiden Skalenfarben wegen ihres Brief- und Postbezugs ausgewählt hat. In Rot wurde von der Post auf den Briefen die bereits vom Verfasser bei der Einlieferung bezahlte Gebühr mit Rötelstift vermerkt. Blaue Zahlen auf den Briefen gaben Auskunft über die noch beim Adressaten zu kassierende Transporttaxe.

Die Umstellung auf das metrische System im Norddeutschen Bund 1868 und 1872 im Deutschen Reich machte Waagen allein mit älteren Gewichtsmaßen auf ihren Skalen unbrauchbar. Zudem benötigten die aufgrund des industriellen Aufschwungs und der Vereinfachungen im Gebührenwesen gestiegenen Sendungsmengen verbesserte Techniken. Der genaue Nutzungsort der Waage von Olhf ist unbekannt. Das Reichspostmuseum erwarb sie Anfang 1893 von der Berliner Gebrüder Dopp Waagenfabrik. VEIT DIDCZUNEIT

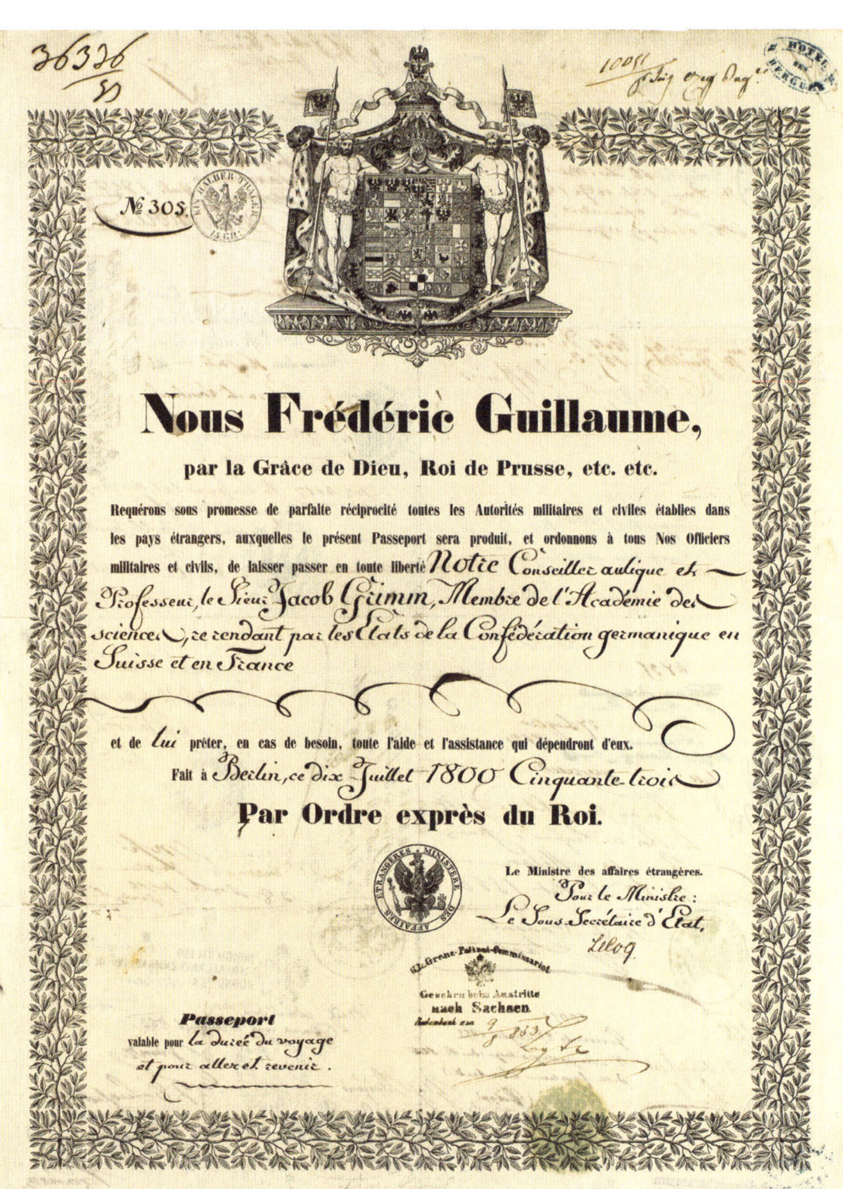
36326 / 51

No. 305.

Nous Frédéric Guillaume,

par la Grâce de Dieu, Roi de Prusse, etc. etc.

Requérons sous promesse de parfaite réciprocité toutes les Autorités militaires et civiles établies dans les pays étrangers, auxquelles le présent Passeport sera produit, et ordonnons à tous Nos Officiers militaires et civils, de laisser passer en toute liberté *Notre Conseiller aulique et Professeur, le Sieur Jacob Grimm, Membre de l'Académie des sciences, se rendant par les Etats de la Confédération germanique en Suisse et en France*

et de *lui* prêter, en cas de besoin, toute l'aide et l'assistance qui dépendront d'eux.

Fait à *Berlin, ce dix Juillet 1800 Cinquante trois*

Par Ordre exprès du Roi.

Le Ministre des affaires étrangères.
Pour le Ministre:
Le Sous-Secrétaire d'Etat,
Leloq

Passeport
valable pour *la durée du voyage et pour aller et revenir.*

Gesehen beim Austritte nach Sachsen.

~ Nº 24 ~

REISEPASS FÜR JACOB GRIMM

ausgestellt in Berlin in französischer Sprache

~

Papier

1853

JACOB GRIMMS ALTERSREISE Am 11. Juli des Jahres 1853, einem Montag, trat der Philologe und Jurist Jacob Grimm um sieben Uhr abends von Berlin aus eine vierwöchige Reise an, die ihn über die Schweiz in das südliche Frankreich bis nach Marseille und in einem großen Bogen über Mailand und Venedig, Österreich und Böhmen zurück an seinen Ausgangsort führen sollte. Die Reise bestritt Jacob allein, ohne irgendeine Begleitung. Zwar hatte er gemeinsam mit dem jüngeren Bruder Wilhelm in unzertrennlicher Geschäftsallianz eine Reihe bedeutender philologischer Großprojekte umgesetzt – darunter eine umfangreiche, in das Weltdokumentenerbe der UNESCO 2005 aufgenommene Sammlung an Kinder- und Hausmärchen sowie erste Bände des *Deutschen Wörterbuches,* eine für die Geisteswissenschaften unverzichtbare Enzyklopädie der deutschen Sprache –, doch auf seinen Reisen ging das Brüderpaar gewöhnlich getrennte Wege.

Beide, Jacob wie Wilhelm, ergriff häufig das Reisefieber, allerdings weniger aus Lust und Vergnügen als vielmehr überwiegend aus purem Forscherdrang. Jacob führte die Suche nach altdeutschen Handschriften und ihren Transkriptionen auf Tausenden von Manuskriptblättern in die Bibliotheken von Paris, Göttingen und Heidelberg, Wien und Prag. Erst in fortgeschrittenem Alter unternahm er Bildungsreisen nicht nur zu Studienzwecken. Im Jahr 1831 besuchte er Süddeutschland und die Schweiz, 1843 folgten eine lang ersehnte Italienreise und endlich im Jahr 1853 die Rundreise durch Südeuropa. Auf Anraten der Ärzte sollten die späteren Auslandsaufenthalte in erster Linie der Erholung dienen. Das Deutsche Wörterbuch, mit dem die Brüder seit Mitte der 1830er Jahre befasst waren, erwies sich als ein Mammutprojekt und der enorme redaktionelle Aufwand für den mittlerweile 68-jährigen Jacob immer mehr als Belastung.

Am Vortag seines Aufbruchs wird Jacob Grimm im preußischen Ministerium der Auswärtigen Angelegenheiten vorstellig, um den benötigten Reisepass entgegenzunehmen. Unter dem Datum des »dix Juillet 1800 Cinquante trois« berechtigt das Zertifikat zum einmaligen Besuch der Schweiz und Frankreichs sowie aller Länder des Deutschen Bundes für die Dauer der Reise und der damit verbundenen Rückkehr. Jacob firmiert als Mitglied der preußischen Akademie der Wissenschaften, paraphiert ist der Pass durch einen Untersekretär des Ministeriums. Zu den Auffälligkeiten der Vorderseite zählt ein auf der vorletzten Reiseetappe zwischen Prag und Dresden beim Wiedereintritt nach Sachsen durch das k.k. Grenz-Kommissariat gesetzter Stempel, dessen Platzierung aber allein der rückseitigen Platznot geschuldet sein wird.

Mit Eintragungen überhäuft, weist die Rückseite mehr als ein Dutzend Sichtvermerke auf, die sich in der Zusammenschau zu einem gut nachvollziehbaren Reiseverlauf verdichten. Ergänzende Hinweise zu den Etappen innerhalb der Länder Frankreichs und Österreichs lassen sich dazu anhand erhaltener Briefe ermitteln, die Jacob von unterwegs aus Marseille an seinen Verleger Salomon Hirzel sowie nach der Rückkehr nach Berlin an die Schwägerin Dorothea Grimm richtete.

Die einzelnen Stationen seiner Südeuropa-Tour durchmisst Jacob allerdings im Eiltempo. Nach heutigen Maßstäben umfasst die Reise mehr als 4.000 Kilometer, die er in nur 31 Tagen zurücklegt – bei einem Tagesmittel von 120 bis 150 Kilometern. Zwangsaufenthalte erduldet er nur widerwillig. Einen zusätzlichen Tag fordert ihm in Marseille das Warten auf ein Schiff nach Genua ab, die geplante Überfahrt nach Sardinien – im Passeintrag in Bern vom 17. Juli noch vorgemerkt – wird völlig aus dem Programm gestrichen und der Gedanke an einen Abstecher nach Algier verworfen, weil diese Fahrt ihn, wie er später einräumt, weitere sechs Tage gekostet hätte. Zu dieser Einstellung passt, dass Jacob zeitraubende wissenschaftliche Unterredungen meidet und sich äußerst selten unter Leute begibt. Zu den wenigen Ausnahmen gehört in Basel der Besuch des Kollegen und Universitätsrektors Wilhelm Wackernagel. Das Treffen hatte Verleger Hirzel angeregt und vermittelt.

Auch über die Wahl des Verkehrsmittels, die der Reisende Mitte des 19. Jahrhunderts zwischen Postkutsche, Eisenbahn und Dampfschiff zu treffen hatte, entscheidet nahezu ausnahmslos der Faktor Geschwindigkeit. Die erste Etappe von Berlin bis Basel wird Jacob überwiegend mit der Dampfeisenbahn zurückgelegt haben. Seit 1852, dem Vorjahr der Reise, bestand erstmals eine durchgehende Eisenbahnverbindung von Berlin bis Frankfurt. Die Fortsetzungsstrecke entlang des Rheintals über Karlsruhe bis Basel zählte ohnehin zu den in Deutschland früh erschlossenen Eisenbahnlinien. Den Alpen nähert er sich über Bern (16./17. Juli), überquert bei Vevey den Genfer See, nimmt bis Lyon eine »unbequeme« Diligence (Eilpostkutsche), auf der Rhône bis Avignon ein Dampfschiff, um für die Restetappe bis Marseille, das am 24. Juli erreicht wird, erneut auf eine Eisenbahn umzusteigen.

Im Anschluss an die eintägige Zwangspause verläuft die Rückreise über Genua (27. Juli), Mailand (28. Juli), Venedig (30. Juli) und Triest (31. Juli) nach Salzburg (Anfang August), bei Ebensee im Salzkammergut mit dem Schiff über den Traunsee und weiter bis Gmunden. Zum Verdruss des Reisenden führt von dort noch immer eine Pferdeeisenbahn über Linz nach Budweis. Als Gipfel der »Beschwerlichkeiten« erweist sich indes ein zwischen Budweis und Prag verkehrender Pferde-Stellwagen, »eine art omnibus«, wie Jacob seiner Schwägerin berichtet, »auf welchem sich eine sehr gemischte gesellschaft findet. 22 stunden musz man von Budweis nach Prag darauf aufbringen.« Die abschließende Etappe führt über Dresden zurück nach Berlin.

Hatte Jacob sich als junger Gelehrter – der Romantik noch tief verbunden – an Postkutschenfahrten erfreuen und ebenso für die Harmonie unter den kraftvoll ausschreitenden Pferden begeistern können als auch für den frischen Duft der Wiesen, so ist ihm jetzt jedes Gespann ein Graus. Wenigstens die Hälfte seiner Reise, rechnet er später nach, habe er mit einer Pferdepost »auf die alte mühsame art« zurücklegen müssen. Dagegen setzt er die innovative Maschinentechnik der Dampfschiffe und Eisenbahnen, die freilich auch seinem von Hast und Eile geprägten Reisestil entspricht. Nach Hause zurückgekehrt, wartet auf den Herausgeber des Deutschen Wörterbuches längst das nächste Paket an Korrekturfahnen zu Band 1. Dass seine Eilreise ihn an die Grenzen der Belastbarkeit führen musste, gesteht er seiner Schwägerin unverhohlen ein: »Mir ist es ein behagliches gefühl wieder zu haus und in ruhe zu sein. fast hatte ich mir diesmal zu viel vorgenommen …«. Doch wiegen die selbstverschuldeten Strapazen bei Weitem nicht so schwer wie Jacobs Wunsch, viele der ihm bekannten Städte und Regionen ein letztes Mal wiederzusehen: »Mehrmals befiel mich unterwegs das gefühl, dasz dies meine letzte gröszere reise sein würde. eben darum wollte ich einige örter wiedersehen, die mir früher gefallen hatten.« KLAUS BEYRER

~ Nº25 ~

ERSTES TRANSATLANTIKKABEL

Souvenirstück mit Echtheitsgarantie von Tiffany & Co., New York

~

Kupfer, Guttapercha

1858

STERNSTUNDE IN DER TIEFSEE Knapp zehn Zentimeter Draht mit Echtheitsgarantie erinnern an eine der herausragendsten und wagemutigsten Pioniertaten des 19. Jahrhunderts, die unsere Welt bis heute grundlegend veränderte. In einer Handvoll Kupfer, Stahl und Isoliermaterial mit Plakette verdichtet sich das, was man einen historischen Augenblick nennt. Stefan Zweig beschrieb ihn später als eine »Sternstunde der Menschheit«. Sie ereignete sich am 5. August 1858, als ein Seekabel erstmals eine telegrafische Verbindung zwischen dem europäischen und amerikanischen Kontinent herstellte und die ersten Worte durch die atlantische Tiefsee flossen. Ein spektakulärer Erfolg, der ein neues Zeitalter einläutete und den Grundstein der modernen globalen Kommunikation wie wir sie heute kennen legte.

Mit der Entwicklung der elektrischen Telegrafie in den 1830er Jahren hatte sich die Übertragung von Nachrichten revolutioniert. Und bald spannte sich ein breites Netz aus Landkabeln quer durch Europa. Erst mit Guttapercha aber, einem aus dem malaysischen Palaquiumbaum gewonnenes kautschukähnliches Material, war eine geeignete Isolierung gefunden, um die elektrischen Leitungen auch unter Wasser sicher zu verlegen. Bereits 1851 glückte eine erste submarine Verbindung durch den Ärmelkanal zwischen Dover und Calais, und in den folgenden Jahren entstanden weitere Unterseeverbindungen zwischen England und Irland, zwischen Dänemark und Schweden, Korsika und dem italienischen Festland. In einem Wimpernschlag von knapp 20 Jahren war Europa über Land- und Seekabel verwachsen. Maßgeblicher Antrieb für diesen rasanten technischen Fortschritt und den Ausbau der Kommunikationswege waren die wirtschaftlichen und politischen Interessen der Großmächte. Der beschleunigte Nachrichtenverkehr versprach nicht nur eine bessere Koordination von Wirtschafts- und Handelsbeziehungen, sondern auch eine stärkere politische Kontrolle der Kolonialmächte über ihre Hoheitsgebiete.

Auch der immer noch auf den Briefverkehr angewiesene transatlantische Austausch verlangte nach einer Verkürzung der Übermittlungszeit. Als der Ingenieur Frederic N. Gisborne 1854 auf den wohlhabenden amerikanischen Papierfabrikanten Cyrus W. Field traf, suchte er zunächst Finanziers für eine Unterseeverbindung zwischen New York und Neufundland, die eine Ersparnis von einigen Tagen für Botschaften aus Europa versprach. Doch in Field wuchs schnell eine kühne Vision, die weit darüber hinausging: Er wollte eine telegrafische Verbindung zwischen Nordamerika und Europa herstellen. Ein Unterseekabel aber, das den atlantischen Ozean überwinden sollte, war zu dieser Zeit außer Reichweite, eine Unternehmung dieser Größenordnung bislang ohne Vorbild. Nie zuvor war ein Kabel von einer so gewaltigen Länge produziert worden. Die Tiefsee des atlantischen Ozeans war weitgehend unerforscht, und es war noch völlig unklar, welche Auswirkungen Wasserdruck und Strömungen auf die elektrische Verbindung haben würden. Schließlich spielten auch ganz praktische Herausforderungen eine Rolle: Kein Schiff hätte die gewaltigen Kabelmassen bergen und ihr Gewicht von rund 2.500 Tonnen tragen können. Allen Hindernissen und Unwägbarkeiten zum Trotz gelang es Field, eine Reihe von britischen und amerikanischen Privatunternehmern von einer Beteiligung an seinem Vorhaben zu überzeugen.

Unerschütterlicher Fortschrittsglaube, aber auch die Hoffnung auf die zu erwartenden Renditen führten die notwendigen finanziellen Mittel zusammen und mündeten am 20. Oktober 1856 in die Gründung der Atlantic Telegraph Company, die ein Grundaktienkapital von 350.000 Pfund aufbringen konnte. Schließlich sagten auch die britische und amerikanische Regierung ihre Unterstützung zu und erteilten die nötigen Konzessionen. Nach einem Jahr der Vorbereitungen wagte man am 5. August 1857 einen ersten Versuch. Das Kabel sollte die Kontinente auf der kürzesten Strecke zwischen Irland und Neufundland verbinden und von dort den weiteren Anschluss nach New York und London nehmen. Für den Transport und die Verlegung musste das Kabel geteilt werden. Zwei umgebaute Kriegsschiffe, die britische HMS Agamemnon und die amerikanische USS Niagara, sollten die gewaltigen Drahtmassen transportieren.

Ausgehend von der irischen Hafenstadt Valentia begann die Expedition. Doch nur wenige Tage nach der erfolgreichen Ausfahrt riss das Kabel – und mit ihm verloren sich rund 100.000 Pfund im Meer. Ein Jahr später, am 10. Juni 1858, ging Field mit einem zweiten Versuch wieder auf Kurs. Diesmal verspleisste man die zwei Kabel auf halber Strecke, doch ein gewaltiger Sturm hatte das empfindliche Kabel nachhaltig beschädigt. Wenige Wochen später, am 17. Juli, liefen die Schiffe erneut aus. Wieder wurden die Kabelenden in der Mitte des Atlantiks verbunden und in entgegengesetzter Richtung Irland und Neufundland angesteuert. Nach knapp drei Wochen erreichten am 5. August die USS Niagara Trinity Bay in Neufundland und die HMS Agamemnon Valentia. 3.200 Kilometer Telegrafenkabel verbanden endlich die beiden Kontinente und übermittelten erfolgreich elektrische Signale.

Die Anspannung entlud sich in einem Begeisterungssturm. Die Zeitungen titelten »The cable in perfect working order« und »Everybody crazy with joy«. Selbst der durch das Freudenfeuerwerk ausgelöste Brand der New Yorker City Hall tat der ausgelassenen Stimmung keinen Abbruch. Und schon bald liefen die offiziellen Grußworte von Queen Victoria zur erfolgreichen Verlegung des ersten transatlantischen Telegrafenkabels an den amerikanischen Präsidenten James Buchanan durch die Leitung.

Die Reste des Kabels wurden schnell an den New Yorker Juwelier Tiffany & Co. verkauft und zu Souvenirs wie Schmuckanhänger, Broschen, Kerzenständer, Tischdekorationen und Spazierstockgriffen verarbeitet. Sie sollten den historischen Augenblick festhalten, an dem nun jeder teilhaben wollte. Zertifizierte Schaustücke des Wunderwerks wurden für 50 Cent angeboten, und die Nachfrage war so groß, dass man zeitweise mit der Produktion kaum nachkam. Bis die Leitung schon kurze Zeit später versiegte. Das aufwendig gelegte und bejubelte Kabel sandte nur noch undeutliche Signale, und nach nur wenigen Wochen verstummten die Telegrafen endgültig. Man hatte zu starke elektrische Impulse durch die zu dünnen Leitungen geführt, sodass die Drähte schließlich verglüht waren. Der kühne Traum von einer direkten Verbindung zwischen den Kontinenten war ausgeträumt. Böse Stimmen behaupteten sogar, das Kabel habe nie funktioniert und Field sei ein skrupelloser Betrüger. Die herbe Ernüchterung, aber auch die Unruhen des Amerikanischen Bürgerkriegs verhinderten eine unmittelbare Fortsetzung des Projekts.

Erst 1865 startete man einen weiteren Versuch. Wieder waren es Cyrus W. Field und die Atlantic Telegraph Company, die die Initiative ergriffen und mit dem größten Schiff der damaligen Zeit, der Great Eastern, erneut die Verkabelung durch den atlantischen Ozean anvisierten. Diesmal war die Technik ausgefeilter und das Kabel stabiler. Doch die Fahrt blieb erneut erfolglos. Nach knapp zwei Dritteln gemeisterter Strecke riss die wertvolle Leitung und versank im Meer. Unzählige Bergungsversuche scheiterten und mussten schließlich aufgegeben werden. Aber endlich gelang die Unternehmung und konnte am 27. Juli 1866 mit einer dauerhaft stabilen Verbindung aufwarten. Nach der Bergung des versunkenen Kabels durchliefen bald sogar gleich zwei funktionierende Verbindungen den Ozean. Mit einem Mal rückte die Welt näher zusammen. Raum und Zeit waren neu definiert. Musste man zuvor bei der transatlantischen Korrespondenz per Dampfschiff für einen Briefwechsel fast einen Monat einplanen, so konnte nun die gleiche Strecke telegrafisch in nur wenigen Stunden überwunden werden.

Aufgrund der hohen Übermittlungskosten war diese Verbindung jedoch noch keineswegs geeignet für eine moderne Massenkommunikation, sondern wurde zunächst vor allem für den Verkehr von Börsennachrichten, die Abstimmung des Warenverkehrs, die Übermittlung von Pressemitteilungen und staatlichen Angelegenheiten genutzt. Ein Telegramm mit 20 Worten kostete 100 Dollar, mehrere Monatslöhne eines damaligen Arbeiters, und war damit für die private Nutzung völlig unerschwinglich. Wie wertvoll die verkürzten Kommunikationswege aber waren, zeigten nicht zuletzt der rasante Ausbau der Seekabellinien und das internationale Wettrüsten in den folgenden Jahren. Unter britischer Vorherrschaft durchzogen 1880 beinah 100.000 Meilen Kabel die Meere. Das sogenannte *Viktorianische Internet* hatte die Weichen für eine grundlegende Umstrukturierung der Welt im Zeichen der Globalisierung und unsere heutigen Kommunikationsgewohnheiten gestellt.

Noch heute sind submarine Kabel eine wichtige Grundlage für den internationalen Datenverkehr. Trotz Satellitentechnik läuft der größte Teil der globalen Kommunikation durch Glasfaserkabel am Grunde der Weltmeere. Und ein Schaustück von knapp zehn Zentimetern Kabel zeugt davon, dass der Stern des modernen World Wide Web in der Tiefe des Atlantiks aufgegangen war. JULIA BASTIAN

~ Nº26 ~

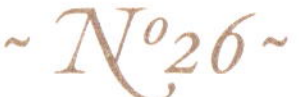

TELEFON VON PHILIPP REIS

Empfänger und Geber mit Sprechrohr

~

Metall, Holz, Schweinsdarm

1863

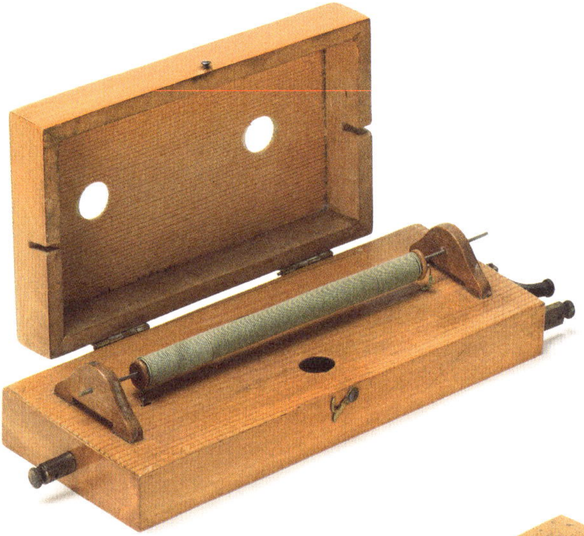

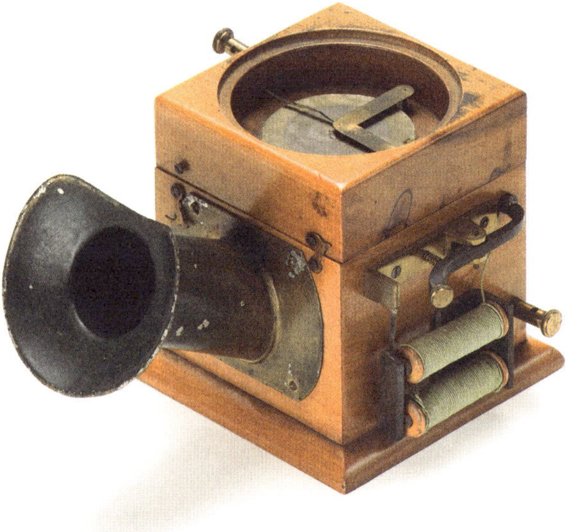

DIE ERFINDUNG DES TELEFONS »Es gelang mir, einen Apparat zu erfinden (...)«, mit welchem man »Töne aller Art durch den galvanischen Strom in beliebiger Entfernung reproduciren kann. – Ich nannte das Instrument ›Telephon‹«. Die Mitglieder des Physikalischen Vereins in Frankfurt am Main waren die Ersten, die am 26. Oktober 1861 von der Erfindung des Telefons erfuhren, denn hier präsentierte der 27-jährige Lehrer Philipp Reis erstmals seine Forschungsergebnisse. Der Vortrag wurde wohlwollend aufgenommen und noch im selben Jahr unter dem Titel *Über Telephonie durch den galvanischen Strom* publiziert. Studien über das Ohr und die Gehörwerkzeuge standen am Anfang von Reis' Forschungen. Das geschnitzte Modell des menschlichen Ohrs diente Reis im Unterricht am Institut Garnier in Friedrichsdorf zur Veranschaulichung der Vorgänge beim Hören. An eine Batterie angeschlossen und mit einem Empfänger verbunden, diente es aber auch als erster Sender bei seinen Telefon-Experimenten auf dem Schulgelände.

Zwischen 1861 und 1863 baute Reis verschiedene Ausführungen des Gebers, bis er schließlich zu jener zehnten und letzten, der Würfelform fand. Diesen Geber ließ er von dem Frankfurter Mechaniker Wilhelm Albert in Serie bauen; die komplizierte Feineinstellung des Apparats nahm er bei jedem Exemplar persönlich vor. Ein beigelegter Prospekt gab Hinweise zur richtigen Bedienung. Rund 60 Exemplare wurden produziert und an Interessierte weltweit verkauft – aus der Nummerierung der in Museen und Sammlungen erhaltenen Apparate lässt sich das rückwirkend erschließen.

Reis' Telefon besteht aus zwei Teilen: dem Geber, den Reis »Telephon« nennt, und dem Empfänger, von Reis als »Reproductionsapparat« bezeichnet. Telefonieren im Sinne einer wechselseitigen Unterhaltung konnte man mit diesen Apparaten nicht – Senden in eine Richtung aber schon. Gesungenes wurde der Überlieferung nach gut übertragen, Sprache manchmal. Manche öffentlichen Vorführungen gelangen mit großem Erfolg, bei anderen versagten die Apparate komplett – entsprechend widersprüchlich waren die Urteile der Zeitgenossen.

Den Siegeszug der amerikanischen Telefone von Alexander Graham Bell erlebte der mit gerade 40 Jahren früh verstorbene Reis nicht mehr. Jetzt *erinnerte* man sich, dass das Telefon doch ursprünglich eine deutsche Erfindung gewesen sei. Kein Zufall, dass im November 1877, einen Monat nach den erfolgreichen Versuchen mit den amerikanischen Bell-Telefonen, der Auftrag nach Frankfurt erging, bei Mechaniker Albert ein Reis-Telefon für die Plan- und Modellkammer im Generalpostamt zu erwerben. Durch eine Schenkung des Instituts Garnier in Friedrichsdorf, Reis' ehemaliger Wirkungsstätte als Lehrer, gelangten 1886 weitere Unikate in die Sammlung: Das hier abgebildete Telefon aus dem persönlichen Nachlass von Reis und – neben weiteren Formen des Gebers – das geschnitzte Modell des menschlichen Ohrs, mit dem alles begonnen hatte. LIOBA NÄGELE

~ N°27 ~

EHRENPOKAL

Dankesgabe der Frankfurter Postbeamten an Heinrich Stephan

~

Silber

1867

HEINRICH STEPHAN ZUM DANK Unter wachsendem Druck Preußens gerieten in den frühen 1860er Jahren die Verfechter einer großdeutschen Idee – Österreich und dessen Bündnispartner aus dem Kreis des Deutschen Bundes – politisch in Bedrängnis. Im Deutschen Krieg standen sich Preußen und die gegnerische Allianz 1866 gegenüber. Die Schlacht vor der böhmischen Festung Königgrätz entschied am 3. Juli 1866 über die Zukunft der deutschen Staaten, und zwar zugunsten einer kleindeutschen Lösung. Am Abend des 16. Juli 1866 nahmen preußische Truppen dazu die Freie Stadt Frankfurt ein, am Tag darauf besetzte das Militär die Redaktionsräume der proösterreichischen Frankfurter *Oberpostamtszeitung*. Ihr leitender Redakteur, Hofrat Dr. Fischer-Goullet, erlitt vor Aufregung einen Schlaganfall, dem er drei Tage später erlag. Für die Zeitung endete mit der Ausgabe vom 16. Juli 1866 eine mehr als 250-jährige Tradition.

Noch vor dem überraschenden Sieg schickte das für Postangelegenheiten zuständige preußische Handelsministerium unter Heinrich Graf von Itzenplitz seinen Geheimen Postrat Heinrich Stephan zu Sondierungsgesprächen mit dem Haus Thurn und Taxis nach Frankfurt. Durch den Oberbefehlshaber der preußischen Main-Armee, Edwin von Manteuffel, mit der administrativen Oberleitung der fürstlichen Generaldirektion ausgestattet, traf der 35-jährige Stephan am 21. Juli in Frankfurt auf Eduard Freiherr von Schele, den amtierenden Generalpostdirektor des Hauses Taxis. Während Frankfurts Postbeamte dem neuen Dienstherrn ihre aufrichtige Loyalität zusicherten, erklärte Schele bedingungslos seinen Rücktritt.

Mit dem ausgesprochenen Ziel, den gesamten deutschen Norden einem einheitlichen preußischen Postwesen zu unterwerfen, trat Stephan ab August 1866 in Verhandlung mit den Taxis'schen Kommissionären. Nach monatelangem Ringen um die Höhe einer angemessenen Entschädigung, die der Fürst von Thurn und Taxis zu Recht für sich in Anspruch nahm, einigten sich die Parteien im Berliner Postablösungsvertrag vom 28. Januar 1867 auf eine Gesamtsumme von drei Millionen Taler. Mit einzelnen Ländern, deren Post ebenfalls in Regie des Hauses Taxis verwaltet worden war, darunter etwa Weimar, Sondershausen, Meiningen und Gotha, schloss Stephan gesonderte Übernahmeverträge ab. Zum 1. Juli 1867 gingen sämtliche Taxis'schen Postanstalten und Liegenschaften in preußischen Besitz über. Dazu übernahm der preußische Staat die Taxis'schen Beamten und ohne Einschränkung die damit verbundenen Pensions- und Unterstützungslasten.

Stephans sensiblen Umgang mit den laufbahnrechtlichen Konfliktthemen dankten die Postbeamten ihm mit einer großen Abschiedsfeier, die sie zu seinen Ehren am 30. Juni 1867 ausrichteten. Aus Händen der fürstlichen Beamtenschaft wurde dem preußischen Administrator »als Zeichen unserer Verehrung« ein prunkvoller

Silberpokal überreicht. In seinem oberen Drittel trägt der Pokal die Inschrift »Dem Königlichen Administrator der Fürstlich Thurn und Taxis'schen Posten / Herrn Geheime Postrathe Stephan / am 30. Juni 1867 / die Beamten der Fürstlichen General Postdirection zu Frankfurt a. M.« Vier eingelegte Halbkreise verkörpern die postalischen Dienste Reitpost, Schiffspost, Bahnpost und Feldpost. Auf dem Deckel des Pokals prunkt ein preußischer Adler. Die Ehrengabe entstand in der Werkstatt des Hanauer Goldschmieds August Schleißner. Der Sohn eines Silberwarenfabrikanten hatte sich in Paris mit der Ziselierkunst vertraut gemacht, bevor er nach weiteren Auslandsstationen 1861 in die Heimat zurückgekehrt war.

Durch den Kriegserfolg hatte Preußen seine politische und territoriale Macht erheblich erweitert. Auch das preußische Postgebiet war jetzt um 35 Prozent auf 384.750 Quadratkilometer angewachsen, die Zahl der Liegenschaften um 60 Prozent auf mehr als 4.000 gestiegen. Unter preußischer Regie schlossen sich ab 1866 alle deutschen Staaten nördlich der Mainlinie im Norddeutschen Bund zusammen. Am 1. Januar 1868 unterstanden dessen Postgeneralat 35 Oberpostdirektionen mit insgesamt 4.340 Postanstalten.

Zu Stephans besonderen Verdiensten gehörte die Mitbegründung des Weltpostvereins, eines internationalen Gremiums, das ab den frühen 1870er Jahren die Grundlagen für einen grenzüberschreitenden einheitlichen Postverkehr schuf. Der 1885 geadelte Stephan war ab 1871 Generaldirektor der Post des Deutschen Reiches, zuletzt im Rang eines Staatssekretärs. 1872 legte er in Berlin den Grundstein für die Sammlungen des Reichspostmuseums, einer Vorgängerinstitution der Museumsstiftung Post und Telekommunikation. KLAUS BEYRER

DRUCKPLATTE

für den Medaillon-Druck der Helgoland-Briefmarken

~

Stahl, geschnitten, geätzt

1868–1875

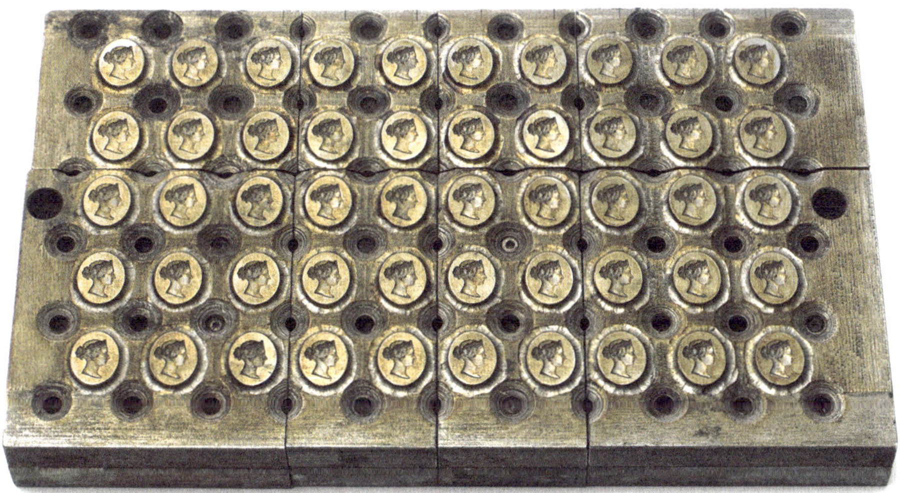

AUF DER SUCHE NACH DER PROVENIENZ Auch wenn ich mich selbst nicht als Philatelisten bezeichnen würde, so schätze ich dennoch Briefmarken als kulturgeschichtliche Objekte. Insbesondere haben es mir die Helgoland-Marken angetan, denn hier kommen für mich die spannendsten Punkte zusammen: Zum einen handelt es sich um – subjektiv betrachtet – sehr schöne Marken, zum anderen erzählen sie nicht nur die Geschichte der kleinen Insel Helgoland im 19. Jahrhundert, sondern auch die Geschichte der jüdischen Briefmarkenhändlerfamilie Goldner aus Hamburg. Im Jahr 2015 führte ich im Auftrag der Museumsstiftung in den philatelistischen Sammlungen eine mehrmonatige Provenienzrecherche durch. Die Museumsmitarbeiter hatten aus Philatelistenkreisen den Hinweis erhalten, dass eine große Anzahl der vorhandenen Helgoland-Briefmarkendruckstöcke aus enteignetem jüdischem Besitz stammen soll. Dieser Anfangsverdacht genügte, um einen Antrag auf öffentliche Fördergelder zu stellen. Dank dieser Unterstützung war es möglich, sich eingehend mit der Geschichte der Druckstöcke und deren ehemaligen Besitzern auseinanderzusetzen.

Meine Arbeit begann damit, dass ich die im Berliner Depot der Museumsstiftung vorhandenen Helgoland-Bestände zusammenführte, sichtete und identifizierte. 340 Druckplatten, Druckstöcke, Klischees und Urformen kamen zusammen. Nun galt es herauszufinden: Welcher Teil war schon vor 1933 in das Reichspostmuseum gelangt und welche Objekte erst danach? Die Grundlage für alle folgenden Archivrecherchen bildete ein Dokument aus dem Bundesarchiv. Der Anhang zu einem Schreiben an das Reichspostmuseum vom 17. August 1939 listete 48 Positionen von Utensilien für den Briefmarkendruck auf, die beim Hamburger Briefmarkenhändler John Goldner beschlagnahmt worden waren und dem Museum übergeben wurden. Das Gros hatte Helgoland-Bezug.

Der Vater von John Goldner, Julius Goldner (1842–1898) hatte 1875 und 1879 die Druckstöcke vom englischen Gouvernement auf Helgoland mit der Erlaubnis zum Nachdruck der außer Kurs gesetzten Marken erworben. Nach seinem Tod hinterließ Julius Goldner seiner Familie einen florierenden Briefmarkengroßhandel, der in der Hohen Bleichen 31/32 in Hamburg seinen Stammsitz hatte. Diesen übernahm wenig später sein Sohn John Goldner, der die Geschäfte im Sinne seines Vaters bis zur Machtergreifung der Nationalsozialisten 1933 weiterführte. Von Anbeginn der NS-Herrschaft litt die Familie unter Repressionen. Mit der 1938 verabschiedeten *Verordnung zur Ausschaltung der Juden aus dem deutschen Wirtschaftsleben* rückte sie vollends in den Fokus der Nazis. In einem kurzen und raschen Akt wurde die altehrwürdige Briefmarkenhandlung in der Hohen Bleichen aufgelöst, der Bestand auf zwei Auktionen versteigert und sämtliches Inventar verkauft. Zu diesem Zeitpunkt hatte John Goldner für sich und seine Familie bereits einen Ausreiseantrag nach Mexiko gestellt. Dem Ersuchen wurde stattgegeben, und so verließ die Familie im März 1939 das Deutsche Reich mit dem Ziel Mexico Stadt. Allerdings trafen die Goldners, bedingt durch die Reichsfluchtsteuer, Judensteuer und Beschlagnahmung eines Großteils der auch privaten kostbaren Besitztümer, beinahe mittellos in Mittelamerika ein.

Die Druckstöcke der Helgoland-Marken wurden erstaunlicherweise nicht auf den Auktionen versteigert oder verkauft, sondern vielmehr als Fälschungsutensilien deklariert und der Staatspolizei Hamburg übergeben. Diese wiederum sorgte dafür, dass die Stücke nach Berlin ins Reichspostmuseum transportiert wurden. Da das Reichspostmuseum bereits früh von einer Fliegerbombe getroffen wurde, begann man 1943 damit, viele der Sammlungen auszulagern. Die Helgoland-Druckstöcke wurden nach Schloss Schieritz bei Meißen transportiert, das 1945 in die Hände der Roten Armee gelangte. Im Laufe dieser Besetzungen kam es zu Plünderungen und Zerstörungen der eingelagerten Güter. Der Weg der Objekte von Schieritz zurück nach Berlin ins Postmuseum der DDR ist bisher nicht erforscht. Die Familie Goldner klagte direkt nach Kriegsende in Hamburg auf Wiedergutmachung. Im Zuge der sich bis in die 1980er Jahre hinziehenden Verfahren bekam die Familie verschiedene Entschädigungen ausgezahlt.

Von den untersuchten 340 Objekten stammen 223 zweifelsfrei aus dem Goldner-Besitz. 77 Stücke hatte das Reichspostmuseum schon vor 1933 erhalten. Bei 40 Druckstöcken ließ sich keine eindeutige Klärung herbeiführen. Die hier abgebildete achtteilige Druckplatte mit dem Kopfbild der englischen Königin Victoria (1819–1901) im Medaillon ist eine von zwei vollständig erhaltenen Helgoland-Druckplatten mit demselben Motiv. Diese Platte befand sich aber durchgehend im Besitz des Reichspostmuseums, wodurch sich ihr guter Zustand erklären lässt. Hingegen ist die zweite durch exzessive Benutzungsspuren gekennzeichnet und wurde 1879 an Julius Goldner verkauft. PETER HIRSCHMILLER

~ N°29 ~

CORRESPONDENZ-KARTE

vom Ersttag ihrer Einführung in Österreich

~

Karton, bedruckt

1869

DER SIEGESZUG DER POSTKARTE »Sie sehen«, konnte Josef Sperr, österreichischer Beamter bei der Bezirkshauptmannschaft in Kirchdorf, in der von seinem Bekannten aus Perg bei Linz gesandten Postkarte lesen, »daß ich ein Freund der neuen Correspondenz-Weise bin, weil ich sogleich bei Einführung dieses lobenswerthen Correspondenz-Weges an Sie schreibe.« In Deutschland hatte Heinrich Stephan schon auf der 5. Konferenz des Deutschen Postvereins, die 1865/66 in Karlsruhe stattfand, außerhalb der amtlichen Sitzungen in einer Denkschrift die Einführung eines »Postblattes« in Form eines kleinen weißen Kartons mit bereits eingedruckter Wertmarke als Alternative zum traditionellen Brief vorgeschlagen. Der Geheime Postrat Stephan wollte eine weniger umständliche und billigere Mitteilungsmöglichkeit für die Bevölkerung schaffen. Der preußische Generalpostdirektor von Philipsborn hatte die offizielle Bekanntgabe der Denkschrift abgelehnt. Aber auch die Konferenzteilnehmer standen dem privaten Vorschlag ablehnend gegenüber. Neben befürchteten Mindereinnahmen wurde vor allem die »unanständige Form der Mitteilung auf offenem Postblatt« kritisiert. »Die Postanstalt übernimmt keine Verantwortlichkeit für den Inhalt der Mittheilung«, heißt es als gedruckte Absicherung auf der für den Text vorgesehenen Rückseite der österreichischen Karte.

Heinrich Stephan konnte seine Idee erst 1870 als Generalpostdirektor im Norddeutschen Postbezirk verwirklichen. Da war ihm die Post in der österreichisch-ungarischen Doppelmonarchie bereits zuvorgekommen, die die »Correspondenz-Karte« auf Anregung des Wiener Professors Emanuel Herrmann aus volkswirtschaftlichen Gründen zum 1. Oktober 1869 eingeführt hatte. Die Karten wurden gegen eine Gebühr von zwei Kreuzern ausgegeben und entfernungsunabhängig innerhalb des Landes befördert. Das normale Briefporto betrug dagegen fünf Kreuzer. Die österreichische Post verkaufte in den letzten Monaten des Jahres 1869 allein drei Millionen Karten. Auch in Deutschland kam die Erfindung beim Publikum hervorragend an, in Berlin wurden am ersten Verkaufstag 45.000 Exemplare veräußert. Im Deutsch-Französischen Krieg von 1870/71 wurde die Correspondenz-Karte als Feldpostkarte bei Portofreiheit für die Truppe millionenfach verschickt. Vor allem der kleine Mann, wenig geübt, sich schriftlich zu äußern, nutzte das neue Kommunikationsmedium für Lebenszeichen, kurze Mitteilungen und Grüße. Die 1872 in Deutschland erfolgte Gebührensenkung für Postkarten von voller auf halbe Briefgebühr unterstützte den Siegeszug des neuen Nachrichtenträgers, der erst ab diesem Jahr offiziell Postkarte genannt wurde. Bis 1874 führte eine Vielzahl von Staaten die Postkarte ein. Folgerichtig kam 1875 auch ihre Zulassung für den Weltpostverkehr. Die Postkarte hatte als Kind der Gründerzeit am Beginn der Moderne den Nerv der Zeit getroffen. Sie erfüllte ein Massenbedürfnis nach vereinfachtem und raschem Informationsaustausch. VEIT DIDCZUNEIT

~ Nº30 ~

VERFÜGUNG

zur Einrichtung eines Postmuseums in Berlin

~

Papier

1872

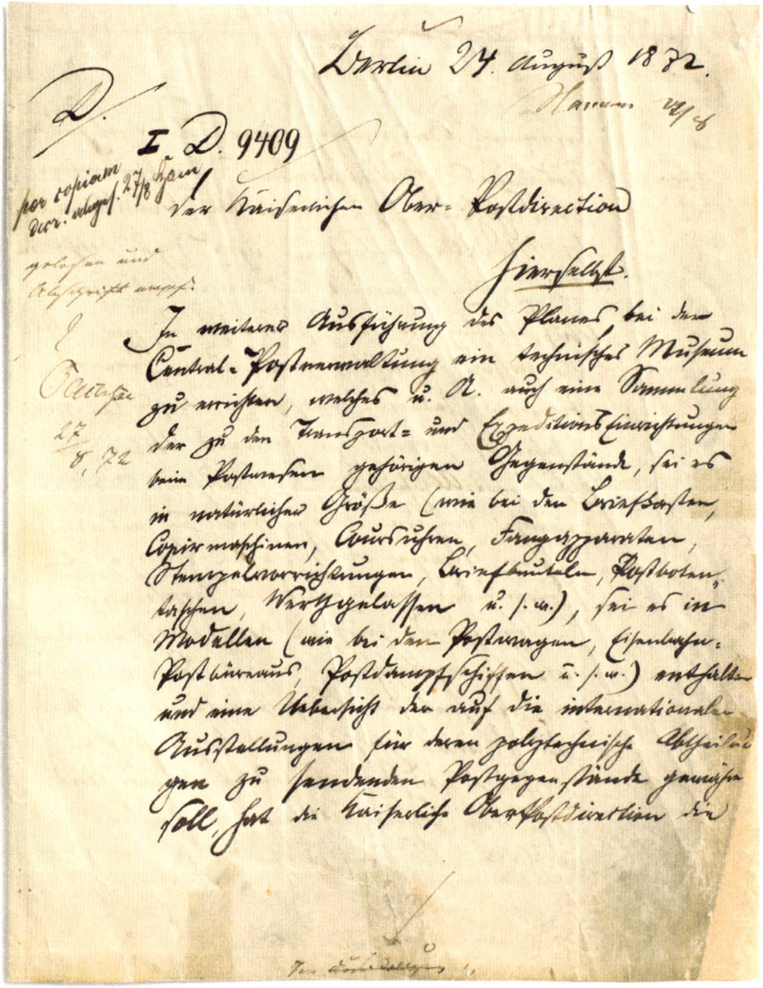

DIE »GEBURTSURKUNDE« DES REICHSPOSTMUSEUMS

Im Jahr 1872 wurde die Geburtsstunde des Reichspostmuseums in Berlin in einem recht unscheinbaren Schreiben seines geistigen Vaters Generalpostdirektor Heinrich Stephan verkündet. Das prächtige Gedeihen von Stephans Lieblingskind in den folgenden Jahren ließ diese zwar schmucklose, allerdings von Stephan eigenhändig verfasste und unterzeichnete *Geburtsurkunde* vom 24. August 1872 zum bedeutenden Gründungsdokument des ältesten Postmuseums der Welt werden.

Heinrich Stephan wurde nach der Deutschen Reichseinigung 1871 Generalpostdirektor der neu eingerichteten Deutschen Reichspost. Damals hegte er bereits seit einiger Zeit die Idee, »bei der Central-Postverwaltung ein technisches Museum zu errichten«. Ab 1872 kümmerte er sich nun mit liebevoller Fürsorge um den Ausbau des Postmuseums, »welches u. A. auch eine Sammlung der zu den Transport- und Expeditionseinrichtungen beim Postwesen gehörigen Gegenstände, sei es in natürlicher Größe (wie bei den Briefkasten, Copiermaschinen, Coursuhren, Fangapparaten, Stempelvorrichtungen, Briefbeuteln, Postbotentaschen, Werthgelassen u.s.w.), sei es in Modellen (wie bei den Postwagen, Eisenbahn-Postbüreaus, Postdampfschiffen u.s.w.) enthalten und eine Uebersicht der auf die internationalen Ausstellungen für deren polytechnische Abtheilungen zu sendenden Postgegenstände gewähren soll«.

Zudem ging es Stephan in seinem Schreiben um den Aufbau einer Feldpost-Abteilung im Museum. Stephan hatte die Neuorganisation der Feldpost im Deutsch-Französischen Krieg von 1870/71 entscheidend geprägt und das Feldpostaufkommen durch die vorangegangene Einführung der »Correspondenz-Karte« im Jahr 1870 maßgeblich erhöht.

Die »nöthige Localität« für sein Postmuseum sah Heinrich Stephan »im neuen General-Postamts-Gebäude, Leipziger Str. 15«. Hier wurde schließlich 1874 die sogenannte Plan- und Modellkammer eingerichtet, die allerdings erst ab 1878 jeweils montags und donnerstags von elf bis ein Uhr nach Meldung beim Portier von einem öffentlichen Publikum besichtigt werden konnte. Als es in den Räumlichkeiten des Reichspostamtsgebäudes in der Leipziger Straße 15 zunehmend zu eng und ein angrenzender Erweiterungsbau geplant wurde, sah man an der Ecke Leipziger Straße / Mauerstraße die Einrichtung des neuen Reichspostmuseums vor. Stephan, der sich als bedeutende Persönlichkeit der deutschen Postgeschichte um den Fortschritt und Ausbau der Reichspost äußerst verdient gemacht hatte, erlebte die feierliche Eröffnung der dortigen Ausstellung am 21. Februar 1898 nicht mehr. Stattdessen öffnete das Museum bereits ein Jahr zuvor am 11. April 1897 zum ersten Mal seine Pforten für die im Lichthof stattfindende Trauerfeier für den großen Postreformer und eigenen Gründungsvater. WENKE WILHELM

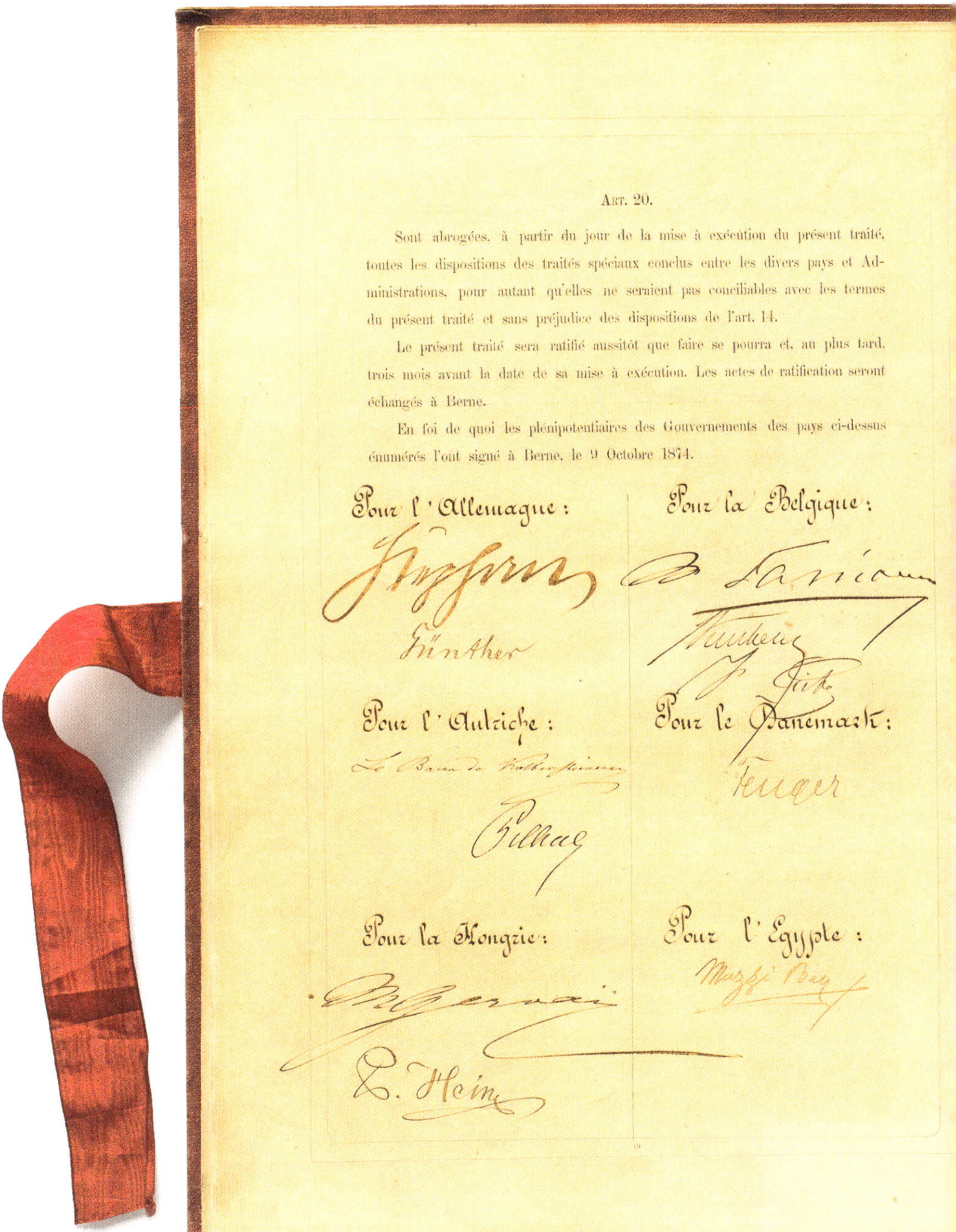

Art. 20.

Sont abrogées, à partir du jour de la mise à exécution du présent traité, toutes les dispositions des traités spéciaux conclus entre les divers pays et Administrations, pour autant qu'elles ne seraient pas conciliables avec les termes du présent traité et sans préjudice des dispositions de l'art. 14.

Le présent traité sera ratifié aussitôt que faire se pourra et, au plus tard, trois mois avant la date de sa mise à exécution. Les actes de ratification seront échangés à Berne.

En foi de quoi les plénipotentiaires des Gouvernements des pays ci-dessus énumérés l'ont signé à Berne, le 9 Octobre 1874.

Pour l'Allemagne :

Stephan

Günther

Pour la Belgique :

Pour l'Autriche :

Pour le Danemark :

Pour la Hongrie :

Pour l'Egypte :

Muzzi Bey

Pour l'Espagne:

Angel Mansi

Emilio C. de Navasqüés

Pour la Grèce:

A. Mansolas

Alx. Bétant

Pour les États-Unis d'Amérique:

Joseph H. Blackfan

Pour l'Italie:

[illegible]

Pour la France:

3 Mai 1875,

B. d'Harcourt

Pour le Luxembourg:

[illegible]

Pour la Grande Bretagne:

Wm. Jas. Page

Pour la Norvège:

C. Oppen

~ Nº31 ~

VERTRAGSURKUNDE

zur Gründung des Weltpostvereins

~

Papier, Leinen, Seide

1874

DER WELTPOSTVERTRAG Die Gebühr von 90 Cent für den Transport eines Briefs von Deutschland nach Schweden erhält die deutsche Post. Allerdings muss der schwedische Postbote mitunter weite Wege durch inselreiche Schärengärten oder karge Felslandschaften auf sich nehmen, um den Brief zuzustellen. Ist das nicht ungerecht? Im Gegenzug nimmt die schwedische Post das Geld für einen Brief von Schweden nach Deutschland ein. Darüber müssen sich die Länder nur einig sein – und im besten Fall einig in der ganzen Welt. Bereits 1874 besiegelten 21 Staaten von vier Kontinenten ihre Einigkeit mit der Gründung des Allgemeinen Postvereins, einer der ältesten internationalen Organisationen weltweit. Und das Zeugnis dieser großen Errungenschaft, der Bildung eines einzigen Postgebiets für alle vertragschließenden Länder, war ein vermeintlich unscheinbares Schriftstück mit großer Wirkung – der Allgemeine Postvereinsvertrag vom 9. Oktober 1874.

Galten vorher allein 55 verschiedene Portosätze für den deutschen Postverkehr mit dem Ausland, kostete jeder Brief mit einem festgelegten Gewicht von 15 Gramm nun gleich viel – und zwar 20 Pfennig, egal ob er ins nördliche Schweden oder ins warme Ägypten, in die nähergelegene Schweiz oder in die über einen Ozean entfernten Vereinigten Staaten von Amerika verschickt wurde. Unzählige zweiseitige Postverträge, die ständig in persönlichen und zeitraubenden Verhandlungen der einzelnen Postbevollmächtigten angepasst werden mussten, wurden hinfällig. Komplizierte Portoberechnungen auf der Grundlage von mehreren Entfernungszonen und verschiedenen Gewichtsklassen sowie abhängig vom Wert der Sendung waren nicht länger notwendig. Auch die Regelung der Portoteilung, das heißt der aufwendigen Abrechnung und Ausgleichszahlung zwischen den einzelnen Staaten, entfiel, und jede Postverwaltung konnte die von ihr erhobenen Portosätze ungekürzt behalten. Die Vereinheitlichung von Porto und Gewicht war die wesentliche Errungenschaft des Vertrages. Die damit herbeigeführte Verbilligung und Vereinfachung der internationalen Kommunikation förderte den massenhaften Briefverkehr, der den drohenden Portoausfall ausglich. Die Einrichtung eines ständigen Büros mit Sitz in Bern als zentrale Anlauf- und Beobachtungsstelle sowie eines Schiedsgerichts zur Schlichtung von möglichen Konflikten durch neutrale Vereinsmitglieder stärkte das Vertrauen der einzelnen Länder in die neu gegründete Organisation. Das bemerkenswerte Bewusstsein, erst am Anfang eines Weges zu stehen, zeigte die vertragliche Verankerung von regelmäßigen Folgekonferenzen, um den Postvereinsvertrag stets anzupassen und den reibungslosen internationalen Postverkehr ständig zu verbessern. Nach und nach wurden vertragliche Abkommen auch zu weiteren internationalen Postdiensten wie für Wertbriefe, Postanweisungen, Pakete oder Zeitungen abgeschlossen. Das Resultat war ein schnelles sowie stetiges Wachstum und die weltweite Etablierung. Immer mehr Länder schlossen sich dem Weltpostverein an, wie der Vertrag seit dem zweiten Kongress 1878 in Paris genannt wurde. Seit den 1880er Jahren waren neben den meisten europäischen Staaten und deren Kolonien auch Japan, die Länder Südamerikas sowie Australien und damit alle fünf Erdteile in einem gemeinsamen Postgebiet – rund um die Welt – miteinander verbunden.

Der nun rasch voranschreitenden weltweiten Vernetzung gingen viele Vorschläge und internationale Vereinbarungen in der ersten Hälfte des 19. Jahrhunderts voraus. Die entscheidende Initiative ging schließlich vom damaligen Geheimen Oberpostrat, dem späteren Generalpostdirektor sowie Begründer des Reichspostmuseums, Heinrich Stephan aus. Seine 1868 verfasste *Denkschrift betreffend den Allgemeinen Post-Congreß* führte zur Einberufung des ersten Allgemeinen Postkongresses 1874 in Bern, für den er selbst den Vertragsentwurf vorlegte und der mit der Vertragsunterzeichnung zur Vereinheitlichung des internationalen Postverkehrs erfolgreich endete. Seitdem galt Heinrich Stephan als Gründer des Weltpostvereins, er selbst betonte jedoch in seiner Berner Schlussansprache 1874 die Kooperation aller Beteiligten: »(…) Die wahre Ursache von Werken dieser Art muss dem zivilisatorischen Genius der gesamten Menschheit zugeschrieben werden. Alle die den Fortschritt beschleunigt haben sind Teilhaber an dem Werke, das wir begonnen haben.«

In diesem Sinne besteht der Weltpostverein bis heute und bestimmt für seine 192 Mitgliedsstaaten nach wie vor die Regeln des weltweiten Postverkehrs. Der erste Weltpostvertrag vom 9. Oktober 1874 ist posthistorisch betrachtet das international bedeutsamste Exponat der Dokumentensammlung der Museumsstiftung. Er wird in der geheimnisvollen Schatzkammer des Museums für Kommunikation Berlin zusammen mit anderen musealen Kostbarkeiten bewahrt, gehütet und neugierigen Museumsbesuchern präsentiert. WENKE WILHELM

~ Nº32 ~

LEITUNGSDRAHT

der ersten Telefonversuche von Bell und Watson

~

Kupferdraht, Textilfaserisolierung

1875

AUF DRAHT Niemand würde diesem zusammengerollten, sichtlich gealterten Stück Draht Beachtung schenken, wäre da nicht ein dazugehöriges Kärtchen, das den banalen Gegenstand in eine technikhistorische Reliquie verwandelt: Dieser Draht ist das wahrscheinlich einzig erhaltene Stück jener Telefonleitung, die A. G. Bell und T. A. Watson bei ihren Versuchen benutzten. Emil Berliner, seinerseits berühmt als Erfinder von Grammofon und Schallplatte, bürgt für die Echtheit und beschreibt auf dem kleinen Karton minutiös den historischen Kontext:

»Dieses Stück Draht ist ein Theil der Versuchslinie welche von Herrn Prof. A. G. Bell und H(r.) T. A. Watson in den ersten Versuchen sowie allen späteren bis zur vollständigen Entwicklung des Bell'schen Telephons benutzt wurde. Besagte Versuchslinie war vom Zimmer No 13 bis No 15 in dem Hause Exeter Place No 5 Boston errichtet und zwar im Herbste 1875 und wurde sie erst am 8ten Juli 1877 von H(r.) Watson eigenhändig entfernt. H(r.) Watson überließ mir 6 Fuß des Drahtes wovon ich dieses etwa eine Yard lange Stück abschnitt. E. Berliner, Hannover 10 Juni 1881«.

Berliner, der zuvor als Chief Instrument Inspector bei der American Bell Company gearbeitet hatte, hielt sich ab 1881 in Deutschland auf und gründete mit seinem Bruder Joseph in Hannover, seiner Geburtsstadt, eine eigene Telefonfabrik. Ein gut gewählter Zeitpunkt, denn 1881 entstanden in Deutschland die ersten großstädtischen Telefonnetze. In diesem Zusammenhang ist das Souvenir wohl nach Europa gelangt; ein wenig vom Glanz des Bell'schen Unternehmens fiel so auch auf eine Firmengründung in Deutschland. Wann und auf welchen Wegen Draht und Autograf schließlich in den Bestand des Reichspostmuseums gelangten, ist ungeklärt. Immerhin erhielt dieses faszinierende Objekt die Signatur 1a, also den ersten Platz in den Sammlungsbeständen zum Oberirdischen Linienbau, Sachgruppe Draht. LIOBA NÄGELE

~ Nº33 ~

TELEFON VON ALEXANDER GRAHAM BELL

mit dem das erste offizielle Telefonat in Deutschland geführt wurde

~

Holz, Metall

1877

DER CHEF PERSÖNLICH AM APPARAT Keine Innovation ist in der Geschichte der Kommunikation so genau beschrieben worden wie die Einführung des Telefons in Deutschland. Einzigartig ist auch das Tempo, mit dem das Bell'sche Telefon in weniger als drei Wochen – zwischen dem 25. Oktober und dem 12. November 1877 – den Sprung vom Testbetrieb zum amtlichen Verkehrsmittel schaffte. Beides konnte so nur geschehen, weil der Generalpostmeister persönlich die Strippen zog: Er erkannte das Potenzial des neuen Mediums und sorgte dafür, dass die Welt davon erfuhr.

Heinrich Stephan hatte von den erfolgreichen Vorführungen der neuesten Bell-Telefone in der amerikanischen Zeitschrift *Scientific American* vom 6. Oktober 1877 gelesen und zwei Exemplare in New York bestellt. Noch bevor diese in Berlin eintrafen, erhielt er ein Paar von seinem Londoner Amtskollegen Henry Fischer, der dienstlich in Berlin weilte. Am 25. Oktober fanden erste Tests in den Räumen des Generaltelegrafenamts statt, am 26. Oktober das erste Telefongespräch zwischen Stephans Büro in der Leipziger Straße 15 und dem Haupttelegrafenamt in der Französischen Straße. Am 30. Oktober wurden die Versuche auf Entfernungen von 6, 26 und 61 Kilometer ausgedehnt; bei 150 Kilometern am 31. Oktober gelang nur noch eine ungenügende Verständigung. Am 12. November wurde das Telefon dem Reichskanzler Otto von Bismarck vorgeführt und am selben Tag das erste Fernsprechamt eröffnet – eine Telegrafenstelle mit Fernsprechbetrieb. Eine detaillierte Beschreibung dieser Ereignisse findet sich bereits im Dezember 1877 im *Archiv für Post und Telegrafie,* dem Beiheft zum Amtsblatt der Reichspost- und Telegrafenverwaltung – zur Information der Zeitgenossen und zum Ruhme Stephans.

Die Apparate, mit denen das Zeitalter des Telefons in Deutschland eingeläutet wurde, gelangten 1889 als Schenkung in die Sammlungen des Reichspostmuseums: »2 Fernsprecher mit denen die ersten Versuche in Berlin stattgefunden« – von »Chief-Controller Fischer in London« lautet der Eintrag unter der laufenden Nummer 1272 im Inventarbuch. LIOBA NÄGELE

~ Nº34 ~

TONGA MIT DREI POSTBOTEN

Modell eines in der Präsidentschaft Bombay gebräuchlichen Postwagens aus Britisch-Indien

~

Holz, Textilien, Pappmaché

1878

AUS ALLER WELT Aus Anlass seiner Gründung 1872 und nach der Aufnahme von Britisch-Indien in den Weltpostverein 1876 erhielt das Reichspostmuseum in Berlin von der britisch-indischen Postverwaltung 1878 eine wertvolle Sammlung geschenkt. »Observing from *L'Union Postale* No. 7 page 111, that a technical Postal Museum has been established at Berlin, it has occurred to me«, schrieb der Generalpostdirektor Monteath 1876 nach Berlin, »that you might like to have some specimens, photographs, or models, appertaining to Indian Postal arrangements, specially where those arrangements differ from European arrangements.« Die Schenkung entsprach der ambitionierten Sammlungsphilosophie des noch jungen Museums, das Nachrichtenwesen »aller Zeiten und Völker« zu dokumentieren. Die Figuren von Postboten, die Modelle von Zug- und Lasttieren, von Wagen und Schiffen, die Gegenstände des technischen Postdienstes und die Fotografien von Posthäusern stellen überblicksartig das Postwesen und den Reiseverkehr in Britisch-Indien im letzten Drittel des 19. Jahrhunderts dar. Zur Sammlungserweiterung gehören ferner Proben sämtlicher in Indien verausgabter Postfreimarken, lithografierte Darstellungen der in Indien bei der Adressierung von Briefen vorkommenden Schriftzeichen sowie mehrere auf Palmblättern geschriebene Briefe.

Die erste Sendung gelangte im Frühjahr 1878 via Bombay und Triest per Postdampfer und Eisenbahn ins Reichspostmuseum nach Berlin. Sie umfasste 11 Kisten im Gesamtgewicht von 213 Kilogramm. Für die Unterbringung der Objekte wurde im Generalpostamtsgebäude in der Leipziger Straße 15 ein besonderes Museumszimmer eingerichtet. Im nebenan gelegenen neuen Museumsbau, der 1898 eröffnete, wurden die schönsten Stücke im sogenannten Auslandssaal ausgestellt.

Die indische Tonga war ein zweirädriger Postwagen von leichter Bauart mit vier Sitzplätzen. Das Modell im Maßstab 1 zu 10 besteht aus Materialien, die dem Original entsprechen. Der als Gepäckraum dienende Wagenkasten ruht auf einem flachen Bretterboden, der Aufbau dient zur Aufnahme der Briefbeutel und des Reisegepäcks. Auf den beiden Seitenflächen verdeutlicht die Inschrift »VR Government Mail« den offiziellen Charakter des Postwagens. Das »VR« steht für Victoria Regina – Queen Victoria, Königin von England und Irland, Kaiserin von Indien. Die Figuren der drei indischen Postboten wurden 1878 von indischen Künstlern aus bemalter Steinpappe und Ton geschaffen. Die Farbenfreudigkeit der indischen Gewänder und Trachten spiegelt sich in den kleinen Kunstwerken wider. Aus ihrer Entstehungszeit existieren weder Fotos von den Figuren noch der Tonga. Auch die Restaurierungen des 20. Jahrhunderts wurden nicht schriftlich oder bildlich festgehalten. Das gegenwärtige Ensemble basiert in der Zusammenstellung und seinem restaurierten Aussehen auf einer erst 2010 gefundenen Objektfotografie aus dem Jahr 1930. VEIT DIDCZUNEIT

~ N° 35 ~

GALAUNIFORM

für Staatssekretäre der Reichspost

~

Wollstoff, Seide, Samt, metallisierte Fäden

1888–1897

KLEIDER MACHEN LEUTE Von Polizisten über Soldaten bis hin zu den Postbeamten – sie alle tragen Uniform. Nur wenige Kleidungsstücke haben eine ähnliche Außenwirkung und reflektieren zeithistorische und gesellschaftliche Kontexte wie diese Kluft. So auch die Galauniform für Staatssekretäre, die mit ihren reichen Verzierungen auf die Postgeschichte im späten 19. Jahrhundert verweist. Das edle Stück der Kaiserlichen Reichspost ist vermutlich Heinrich von Stephan, dem Gründer der Deutschen Reichspost und Generalpostmeister des Deutschen Reiches, dem Schöpfer des Weltpostvereins und des Reichspostmuseums – dem heutigen Museum für Kommunikation Berlin – zuzuschreiben. Die Galauniform ist eines von rund 2.000 Textilobjekten in der Sammlung der Museumsstiftung Post und Telekommunikation.

Zu den ersten Trägern einer Vorform der Postuniform zählen die Briefboten des Mittelalters. Nach Bestrebungen des preußischen Königs und des sächsischen Kurfürsten zu Beginn des 18. Jahrhunderts wurde die auf Vorschlag des Generalpostmeisters von Werder durch Friedrich II. im Jahr 1785 eingeführte Postuniform erst im 19. Jahrhundert in den meisten deutschen Ländern zur obligatorischen Dienstkleidung. 1851 wurde erstmals in einem Uniformreglement explizit zwischen einer Staats- und einer Dienstuniform unterschieden. Zur Haltung einer Staatsuniform (auch Galauniform) sind nur die Beamten ab dem Dienstgrad des Postmeisters verpflichtet. Noch mehr als die einfache Postuniform repräsentiert die Galauniform Prestige, Hierarchie und Differenzierung. Da die Staats- beziehungsweise Galauniform bei den Neubestimmungen der Dienstkleidung durch die Gründung der Norddeutschen Bundespost (1868) und der Reichspost (1871) zunächst außer Betracht blieb, erschien im Dreikaiserjahr (1888) eine *Allerhöchste Verordnung über die Galakleidung der Reichsbeamten.* Bayern und Württemberg behielten ihre eigenen Postverwaltungen und Uniformen noch bis 1923 bei.

Im Gegensatz zu den alltäglichen Dienstuniformen dienten die Galauniformen besonderen repräsentativen Anlässen bei Hofe. Ihr Stil unterlag im Laufe des 19. Jahrhunderts einem stetigen Wandel: Vom Frack in der ersten Jahrhunderthälfte über den ab 1842 gängigen preußischen Waffenrock, den Offiziers- oder Interimsrock der wilhelminischen Zeit bis hin zu dem 1888/89 eingeführten altbrandenburgischen Waffenrock. Je nach Anlass kombinierte sein Träger den Galarock mit weißen (große Gala) oder dunklen Beinkleidern (halbe beziehungsweise kleine Gala). Der Rang eines Postbeamten in Galauniform konnte deutlich an den Epauletten und Schulterstücken und an der passenden Kopfbedeckung – dem mit schwarzem Seidensamt bezogenen Zweispitz mit rangspezifischer Verzierung – abgelesen werden.

Der Rock der Galauniform für Staatssekretäre, der wohl in den Jahren 1888 bis 1897 durch Heinrich von Stephan getragen wurde, besteht aus dunkelblauem Wollstoff mit dem für Staatsminister vorgeschriebenen violetten Kragen und violetten Samtaufschlägen, ganz nach dem Schnitt des altbrandenburgischen Waffenrocks. Dieser reicht bis zum Knie, besitzt gerade durchgehende Vorderkanten, breite Ärmelaufschläge und quer laufende Taschenpatten auf den vorderen Hüften. Der Rock ist mit reichen goldenen Stickereien an Kragen, Patten, Aufschlägen, Brust, Rücken und Vorder- und Hinterschößen versehen. Auf den Schultern ruhen zwei zweifach gewundene Schulterraupen aus Glanzkantillen der starken Form mit jeweils einem kleinen goldfarbenen Knopf, versehen mit einem Kaiseradler. Unter der linken Taschenpatte befindet sich die Degentasche. Das Innenfutter der Uniform besteht aus cremefarbener Seide, ist im Brustbereich fein gesteppt und dient dem Träger zur außenseitigen Befestigung von Orden. Der Rock wird durch einen Haken und eine Öse im Inneren zusammengehalten. Auf der Rückseite befinden sich vier weitere Knöpfe. Zu der Uniform trug der Staatssekretär eine weiße Kaschmirweste, einen mit Straußenfedern besetzten Hut und einen Degen. Im Jahr 1897 verstarb Heinrich von Stephan, der seit 1880 das Amt des Staatssekretärs im Reichspostamt, vergleichsweise Postminister, bekleidet hatte. LINA HARDER

~ Nº36 ~

POSTBRIEFKASTEN

mehrmals überstrichen, mit Farbtreppe

~

Eisenguss, lackiert

UM 1890

DER LANDBRIEFKASTEN Nach 1800 setzten sich Briefkästen allmählich in den deutschen Staaten durch. Bayern begann ab 1810 und Preußen ab 1823 mit der Aufstellung von Holzbriefkästen an den Oberpostämtern. Die Formen und Farben der Briefkästen waren vielfältig. Mit der Einführung der Briefmarken in den deutschen Staaten 1849/50 nahmen Anzahl und Bedeutung der Briefkästen zu, denn sie trugen erheblich zur Beschleunigung des Briefverkehrs bei. Im August 1872 schloss die Kaiserliche Reichspost mit dem Fabrikanten W. A. Tepel aus Mühlheim/Ruhr einen Vertrag über die Lieferung von Stadtbriefkästen und kleineren Landbriefkästen aus Gusseisen ab. Letztere »sind auf der Vorderseite mit dem Posthorn und der Schnur, sowie der Inschrift Postbriefkasten, auf der Seitenfläche dagegen, unmittelbar unter den Einfall-Oeffnungen, mit Briefabbildungen zu versehen. Unter dem Posthorn ist eine zum Einschieben der Controll-Platten dienende Oeffnung anzubringen.« Beschriftung und Symbolik erfolgten nach vorgegebenen Mustern des Kaiserlichen Generalpostamts. Die Lackierung hatte entsprechend der Farbmustertafel des Generalpostamts von 1879 in Dunkelblau zu erfolgen. Trotz genauer Vorschriften gab es insbesondere im ländlichen Bereich immer wieder Verzögerungen bei der korrekten Farblackierung, der Häufigkeit der Neulackierung als Wetterschutz und der Einführung neuer Modelle.

Ende 1872 hingen in Deutschland in rund einem Drittel aller Landgemeinden Landbriefkästen – insgesamt 10.300 an der Zahl. Für die Kosten mussten die Landgemeinden selbst aufkommen. Ab 1873 ließ die Postverwaltung auf eigene Kosten schrittweise dort Landbriefkästen aufhängen, wo es noch keine gab. Ab 1886 wurden Landbriefkästen mit emaillierter Oberfläche vom Reichspostamt in Auftrag gegeben, um eine Unansehnlichkeit der vielmals übermalten Briefkästen und damit unkenntlichen Verzierungen zu vermeiden. Für den Zeitraum 1888/89 wurde von den Oberpostdirektionen ein Bedarf von 2.598 emaillierten Landbriefkästen angemeldet. Da das übergeordnete Reichspostamt die letztendliche Entscheidungsbefugnis besaß, aber nicht selbst mit den Briefkastenherstellerfirmen verhandelte, mussten die Oberpostdirektionen in einer umfangreichen Korrespondenz die Mittlerrolle übernehmen, was die Angelegenheit deutlich verzögerte.

Das Reichspostmuseum Berlin erwarb laut Erwerbsbuch erstmalig 1891 einen Landbriefkasten. Für 13,80 Mark wurde vom Eisenhütten- und Emaillierwerk in Neusalz (Oder) ein anscheinend fabrikneues Modell angekauft. Zwei Jahre später wurde vom gleichen Hersteller ein größeres und emailliertes Landbriefkasten-Modell erworben. Möglicherweise erfolgten die Ankäufe bereits im Hinblick auf eine Präsentation in der Dauerausstellung des Reichspostmuseums. In einer Karteikartenübersicht von Museumsobjekten aus den 1930er Jahren finden sich auch verschiedene Landbriefkästen, die seinerzeit ausgestellt waren, darunter Modelle aus Bayern (1899), Hessen (um 1865), Mecklenburg-Schwerin (um 1860), Württemberg (1898) sowie der Kaiserlichen Reichspost (1892 und 1900). Es ist nicht dokumentiert, ob es sich bei den älteren Landbriefkästen um Nachbildungen handelte, um eine möglichst vollständige Modellübersicht der ehemals selbstständigen Postverwaltungen zu erhalten. Der Verbleib und auch die Zuordnung einiger dieser Kästen ist auch heute noch nicht belegt.

Dieser Landbriefkasten ist nicht in der wetterfesteren emaillierten Ausführung geliefert worden. Seine Geschichte und lange Nutzungsdauer lassen sich über die verschiedenen Farbschichten nachvollziehen. Um sie für Museumsbesucher sichtbar zu machen, wurde 1999 eine Restauratorin mit dem Anlegen einer Farbtreppe beauftragt. Die unterste dunkelblaue Lackierung der Kaiserlichen Reichspost erfolgte nach 1879. Diese wurde nach August 1934 in der Zeit der NS-Diktatur rot übermalt. Das Reichspostzentralamt gab für jeden Briefkastentyp den Farbverbrauch für den Grundanstrich (hier 90 Gramm) und den Deckanstrich (hier 65 Gramm) vor. Zusätzlich war für dieses Modell auch noch ein weißes Schriftfeld mit schwarzer Frakturschrift vorgesehen. Ab 1946 wurde in den beiden bald darauf gegründeten deutschen Staaten die Farbe Gelb für die Briefkästen gewählt. Von dieser Farbe sind zwei Schichten erhalten. ANKE HÖWING

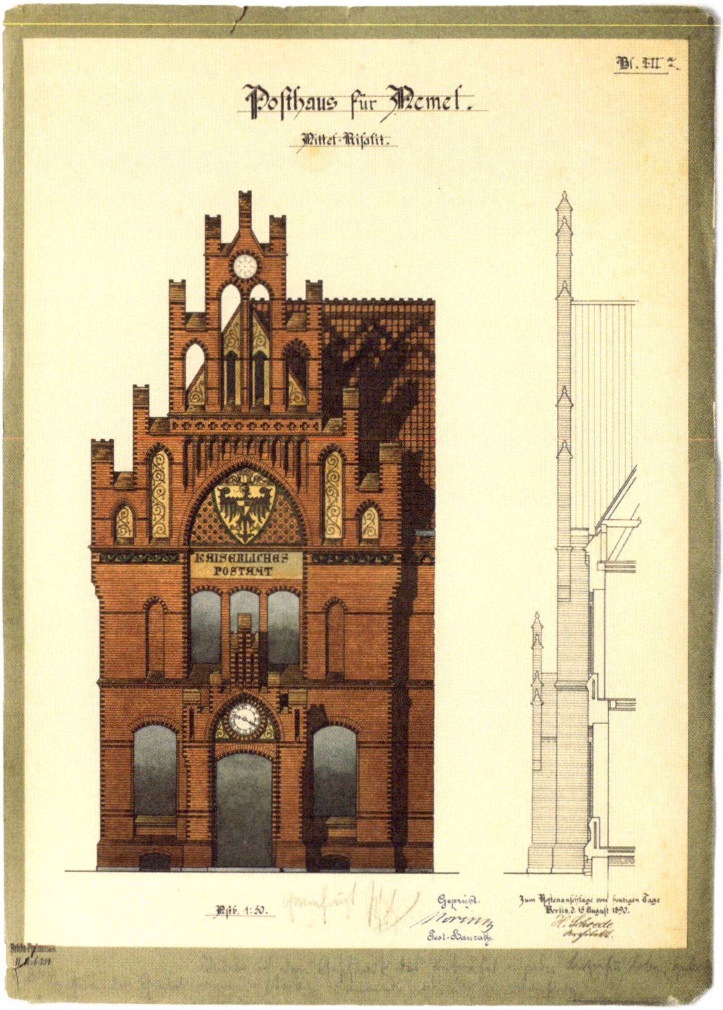

~ N°37 ~

ENTWURFSZEICHNUNG

mit handschriftlicher Randbemerkung von Kaiser Wilhelm II.

~

Papier, Karton

1890

KAISERLICHE BAUFREIGABE Längst schon hätte ein neues Posthaus hergemusst, in Memel, der nördlichsten Stadt des Deutschen Kaiserreiches. An vielen anderen Orten waren bereits neue »Postpaläste« zur staatlichen Repräsentation und zur Verbesserung des Postdienstes entstanden. Das Hindernis, das einem Neubau in Memel im Wege stand, wog schwerer als Baufälligkeit und Behelfsquartier, als die drängende Enge im alten Posthaus und alle nur denkbaren Sachzwänge: die Erinnerung. In jenem Haus, das erst ab 1864 als Posthaus diente, verbrachte Kaiser Wilhelm I. (1797–1888) ein ganz entscheidendes Jahr seiner Kindheit. Auf der Flucht vor Napoleons Truppen bezog die königlich-preußische Familie vom 7. Januar 1807 bis 15. Januar 1808 Quartier in Memel. Wilhelm verband mit diesem Aufenthalt so intensive anrührende Erinnerungen, dass er den Erhalt der Räume wünschte, die er und sein Bruder bewohnt hatten.

1888 starb Kaiser Wilhelm I. Bereits zwei Jahre später lagen seinem Enkel Kaiser Wilhelm II. (1859–1941) die Pläne für den Neubau des Posthauses in Memel vor. Dies war nicht ungewöhnlich. Ab einer veranschlagten Summe von mehr als 100.000 Mark Baukosten waren alle öffentlichen Bauprojekte dem Kaiser zur Vorlage zu bringen. Im Falle des Memeler Postamtes setzte der Kaiser jedoch weit mehr als die gewohnt knappen Bemerkungen »Einverstanden«, »Genehmigt« oder nur »Gut« unter die Zeichnung. Hier setzte er handschriftlich mit Bleistift, respektvoll unterhalb der Zeichnung auf den einfachen Trägerkarton, folgende Worte: »Indem ich den Geschmack des Entwurfs in jeder Beziehung lobe, gebe ich anheim, den Giebel, wegen der starken Seewinde, gründlich zu verankern. Genehmigt. W.« Offenbar waren dem Kaiser die kräftigen Ostseestürme während seiner Nordlandfahrten noch gut in Erinnerung, weshalb er so speziellen Rat gab.

Drei Jahre später stand das neue Posthaus – ein norddeutscher Backsteinbau im neogotischen Stil – in der Alexanderstraße Nr. 5/6. Mit genügend Platz, auch für die neuen Dienste wie der Telegrafie und der Telefonie, mit einer großen Schalterhalle, mit Dienstwohnungen und Nebengebäuden für Stallungen und Wagen. Die Eröffnung am 16. Oktober 1893 war ein Ereignis. Staatssekretär Heinrich von Stephan, der Leiter des Post- und Telegrafenwesens, reiste aus dem gut 700 Kilometer entfernten Berlin an, um persönlich vor den Postbeamten und Honoratioren der Stadt die Eröffnungsrede zu halten. Schon bei diesem Festakt wurden an auserwählte Gäste Faksimiles der Bauzeichnung mit Wilhelms Randbemerkung verteilt.

Schlussendlich waren es nicht die starken Seewinde, die den Postbau gefährdeten, sondern der Zweite Weltkrieg. Halb Memel lag in Schutt und Asche. Aufwendig rekonstruiert, zählt das Postamt heute zu den städtebaulichen Attraktionen und wird gemäß seiner Bestimmung wieder als Postamt genutzt. MIRJAM KASPERL

~ Nº38 ~

KAISER-MOSAIK

aus über 5.000 Brief- und Gebührenmarken

~

Papier, Karton, Holz

UM *1890*

MEHR ALS NUR BRIEFMARKEN »Guten Morgen, hätten Sie einen Moment Zeit für mich? Ich habe da vielleicht etwas für Sie.« Herr Porazynski, unser freundlicher und hilfsbereiter Wachmann von der Museumspforte, erzählte mir im Herbst 2006, dass im Arbeitszimmer seines Hausarztes in Berlin-Mariendorf ein aus Briefmarken zusammengesetztes großes Mosaikbild hängt. Herr Dr. Hanowski hätte ihn gefragt, ob das nicht etwas für sein Museum sei.

Das klang interessant. Ich ließ mir die Telefonnummer der Praxis geben und vereinbarte zeitnah einen Besichtigungstermin. Bei meinem Besuch zeigte mir der Arzt zu meiner Überraschung eine herrschaftliche Darstellung des deutschen Kaisers Wilhelm I. im Stil der Frankfurter Kaisergalerie, die hinter seinem Schreibtisch an der Wand hing. Ein unbekannter Briefmarkenfreund hatte nach dem Tod des deutschen Monarchen 1888 das lebensgroße und detailreiche Briefmarkenmosaik zu Ehren und in Erinnerung an Wilhelm I. mit viel Leidenschaft und Zeitaufwand anspruchsvoll angefertigt. Die Verwendung von Briefmarken als Schmuck war im 19. Jahrhundert populär. Das Bild setzt sich aus über 5.000 gestempelten deutschen und internationalen Brief- und Gebührenmarken zusammen. Die Stempel auf den Marken stammen aus der Zeit von 1863 bis 1889. Auf den Rahmen klebte der Briefmarken sammelnde Kaiserverehrer seitlich umlaufend die Gedenksprüche: »Ruhe sanft, Du siegreicher Held des 19. Jahrhunderts«, »Wer so gelebt, wie Du, dem ist die Erde leicht« und »Der Friede ruht in Deutschlands Zierde«.

Der Vater des Mediziners hatte das Mosaikbild in der Nachkriegszeit im Berliner Antikhandel erworben. Schnell wurden wir uns über einen Freundschaftspreis handelseinig. Seit 2010 ergänzt das imposante Kaiserantlitz den Philatelie-Bereich der Dauerausstellung im Museum für Kommunikation Berlin. VEIT DIDCZUNEIT

~ Nº39 ~

RÄDERSCHLITTEN

für Postfahrten auch bei Eis und Schnee

~

Holz, Metall, Leder

UM 1890

914
KAISERLICHE POST.

ZWEI IN EINEM Wenn im Winter des späten 19. Jahrhunderts die weißen Flocken sacht vom Himmel rieselten, freuten sich besonders die Kleinen über die herrliche Pracht, die zu Rodelpartien und Schneeballschlachten einlud. Aber auch die Großen ließen sich gerade um die Weihnachtszeit vom Flockenspiel bezaubern, das die Landschaft sanft bedeckte und scheinbar Ruhe einkehren ließ. Wenn jedoch die Flocken immer größer wurden, der Schneefall immer dichter und der Wind immer eisiger, sodass Landschaft und Straßen bald vom Schnee verweht waren, hatten vor allem die Pferde und Postillione der Postwagen mit den Kräften der Natur zu kämpfen. Nicht selten blieben die Kutschen im tiefen Schnee stecken, und Kutscher und Reisende versuchten gemeinsam bei klirrender Kälte, den Wagen wieder herauszuziehen, um doch noch schnell und sicher an ihr Ziel zu gelangen.

Natürlich waren vor allem in Gebirgsgegenden auch Postschlitten unterwegs, die allerdings den Nachteil hatten, in der längsten Zeit des Jahres nicht nutzbar zu sein und dabei gleichzeitig Unterstellmöglichkeiten zu benötigen. In den Mittelgebirgen hingegen blieben die Täler häufig schneefrei, während die Höhen tief verschneit waren, sodass die Postverbindungen weder mit der Kutsche noch mit dem Schlitten sicher zu gewährleisten waren. Die Wagenbauer und die Post suchten dafür nach einer Lösung, die in einer Mischung aus Kutsche und Schlitten nach dem Zwei-in-Einem-Prinzip zu liegen schien. Der Hofwagenfabrikant Kathe in Braunschweig entwickelte daraufhin den sogenannten Räderschlitten. Das Besondere daran: In nur acht bis zehn Minuten sollte ein gewandter Postillion ohne nennenswerte Schwierigkeiten diesen Postwagen in einen Schlitten oder umgekehrt den Schlitten in einen Postwagen umgewandelt haben. Laut eines Rundschreibens des Reichspostamts vom Mai 1886 schienen sich diese Räderschlitten im Oberharz bewährt zu haben und sollten nun auch von anderen Oberpostdirektionen, sofern ihr Einsatz dort zweckmäßig erschien, eingesetzt werden.

Zur Herstellung durfte nur das beste Material verwendet werden, und das Eigengewicht sollte 400 Kilogramm nicht übersteigen. Als Wagenkasten war der Kutschentyp »Berline« für vier Personen mit einem kleinen unter dem Bocksitz angebrachten Vorderladeraum als Wertgelass und einem größeren Hinterladeraum vorgesehen. Für 1.345 Mark pro Wagen und einer Preisermäßigung von je 100 Mark sowie dem Erlass der Frachtkosten bei einer Bestellung von fünf Fahrzeugen im Jahr konnten die Räderschlitten von den Oberpostdirektionen bei der Firma Kathe erworben werden. Das Reichspostamt sollte von ihnen unterrichtet werden, auf welchen Postkursen die Fahrzeuge eingesetzt wurden und wie sie sich bewährt haben. 1905 waren insgesamt noch 23 dieser Räderschlitten in den Bezirken Braunschweig, Trier, Dortmund und Frankfurt am Main im Einsatz, sodass von einer weiten Verbreitung allerdings nicht die Rede sein kann. Auch ähnliche Versuchsmodelle wie eiserne Schlittenuntergestelle für alle Fahrzeugtypen, die als Kufen statt der Räder in etwa 30 Minuten montiert wurden, haben sich nicht flächendeckend durchgesetzt.

Dieser Räderschlitten aus der Zeit um 1890, der im Sauerland eingesetzt war, blieb von den wenigen Fahrzeugen glücklicherweise erhalten und wurde 1975 von der Bezirkswerkstatt für Kraftwagen der Deutschen Bundespost in Dortmund dem damaligen Bundespostmuseum in Frankfurt am Main übergeben. Nach einer gründlichen Restaurierung wird er seit 1990 im heutigen Museum für Kommunikation Frankfurt präsentiert und gehört dort zu den Highlights der Dauerausstellung. Die Museumsstiftung Post und Telekommunikation verfügt in ihrer einmaligen Fahrzeugsammlung über einen Bestand von insgesamt 48 Postkutschen aus dem 19. und 20. Jahrhundert, darunter Personenpostwagen, Güterpostwagen, Karriolpostwagen, Paketzustellwagen und Landbriefträgerwagen. Bereits seit der Mitte des 17. Jahrhunderts transportierte die Post nicht nur Nachrichten und Güter, sondern beförderte auch Personen und war über zwei Jahrhunderte zudem das größte Reiseunternehmen, bis die Eisenbahn ab 1835 das Verkehrswesen revolutionierte und schließlich im 20. Jahrhundert der motorisierte Verkehr mit Automobil und Flugzeug zur Hauptader des Verkehrsnetzes wurde. WENKE WILHELM

~ Nº 40 ~

BRIEFTRANSPORTTASCHE

aus der Kolonie Deutsch-Ostafrika

~

Baumwolle

~

1891

POST VON EMIN PASCHA Am 6. Januar 1892 wurde in der deutschen Kolonie Deutsch-Ostafrika die erste regelmäßige Kaiserliche Gouvernementspost von Daressalam nach Bukoba an der Westküste des Viktoriasees eröffnet. Mit der Ausführung dieser Postverbindung wurde die Firma Schülke & Mayr aus Hamburg beauftragt. Sie gründete neben ihrem eigentlichen Geschäft, der Herstellung von Lysol, die Private Afrikanische-Seen-Post. Am Viktoriasee hatte sie eine Station zur Erprobung des Desinfektionsmittels in den Tropen. Monatlich einmal, gleich nach der Ankunft der deutschen Postdampfer in Daressalam, marschierte ihre Postexpedition mit fünf Trägern und einem Führer ab. Bepackt mit je bis zu zehn Kilogramm Postsachen machten sie sich auf den Weg nach Bukoba. Beladen mit den Briefen und Berichten vom Viktoriasee, so auch von der Expedition Emin Paschas, wurde sogleich der Rückmarsch angetreten. Die Träger waren täglich elf Stunden auf der Handelsroute unterwegs. Zu ihrer Legitimation trugen sie je ein blaues Messingschild vor der Brust mit der Inschrift »Kaiserliche Gouvernementspost«.

Die kleine baumwollene Tasche mit der handgeschriebenen wasserfesten Aufschrift »Kaiserliches Reichscommissariat Dar es Salaam« diente, wie dem Brief des Kolonialpostpraktikanten Weber vom 30. August 1891 an das Reichspostmuseum Berlin zu entnehmen ist, dem drei Monate dauernden Transport eines Briefs von Emin Pascha an das Reichskommissariat des Deutschen Reiches in Daressalam. Emin Pascha hielt sich mit seiner Expedition zum Zeitpunkt des Briefschreibens in Bukoba auf. Weber zufolge handelt es sich um eine in der Kolonie gängige Botentasche in der Art, wie sie entsprechend der Größe der zu befördernden Post angefertigt wurden: Nachdem die Briefe in der Tasche waren, wurde sie zugenäht. Eine einfache Art der Versiegelung der Post entstand. Erst der Empfänger öffnete die Naht und entnahm die unversehrten Briefe. Häufig, wie auch in diesem Falle, waren die Boten viele Monate mit den Briefen unterwegs, daher der stark abgewetzte Zustand der Tasche.

Emin Pascha, der deutsche Mediziner, Abenteurer und Afrikaforscher Eduard Schnitzer, geboren 1840 in Oppeln (Schlesien), trat 1865 als Arzt in türkische und 1875 in ägyptische Dienste. Von 1878 bis 1888 bekleidete er als schillernde Persönlichkeit die ägyptische Funktion des Gouverneurs der Äquatorialprovinz. Am 26. April 1890 startete Emin Pascha, nun im Auftrag des für Deutsch-Ostafrika zuständigen Reichskommissars Hermann von Wissmann, die sogenannte Seenexpedition als dessen Teilführer, der militärische Teil der Truppe unterstand ihm nicht. Gebiete um den Viktoriasee sollten für das Deutsche Reich »gesichert« werden. Reichskanzler von Bismarck genehmigte per Telegramm die kommissarische Übernahme Emin Paschas in den auswärtigen Dienst, vorbehaltlich einer künftigen Anstellung. Emin Pascha berichtete regelmäßig in Briefen über seine Arbeit per Briefboten an das Reichskommissariat. Am 23. Oktober 1892 wurde er von Sklavenhändlern ermordet. ANKE HÖWING

~ Nº 41 ~

KURSUHRTASCHE

mit eingeschlossener Kursuhr

~

Leder, Messing, Glas

1893

DIE VERSCHLOSSENE UHRZEIT Der Geheime Postrat Schmückert legte im Juli 1821 der preußischen Post eine Denkschrift vor, die die Einrichtung einer Schnellpost vorsah, »die alle Bequemlichkeit gewährt und die Reisenden so schnell an den Ort ihrer Bestimmung bringt, als wenn sie mit Courierpferden reisten«. Für die ab September 1821 als erste zwischen Düsseldorf, Köln und Koblenz verkehrenden vierspännigen Kutschen wurden viereinhalb Stunden (Düsseldorf–Köln) plus zehn Stunden (Köln–Koblenz) benötigt. 1828 gab es in Preußen schon 114 regelmäßig verkehrende Schnellpostverbindungen für Personen, Pakete, Briefe und Gelder – 1837 war die Zahl auf 182 gestiegen. Die Aufenthaltszeiten unterwegs waren knapp bemessen, für den Pferdewechsel häufig nur fünf bis zehn Minuten, nur für die Mahlzeiten in größeren Städten waren längere Aufenthalte vorgesehen. Der Postillion musste bei Verspätungen mit einer Strafe rechnen.

Um den Zeitplan unabhängig von den oft recht unterschiedlich gehenden Uhren unterwegs einzuhalten, wurden den mitfahrenden Schirrmeistern (»Conducteure« respektive Schaffner) am Abgangsort verschlossene Kursuhren in einem Holzkasten und einer Ledertasche mitgegeben. Den Schlüssel dazu hatte die Postanstalt. Nur die Kursuhrzeit war bindend. Ein Vermerk von 1861 bekräftigte dies: »Das correspondirende und reisende Publikum wird noch besonders darauf aufmerksam gemacht, daß der Gang der Posten sich nach den betr. Coursuhren richtet, nicht aber nach der hiesigen Stadtuhr, welche meistens 15–30 Minuten nachgeht.« Schrittweise wurden die Postanstalten auch mit Bürouhren ausgestattet, die nach den Kursuhren gestellt wurden. In größeren Städten erhielten die Postgebäude eine weithin sichtbare Uhr mit Schlagwerk. Dass nicht nur die Schnellpost, sondern auch die zur Kontrolle mitgegebene Kursuhr Nachahmer fand, zeigt ein Dokument der Thurn und Taxis'schen Post. Es legte für die Postillione in einer »Instruction über die Behandlung der Cours-Uhren bei den Briefposten« von 1832 fest, »daß die Postillions die Uhr auf der Brust an dem Riemen um den Hals hängend und um den Leib geschnallt« tragen sollten. Mit dem Aufkommen der Eisenbahn setzte der Rückgang der Schnellposten ein. In den 1870er Jahren gab es nur noch vereinzelte Kurse.

Das Reichspostmuseum bestellte 1893 für seine Ausstellung bei dem Berliner Hoflieferanten Eduard Ackermann (Fabrik u. Lager v. Koffern, Reiserequisiten u. feinen Lederwaaren) eine Kursuhrtasche. Auch heute noch ist diese flache Glattledertasche in der Dauerausstellung des Museums zu sehen. Sie weist rückseitig ein Fach und einen Stifthalter auf und ist auf der Vorderseite mit einem aufgesetzten verschließbaren Lederbehältnis für einen hölzernen Kursuhrkasten versehen. Auf der undatierten Objektkarteikarte des Reichspostmuseums wurde schon seinerzeit vermerkt, dass die Taschenuhr im Holzkasten fehlt. Die Kursuhr wurde später für Ausstellungszwecke ergänzt. BJÖRN EGGERT

~ Nº 42 ~

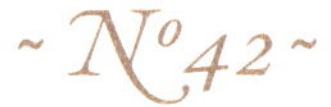

RUSSISCHE KAMELPOST

Modell, angefertigt in St. Petersburg
für das Reichspostmuseum in Berlin

~

Textilien, Leder, Holz, bemalt

1894

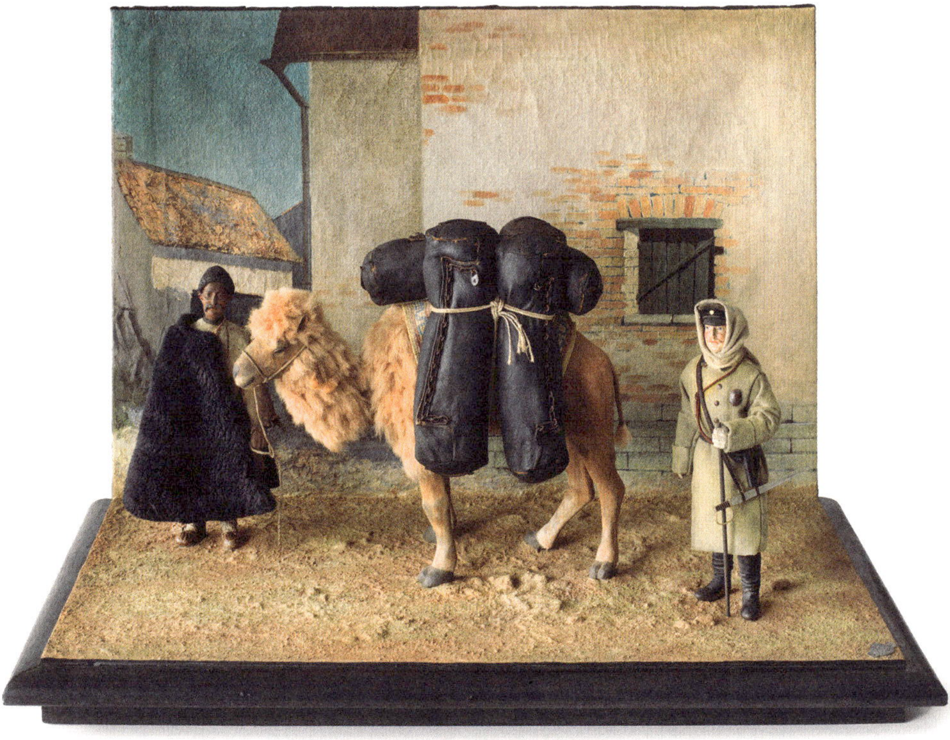

KAMELPOST EN MINIATURE Die farbenprächtigen plastischen Figurengruppen des russischen Postwesens gehören »zu den schönsten Stücken des Reichspostmuseums. Diese Darstellungen sind Meisterwerke der russischen Kleinkunst und finden stets ungeteilten Beifall.« Mit dem Applaus des Museumspublikums, beschrieben im Museumsführer *Vom Postpapyrus zum Postflugzeug* vom Museumsdirektor Erwin Müller-Fischer, war es jedoch schon bald vorbei. Mit Kriegsausbruch im September 1939, nur kurze Zeit nach Erscheinen des Buches, schloss das Reichspostmuseum für immer seine Pforten.

Aufgrund der Bombenangriffe auf Berlin wurde das Gros der Museumsbestände 1943 nach Mittel- und Süddeutschland ausgelagert. Viele der im Museumsgebäude verbliebenen Sammlungs- und Ausstellungsstücke, darunter auch die erwähnten Publikumslieblinge, erlitten in den Kämpfen um die Reichshauptstadt im Frühjahr 1945 starke Beschädigungen oder wurden vernichtet. Die Nachkriegsinventur musste den Verlust von sieben der neun russischen Kleinplastiken verzeichnen, die im Auftrag von Heinrich von Stephan in den Jahren 1894 bis 1896 von der Anstalt zur Anfertigung pädagogischer Hülfsmittel und Spiele in Sankt Petersburg in Russland für die stolze Summe von fast 8.000 Mark hergestellt worden waren. Zu den unwiederbringlich verlorenen Schaustücken des ausländischen Verkehrs- und Postwesens zählen die *Hundepost auf der Insel Sachalin,* die *Postboten im Kaukasus bei hohem Schnee* sowie die *Rennthierpost im Gouvernement Archangelsk.* Nur die *Kameelpost* und das *Dreigespann mit zweirädrigem Karren* entkamen der vollständigen Zerstörung.

Die Kamelpost-Plastik besteht aus einer hölzernen Grundplatte mit modelliertem Bodenbelag und einer Leinwand mit Ölbild als Hintergrund. Der Kamelführer hält fest die Leine des mit fünf ledernen Postsäcken schwer beladenen Tieres. Ein uniformierter Postbeamter beaufsichtigt den startenden Transport. Das im Vergleich zum Dreigespann wesentlich besser erhaltene Postensemble, von dem es eine gute historische Abbildung gibt, wurde im Jahr 2007 aufwendig restauriert. Die behutsame Reinigung der vielen aus verschiedenen Materialien bestehenden Einzelteile, ihre passende Ergänzung und sichere Befestigung dauerten mehrere Monate. Unter den Schmutzschichten tauchte im Verlauf der Restaurierung auch das Herstellerlogo wieder auf. Die detailreichen Arbeiten der russischen Modellbauer hatten den Museumsgründer Stephan bereits 1872 in Moskau beim Besuch der *Internationalen Polytechnischen Ausstellung* beeindruckt. VEIT DIDCZUNEIT

~ N°43 ~

ANSICHTSKARTE

von Georg Fischer an Gretchen Pickel

~

Karton

1897

LIEBESGRÜSSE AUS NÜRNBERG Auch in Zeiten vor WhatsApp und ständiger mobiler Erreichbarkeit wollten Liebende in Verbindung bleiben. Als besonders kreativ erwies sich in den Jahren um 1900 der künstlerisch begabte Postbeamte Georg Fischer (1877–1946). Er hatte in jenen Tagen häufig Sehnsucht nach seiner späteren Frau Gretchen Pickel (1879–1953), die er schließlich 1903 heiraten konnte. Zu diesem Zeitpunkt war er nach einer mehrjährigen Tätigkeit im etwa 70 Kilometer westlich von Nürnberg gelegenen Burgbernheim im Telegrafenamt der Frankenmetropole tätig. In den Trennungsjahren nutzte er viele selbstgestaltete Karten, um mit seiner Verlobten in Kontakt zu bleiben. Mit »Liebe Kleine«, »Liebstes Gretchen« oder ganz einfach abgekürzt »L. G.« begannen deshalb zwischen 1897 und 1902 viele postalische Grüße, die Fräulein Gretchen Pickel am Nürnberger Unschlittplatz erreichten. Aber auch bei privat bedingten Trennungen, wenn die junge Frau – wie im Falle der vorgestellten Karte – in der Sommerfrische bei Verwandten in der Nähe von Neuburg an der Donau war, erreichten sie Grüße ihres Freundes. In die Sammlung der Museumsstiftung kamen insgesamt 89 Karten sowie andere Dokumente durch einen Ankauf der damaligen Sammlungsreferentin Beate Spiegel für das Nürnberger Museum für Kommunikation im Jahr 1999. In dem Bestand finden sich auch selbstgemalte Karten von Gustav Eckardt, der offensichtlich ein Malerfreund war und Fischer immer wieder eigene Karten schickte. Außerdem sammelte Fischer auch handelsübliche Bildpostkarten für sein Kartenalbum.

Die Karte *Gruß aus Nürnberg* zeigt drei Motive: links oben einen Blick auf die Stadtmauer beim Wöhrder Thürlein, darunter greift Fischer den sogenannten Jungfrauenadler aus dem damaligen Nürnberger Stadtwappen auf, das bis 1936 im Gebrauch war: ein bekröntes Mischwesen aus Frau und Adler in einem Wappenschild. Sich selbst zeichnet er rechts oben in ironischer Verbrämung als Zwerg auf einem Malergerüst kniend, um den titelgebenden Schriftzug gestalten zu können. Zwischen den gezeichneten und aquarellierten Motiven steht der handschriftliche Kartentext. Die Kombination von Text und Bild ist zeittypisch, da im Entstehungsjahr 1897 die Vorderseite einer Postkarte noch ganz der Anschrift vorbehalten war und sich durch den gesamten Bestand zieht. In humoriger Weise erkundigt sich Fischer nach Gretchens Wohlbefinden mit der Frage »Wie bekommt Dir das ländliche Parfüm aus der hofparfumerir Kuhstall?« und lässt Grüße an den Rest der Familie ausrichten. Die sprachliche Ironie zieht sich durch den gesamten Text. So spricht er beim Datum (31. Juli) vom Monatsletzten als »Geldbeutelwaschertag« und bezeichnet sein Selbstbildnis als Zwerg »wohlgetroffen«.

Motive wie das aus der Nürnberger Altstadt fand Fischer in seiner freien Zeit überall beim Zeichnen historischer Architekturen in der Noris, in Orten im Umland wie dem malerischen Burgbernheim oder im Kloster Heilsbronn. Eine zweite Quelle waren sicherlich zeitgenössische Postkarten mit vergleichbaren Motiven, die Fischer sammelte. Recherchen des Stadtarchivs Nürnberg deuten darauf hin, dass die gewählte Perspektive und die Verjüngung mancher Architekturelemente bei der

Zeichnung des Wöhrder Thürleins auf romantisierende Ansichten zeitgenössischer Karten zurückgehen. Fischer skizzierte auch die Natur der Umgebung und porträtierte Vorgesetzte oder kopierte bekannte Darstellungen historischer Persönlichkeiten wie die des damaligen bayerischen Ministerpräsidenten Graf Friedrich Krafft von Crailsheim. Von seinen Studien in der Natur ließ er sich auch von widrigen Temperaturen nicht abhalten: »Ich bin heute früh 1 Stunde, und nachmittags 2 ½ Stunden spazieren gegangen, habe schöne Sachen zum Zeichnen gefunden, aber es hat mich erbärmlich in die Hände gefroren, so dass ich sie nur höchst mangelhaft skizzieren konnte« (12. November 1899). Zu Weihnachten oder Ostern entwarf er besonders prächtige Karten, die etwa den Weihnachtsmann mit einem Sack voller Geschenke zeigen oder eine Osterhasenvignette.

Die Kartentexte informieren über viele Details des Alltagslebens und spiegeln die Gemütslage Fischers fern der geliebten Freundin. So heißt es am Sonntag, dem 30. Oktober 1898: »Jetzt ists so fad, da hab ich dieses Bildchen für meine Liebste gezeichnet. Ach könnte ich doch sein, wo ich heute vor 8 Tagen war nur einen Moment.« Leider sind kaum Antworten von Gretchen Pickel erhalten, aber viele Äußerungen Fischers erlauben Rückschlüsse auf sie. So war Fischer mit der Häufigkeit und dem Umfang von Gretchens Antworten oft nicht zufrieden. Er forderte etwa am 16. Dezember 1898: »Am Sonntag erhalte ich einen Brief, aber bitte einen (...) langen, trage Dein Wissen nur aus allen Winkeln zusammen«. Die Sehnsucht nach Gretchen wurde auch durch den Dienst nicht gemildert: »Ich wäre jetzt recht gern bei Dir in N[ürnberg] (...) und wenn ich Dienst habe, dann langweile ich mich (...). Ich begreife nicht, warum denn gar noch nichts von meiner Beförderung kommt« (28. Juni 1900). Auch gesundheitliche Malaisen wie ein schlimmes Auge sind im Frühjahr 1900 regelmäßig Thema. Immer wieder musste Gretchen Pickel für den Freund auch Einkäufe in Nürnberg erledigen. Sie erhielt dann sehr präzise schriftliche Anweisungen, was an Zeichenutensilien, Tabakwaren oder an Hemdkrägen und Manschetten zu besorgen war. So heißt es etwa am 2. März 1900: »Ich möchte Dich noch bitten, mir 10 Stück weiße leere Postkarten zu senden.« Typisch ist auch eine Bestellung wie die vom 30. Oktober 1898: »Bitte sende mir bis zum nächsten Samstag 1 Dutzend Stehkrägen, 1 Dutzend Stehkrägen mit gebogenen Ecken, (...) 1 Dutzend Chemisetten und 6 Par Manchetten.«

Fischers bildliche Formensprache zeigt seine Vertrautheit mit der populären Ikonografie seiner Zeit. Eine Quelle hierfür dürfte das gemeinsame Hobby der beiden Liebenden gewesen sein, nämlich das Sammeln von Fischers selbstgefertigten und von kommerziell gedruckten zeitgenössischen Postkarten. Immer wieder finden sich in der Korrespondenz Äußerungen wie: »Hebe die Karten gleich in unserem Album auf« (16. Februar 1900). Auch tauchen in dem Bestand oft Sendungen mit beliebten Motiven auf. Dies sind häufig Stadt- und Landschaftsansichten oder Karten, die damals gern gelesene literarische Vorlagen illustrieren. So gibt es verschiedene Belege mit Szenen aus Joseph Victor von Scheffels Roman *Der Trompeter von Säckingen.*

Dieser 1854 erschienene Roman war bis in die 1920er Jahre ungeheuer beliebt, bis 1921 erschienen sagenhafte 322 Auflagen. Das Buch, angesiedelt im 17. Jahrhundert, handelt von den nach langen Wirren schließlich erfolgreichen Bemühungen zweier Liebender, dem bürgerlichen Werner und der Adligen Margareta, trotz Standesgrenzen zueinander zu finden. Mit der Sehnsucht des Paares konnten sich Georg Fischer und Gretchen Pickel sicherlich gut identifizieren. Scheffels Buch regte Postkartenproduzenten, etwa den Münchner Verleger Ottmar Zieher, um 1900 zu einer umfangreichen Postkartenproduktion an. Fischer hat diese Karten gesammelt und deshalb auch immer wieder Exemplare an Gretchen geschickt. So schreibt er am 25. Dezember 1898 an sie: »So, jetzt glaub ich, habe ich alle Trompeter-v.-Säckingen-Karten geschickt, aber ich bitte, dieselben in mein Album zu thun.« Auch Motive wie der Zwerg auf der Karte *Gruß aus Nürnberg* waren wie andere Märchenmotive in der illustrativen Kunst um 1900 sehr beliebt und finden sich immer wieder auf Karten oder in Buchillustrationen.

Fischers Produktion und die von ihm gesammelten Karten spiegeln auch die Geschichte dieses Kommunikationsmittels wider. Unter dem Namen »Correspondenz-Karte« wurde die Postkarte am 1. Juli 1870 in Deutschland eingeführt. Schon zwei Jahre später war es auch Privatpersonen gestattet, Karten mit einer Bildseite auf eigene Rechnung zu vertreiben. Gleichzeitig wurde ihr Porto ermäßigt, es betrug nur noch die Hälfte der Briefgebühr. All diese Faktoren trugen zum großen Erfolg der Bildpostkarte bei. Sie war ein Medium, um sprachlich knapp, schnell und billig kurze Informationen an einen Empfänger zu senden. Dazu trug bei, dass bis 1905 auf der Vorderseite nur die Anschrift stand. Bildliche Motive und schriftliche Mitteilungen mussten bis dahin auf der Rückseite Platz finden. Seit dem späten 19. Jahrhundert entwickelte sich ein bunter Markt an illustrierten Postkarten, verschiedenste Anlässe und Motive führten zu einer äußerst regen Produktion: Es gab pittoreske Stadtansichten und Landschaftspanoramen genauso wie Motive aus Gewerbeausstellungen, Bilder zu Feiern von Herrschergeburtstagen oder von spektakulären Ereignissen wie der Eröffnung bekannter Bauwerke. Glückwunschkarten zu den verschiedenen Festen im Jahreslauf wie Weihnachten oder aus Anlass privater Feierlichkeiten wie Geburtstagen oder Hochzeiten wurden ebenfalls sehr beliebt. Schnell wurde es ein populäres Hobby, bebilderte Postkarten in Alben zu sammeln. Ihre Hochzeit erlebte diese Leidenschaft, der auch Georg Fischer und Gretchen Pickel frönten, zwischen 1895 und 1914. Und dieser Leidenschaft verdanken wir, uns noch heute an der Kreativität erfreuen zu können, die ein junger Postbeamter um 1900 bei der Nutzung eines Alltagsmediums der Kommunikation an den Tag legte. VERA LOSSE

~ Nº 44 ~

ÖFFENTLICHER BRIEFSCHREIBER IN CAIRO

Gemälde von Max Rabes

~

Öl auf Leinwand

1898

EIN BILD AUF REISEN Es ist nicht unwahrscheinlich, dass die umtriebigen Sammlungsverantwortlichen des Reichspostmuseums das Gemälde *Öffentlicher Briefschreiber in Cairo* schon 1899 auf der *Großen Berliner Kunstausstellung* entdeckt haben. Das 1898 von Max Rabes geschaffene Werk thematisiert im impressionistischen Stil die orientalische Briefkultur am Ende des 19. Jahrhunderts und wurde 1901 in der auflagenstarken *Illustrirten Zeitung* abgebildet. Das Reichspostmuseum erwarb das Bild Anfang 1902 vom Künstler für 2.500 Mark. Rabes (1868–1944) hielt als bekannter Orient- und Reisemaler auf seinen häufigen Touren Alltagsbeobachtungen in Genreszenen fest. Mehrfach weilte er in Kairo. Im Herbst 1898 gehörte er der Delegation von Kunstschaffenden an, die den deutschen Kaiser Wilhelm II. auf seiner Orientfahrt nach Konstantinopel und zur Einweihung der Erlöserkirche nach Jerusalem begleitete.

Der Ankauf dieser exotischen Schreibdarstellung sowie auch der Erwerb des Bildes *Postgebäude in Omdurman*, ebenfalls ein Ölgemälde von Rabes, im Jahr 1903 folgten dem vom Museumsgründer Heinrich Stephan formulierten Museumsauftrag, die Entwicklung des Transport- und Nachrichtenwesens aller Völker und aller Zeiten darzustellen. Schon bald verabschiedete sich das Museum jedoch von dieser weit gefassten und bei den finanziellen und räumlichen Gegebenheiten gar nicht zu realisierenden Sammlungsphilosophie und konzentrierte sich auf Deutschland.

Wann das Bild *Öffentlicher Briefschreiber in Cairo* im Reichspostmuseum erstmals dem Publikum präsentiert wurde, ist nicht bekannt. Ein Foto aus den 1920er Jahren zeigt das Bild an der Wand in einem Repräsentationsraum des Reichspostministeriums. Vor dem Gemälde hat sich anlässlich einer internationalen postalischen Zusammenkunft in Berlin eine Gruppe um Dr. Hans Bredow, von 1921 bis 1926 Technischer Staatssekretär im Reichspostministerium, zur Ablichtung postiert. Den bisher einzigen Nachweis einer Ausstellung im Reichspostmuseum liefert ein Foto des Postwertzeichensaals, das 1932 im Deutschen Reichspostkalender veröffentlicht wurde. Es zeigt das Bild über dem Wandtresor mit dem weltberühmten Mauritius-Tableau. In diesem Raum hing das Gemälde wahrscheinlich bis zur kriegsbedingten Schließung des Museums 1939.

Der Postwertzeichensaal war um 1930 neu gestaltet worden. In den 1920er Jahren lag die jährliche Besucherzahl im Reichspostmuseum zwischen vierzig- und fünfzigtausend. In der Öffentlichkeit gab es anhaltende Kritik am Museum wegen fehlender Erklärungen und mangelnder »Interaktivität«. Mit einem neuen Konzept und durch die Darstellung der neuesten technischen Entwicklungen wurde das Museum in den 1930er Jahren für Gäste wieder attraktiv, und der Besucherstrom stieg stark an: Circa 300.000 Besucher soll das Reichspostmuseum jährlich gezählt haben.

Die bedeutende Postwertzeichensammlung mit der Blauen und Roten Mauritius war ein starker Anziehungspunkt. So hatte auch das Bild von Rabes in den 1930er Jahren ein großes Publikum.

Der genaue Aufbewahrungsort des Kunstobjekts von 1939 bis in die 1960er Jahre ist unbekannt. Da das Bild um 1970 im provisorischen Bibliothekslesesaal des 1958 gegründeten Postmuseums der DDR hing, liegt ein Verbleib des Gemäldes in der Kriegs- und Nachkriegszeit in Berlin im Museum nahe. Zu den ausgelagerten Objekten des Reichspostmuseums gehörte es nicht. Diese bildeten den Grundstock des 1958 in Frankfurt am Main eröffneten Deutschen Postmuseums. Das Ost-Berliner Postmuseum besaß die Sammlungsstücke des Reichspostmuseums, die im Gebäude in der Ausstellung oder in den Kellerräumen verblieben waren und 1945/46 in den Trümmern gefunden wurden. In den 1970er und 1980er Jahren befand sich laut Zeitzeugen das Gemälde im Dienstzimmer des Museumsdirektors Erwin Wöllmann. In die Dauerausstellung kam es erst nach der Neueröffnung des Museums 1987 im Rahmen der 750-Jahr-Feierlichkeiten von Berlin. Von 1989 bis zur erneuten sanierungsbedingten Museumsschließung Mitte der 1990er Jahre war das Bild wieder in dem Raum ausgestellt, in dem es schon im Reichspostmuseum zu sehen war.

1996 wurde das Gemälde in der Ausstellung *Der Brief. Eine Kulturgeschichte der schriftlichen Kommunikation* gezeigt, die im Museum für Kommunikation in Frankfurt am Main stattfand. Von März bis August 2000 war das Werk von Max Rabes Exponat in der Begleitausstellung ... *einfach würdiger Styl!* zur Eröffnung des Museums für Kommunikation Berlin. Danach erfolgte der Transport wieder nach Frankfurt, da innerhalb der Museumsstiftung Post und Telekommunikation im Frankfurter Museum der Sammlungs- und Ausstellungsschwerpunkt Kunst eingerichtet worden war. Seit 2011 ist das Gemälde aus Anlass der Begleitausstellung zur Schatzkammerpräsentation *Die Blaue Mauritius – Das Treffen der Königinnen in Berlin* sowie der Neugestaltung der Dauerausstellung wieder in der deutschen Hauptstadt. VEIT DIDCZUNEIT

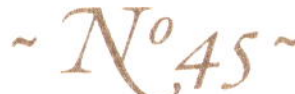

~ Nº 45 ~

UR-SKIZZE FÜR DIE GERMANIA-BRIEFMARKEN

Zeichnung von Eduard Waldraff

~

Papier, Bleistift

1899

IKONE DER KAISERZEIT Keine andere Briefmarkenserie ist länger in Gebrauch gewesen, und kaum eine hat eine breitere öffentliche Wirkung gehabt als die sogenannte Germania-Serie, die die deutsche Reichspost am 1. Januar 1900 neu einführte. Bis zu diesem Zeitpunkt hatte es im Deutschen Reich Briefmarken gegeben, die vor allem das relativ neutrale Motiv des Reichsadlers zeigten. Diese Marken waren typisch für die ersten 30 Jahre des zweiten Deutschen Reiches, in dem es vor allem darum ging, das neue, aus verschiedenen Königreichen und Herrschaften zusammengefügte Staatengebilde zu einer Einheit zu machen und zu konsolidieren. Die historischen Rivalitäten, die es insbesondere zwischen dem preußisch dominierten Norden und den südlichen Staaten zuvor gegeben hatte und immer noch gab, zeigten sich auch im Postwesen. So hatten die Königreiche Bayern und Württemberg noch lange eigene Postverwaltungen mit eigenen Briefmarken. Der Argwohn, der der dominanten Führungsmacht Preußen entgegengebracht wurde, verhinderte wohl auch, dass die Briefmarken des Deutschen Reiches ein Porträt des Kaisers (und Preußischen Königs) zeigten. Schon das kleine Brustschild, das der Reichsadler auf den alten Briefmarken trug und welches das preußische Königswappen zeigte, konnte da leicht Missmut erregen.

Als zum 1. Januar 1900 die Herausgabe neuer Briefmarken anstand, war es nicht nur die Einführung neuer Portostufen, die diesen Schritt notwendig machte, sondern auch ein weit verbreitetes Unbehagen mit den alten Marken, die als einfach nicht mehr zeitgemäß empfunden wurden. Doch welches Motiv sollte die neue Markenserie schmücken? Schnell war klar, dass sie einen Kopf zeigen sollte. Als Begründung dafür wurde unter anderem auf die erhöhte Fälschungssicherheit verwiesen, denn bei einem Kopf fielen auch Laien eventuelle Abweichungen beziehungsweise Fälschungen leichter auf als etwa bei einer Zifferndarstellung. In den Sammlungen der Museumsstiftung haben sich Entwürfe erhalten, die belegen, dass durchaus auch das Haupt Kaiser Wilhelm II. als Motiv in Betracht gezogen wurde. Doch vermutlich waren es die erwähnten Bedenken hinsichtlich einer im Süden des Reiches als möglicherweise provokant empfundenen Dominanz Preußens, die von diesem Motiv Abstand nehmen ließen.

Offensichtlich war es dann der Kaiser persönlich, der die Einreichungen eines Wettbewerbs in der Reichsdruckerei in Berlin besichtigte und den Siegerentwurf für die neue Markenserie bestimmte. Die Szene hat der Sieger des Wettbewerbs, der Grafiker Paul Eduard Waldraff (1870–1917), später selbst geschildert: »Von der Tür ausgehend schreitet der Allerhöchste Kunstkenner in kaum vermindertem Tempo die Staffeleien ab, gefolgt von seinem Adjudanten. Wieder bei der Tür angekommen, macht der Kaiser kehrt, geht quer durch den Saal gerade auf die Germania zu und spricht, mit dem Finger kurz auf sie deutend, das entscheidende und einzige Wort ›Die‹. Draußen war er.«

Der ausgewählte Entwurf Waldraffs, nach dessen Vorlage bis 1922 mehrere Hundert Millionen Briefmarken gedruckt und in alle Länder verschickt werden sollten, zeigt den Torso einer mit Reichskrone, Schwert, Ölzweig, eisernem Kettenhemd und Brustpanzer ausgestatteten Frauenfigur in einem engen, von Jugendstilformen geprägten Rahmen. Die hier gezeigte Bleistiftskizze gilt als der Ur-Entwurf für diesen Wettbewerbsbeitrag. Als Modell für diese Personifikation der Germania hatte dem Grafiker die Schauspielerin Anna Führing (1866–1929) gedient. Sie hatte in Bühnenstücken in der Rolle der Germania große Erfolge gefeiert und bereits 1891 in Anwesenheit des Kaisers in dieser Rolle gespielt. Auch als 1897 in Berlin das Denkmal für Kaiser Wilhelm I. eingeweiht wurde, trat sie in einem großen Festzug wiederum als Germania auf. Überhaupt war das Germania-Motiv seinerzeit in allen Bereichen der Kunst und selbst in der Werbegrafik sehr populär. So zeigte etwa das 1883 zur Erinnerung an die Einigung Deutschlands eingeweihte Niederwalddenkmal eine mehr als zwölf Meter große Germania-Figur. Das Motiv der Germania war bestens geeignet, die politisch zwar vollzogene, aber in manchen Herzen längst noch nicht empfundene Einheit des Reiches zu propagieren. Dem dienten übrigens auch und noch expliziter die Motive der höheren Mark-Werte der Germania-Serie, insbesondere das Motiv der Zwei-Mark-Marke. Dieses zeigte nach einem Gemälde Anton von Werners die allegorische Vereinigung von Nord und Süd mit der klaren Botschaft »Seid einig – einig – einig!«

Die öffentliche Resonanz auf das neue Markenmotiv war allerdings weniger euphorisch, als es sich der Kaiser und die Offiziellen der Reichspost wohl gewünscht hatten. Die grafische Leistung Waldraffs wurde deutlich kritisiert – und dies vielleicht nicht ganz zu Unrecht. Der fehlende Freiraum über dem Haupt der Germania widersprach allen anerkannten Regeln guter Porträtkunst, überhaupt wurde das Motiv als zu gedrungen und als plump empfunden. In der Zeitung *Dekorative Kunst* war noch 1918 gar von der »stümperhaftesten Leistung der Welt« die Rede. Waldraff selbst sprach über seine Schöpfung leicht despektierlich als von der »Germania mit dem Blechbusen«. Dies alles konnte der enormen Verbreitung des Markenmotivs jedoch keinen Abbruch tun. Von 1900 bis noch in die Anfangsjahre der Weimarer Republik war es millionenfach im Umlauf; es wurde im Deutschen Reich benutzt, aber auch während des Ersten Weltkriegs mit Überdrucken in den Besatzungsgebieten sowie in den Auslandspostämtern in China, der Türkei und in Marokko. Waldraffs Ur-Skizze markiert deshalb den Ausgangspunkt einer Bildidee, die über Jahrzehnte und über dramatische historische Ereignisse hinweg fast zu so etwas wie einem *Logo,* ja einer *Ikone* des Deutschen Kaiserreichs werden sollte ANDREAS HAHN

~ Nº46 ~

HANDSTEMPEL

hergestellt für das deutsche Postamt in Tientsin (China)

~

Schwarzholz, geschnitzt

~

1900

DER CHINESISCHE STEMPEL Im 19. Jahrhundert gab es viele Versuche der europäischen Großmächte, Japans und der USA, in China Einfluss zu gewinnen und kolonialähnliche Macht auszuüben. Das führte auch zu Verträgen, die China Konzessionen zur Einrichtung fremder Postanstalten abverlangten. Im August 1886 wurde in Shanghai die erste Kaiserlich Deutsche Postagentur errichtet. Bis zur chinesischen Kriegserklärung an Deutschland im März 1917 bestanden 13 deutsche Postanstalten, die Germania-Marken der Reichspost mit dem maschinellen Aufdruck »China« im Postbetrieb verwendeten. Als ab Mitte des Jahres 1900, nach Ausbruch des Boxeraufstandes, einer chinesischen Bewegung gegen die europäische, amerikanische und japanische Vorherrschaft in China, die Markenbestände im Postamt Tientsin aufgrund fehlenden Nachschubs aus Deutschland und eines erhöhten Bedarfs durch die deutschen Truppen und ausländischen Postkunden knapp wurden, nutzten die Postbediensteten auch vorhandene Briefmarken ohne China-Aufdruck. In dieser Situation kam ein deutscher Postbeamter auf die Idee, einen Handstempel anfertigen zu lassen. Der Stempel aus hartem Schwarzholz soll von einem Chinesen geschnitzt worden sein. Ab Ende November 1900 wurde er abgeschlagen. Der kleine Stempel – er hat nur eine Länge von vier Zentimetern – ist genau genommen ein Druckstock, da die Briefmarken mit ihm nicht entwertet, sondern aufgewertet wurden.

Neben den über den Postschalter in Tientsin verkauften Wertstufen zu 3, 5, 10, 20, 30, 50 und 80 Pfennig sowie der 10-Pfennig-Ganzsache kamen auch noch andere Werte und Ganzsachen mit China-Aufdruck vor, deren Entstehung auf Sammlerwünsche zurückzuführen ist. Da der Handstempel in Tientsin nicht mit der erforderlichen Vorsicht verwahrt wurde, konnten, zumindest zeitweise, untergeordnete Postkräfte Raritäten für deutsche und ausländische Sammler erzeugen. Als in Berlin bekannt wurde, dass man bei der Deutschen Post in China ohne Genehmigung des Reichspostamts Briefmarken mit einem Aufdruck versah, erging eine telegrafische Verfügung, dies sofort einzustellen und den Stempel umgehend nach Berlin zu senden. Den Stempel schickte das Postamt Tientsin im April 1901 dem Postamt Shanghai zu. Im Juni 1901 begann seine Reise per Schiff und Zug nach Berlin. Es ist anzunehmen, dass ab Ende März 1901 in China keine Marken mehr überdruckt worden sind. Noch im Besitz der Postkunden befindliche Marken blieben weiterhin gültig. Das Reichspostamt Berlin überdruckte dann 25-Pfennig-Marken als Muster für eigene Zwecke mit dem originalen Handstempel. Laut Eingangsbuch kam der Handstempel im November 1909 in den Besitz des Reichspostmuseums. Dort wurden ebenso Marken mit dem Handstempel überdruckt, auch um die großen Schulden, die das Museum bei Philipp Kosack hatte, dem seinerzeit wohl größten deutschen Briefmarkenhändler, zu begleichen. Der Stempel überstand alle Stürme der Zeit und ist heute in der Schatzkammer des Museums für Kommunikation Berlin ausgestellt. THOMAS KAHLBOM

~ Nº 47 ~

SELF WINDING STOCK TICKER

US-amerikanischer Börsendrucker zur Übermittlung der Aktienkurse

~

Metall

1903

VOM AUF UND AB DER AKTIENKURSE Thomas Alva Edison (1847–1931) schuf zahlreiche bedeutende Erfindungen mit großem Einfluss auf die allgemeine technische und kulturelle Entwicklung. Doch seine Zeitgenossen hielten weder die Glühlampe noch den Phonografen für Edisons wichtigste Leistungen, sondern seinen 1871 konstruierten Börsenticker. Edison hatte von 1863 bis 1868 als Telegrafist gearbeitet, und mit den dabei erworbenen Kenntnissen wurde er 1869 Betriebsleiter der Gold & Stock Telegraph Co. in New York. Dort arbeitete man mit den Börsendruckern von E. A. Calahan und S. S. Law. Calahans Tickerapparate waren langsam und benötigten mehrere Leitungen von ihrem Standort zur Zentrale in der Börse. Ihr Hauptproblem aber war, dass sie häufig aus dem Takt gerieten. Wurden ein oder zwei Buchstaben am Drucker nicht ausgegeben, konnte nicht mehr ermittelt werden, auf welches Aktienkürzel sich der Kurs bezog. Ein Techniker musste dann herbeigerufen werden, der den Drucker mit der Zentrale neu synchronisierte. Daher funktionierte das System nur in den Büros im unmittelbaren Umfeld der Börse.

Edisons Universal Stock Printer war das Ergebnis eines längeren Prozesses: Bereits 1868 entwickelte er einen Börsendrucker, der mit nur einer Leitung auskam. Bis 1871 gelangen Edison mehrere Verbesserungen, deren wichtigste das mechanische »unison device« war, das den Drucker bei jedem Umlauf des Typenrads automatisch mit der Zentrale synchronisierte. Der Börsenticker übermittelte allerdings keine börslich festgestellten Kurse oder Mittelwerte von Aktienpreisen, sondern lieferte einen ununterbrochenen Strom von Informationen aller an der Börse getätigten Käufe und Verkäufe. Auf dem schmalen Papierband des Börsendruckers befand sich in der oberen Zeile ein Buchstabenkürzel, mit dem die Aktie identifiziert werden konnte, darunter stand der jeweilige Kaufpreis. Normalerweise wurden Aktien in Bündeln von hundert Stück gehandelt; beim Verkauf von mehreren Hundert wurde dies mit einer Ziffer vor dem Kürzel vermerkt.

Bis dahin waren aktuelle Kurse einem kleinen Kreis von Händlern vorbehalten – man musste persönlich im Börsengebäude anwesend sein, teilweise durfte man die Börse während der Handelszeiten nicht einmal kurzzeitig verlassen. Börsenkurse erschienen zwar in den Zeitungen, allerdings erst am Folgetag oder in der Abendausgabe und waren daher für schnelle Reaktionen auf die Marktentwicklung nutzlos. Zudem waren die Kurslisten der Zeitungen ständig – und oftmals berechtigt – dem Verdacht von Manipulationen ausgesetzt. Mit dem Stock Ticker wurden die geschlossenen, club-ähnlichen Börsenorganisationen aufgebrochen. Er machte die aktuellen Börsenkurse nicht nur punktuell, sondern überall und landesweit zugänglich. So wurden lokale Preisunterschiede zwischen New York und kleineren

Börsenplätzen nivelliert. Der Ticker verbreitete die Finanzdaten mit nur minimaler Zeitverzögerung – fast in Echtzeit – und veränderte die Wirtschaftskommunikation in zuvor kaum vorstellbarer Weise. Die Aktualität der von ihm verbreiteten Informationen ermöglichte eine direkte Teilhabe am Marktgeschehen. Da der Ticker die Finanzdaten maschinell vervielfältigte, war die gleiche Information an einer im Prinzip unbeschränkten Zahl von Orten zugänglich: Die Börse war nun dort, wo ein Ticker stand. Der Börsenticker wurde so zu einem der ersten Echtzeit-Massenmedien, das die Kurse für einen anonymen Adressatenkreis zugänglich machte.

Das Publikum betrachtete den Börsenticker geradezu als »Wundermaschine«. Dabei übte die nahezu synchron ablaufende telegrafische Übermittlung von Kursen mit ihrer Darstellung auf dem Tickerband eine besondere Faszination aus. Mit dem steten Strom von Daten und der Kontinuität dieser Kommunikation wurde der Finanzmarkt auch für Außenstehende zu einem fast unmittelbar erfahrbaren Phänomen. Die stetigen Kursnotierungen des Börsentickers hatten etwas Hypnotisches und weckten die Hoffnung auf leichte Gewinne. So schuf der Börsenticker die fieberhafte Atmosphäre eines Spielsaals, und Amerika erlebte einen beispiellosen Börsenboom. Anfangs gab es in den USA nur wenige kleine Spekulanten, doch nach dem Ersten Weltkrieg spekulierten auch einfache Amerikaner an der Börse.

Zahllose mit einem Börsenticker ausgestattete »Bucket Shops« entstanden. Dort konnte man an der Wall Street notierte Aktien zu Vergangenheitskursen kaufen. Die Kaufaufträge wurden aber nie am realen Aktienmarkt ausgeführt, das Ganze glich eher einer Wette gegen den Shop. Dieser verrechnete die Käufe mit den Verkäufen, wobei die meisten Leute ihr Geld an die Bucket Shops verloren, da die Schwankungen der Aktien ihre schmalen Gewinne auslöschten. Viele Anleger kauften Aktien auf Kredit – im Vertrauen auf immer weiter steigende Kurse. Üblicherweise konnte man bei einem Makler Aktien erwerben, wenn man nur eine geringe Anzahlung (Margin) in Höhe der erwarteten Kursschwankung hinterlegte. So konnte man auch mit wenig Geld an der Börse spekulieren. Bewegte sich die Aktie um den hinterlegten Betrag nach unten, musste der Kunde entweder Geld nachschießen (Margin Call), oder seine Aktien wurden zwangsweise verkauft – und er verlor sein Geld.

Der Universal Stock Printer konnte etwa ein Zeichen in der Sekunde übermitteln. Er geriet bei großem Handelsvolumen unweigerlich in Rückstand zu den aktuellen Börsentransaktionen. Dies war in kritischen Marktsituationen besonders problematisch, wenn riesige Spekulationsverluste drohten und rasches Eingreifen notwendig war. Da jede Zeitverzögerung von größter Bedeutung war, wurde die jeweils aktuelle Verspätung in der Börse auf großen »Tape Delay Indicators« angezeigt. Mit der wachsenden Zahl an der Börse notierter Unternehmen und dem ständig steigenden Handelsvolumen musste die Übertragungs- und Druckleistung des Börsentickers Schritt halten. So kam es zur Erfindung des Self Winding Stock Ticker von G. B. Scott von der Gold & Scott Telegraph Co. und W. P. Phelps von der Philadelphia Local Telegraph Co. Beide Unternehmen wurden von der Western

Union Telegraph Co. beherrscht. Seine endgültige Form erhielt das Gerät 1903, als J. C. Barclay und J. R. Page es verkleinerten. Bis Anfang der 1930er Jahre wurden rund 16.000 Stück hergestellt, die meisten davon in den Fabriken der Thomas A. Edison Inc. Aus diesem Grunde wird irrtümlich kolportiert, Edison sei der Konstrukteur auch dieser Bauform.

Trotz der gesteigerten Geschwindigkeit besiegelte der Börsenticker das Ende des Börsenbooms, den er selbst mit befeuert hatte: In den Tagen vor dem 24. Oktober 1929 zeichnete sich ein Ende der jahrelangen Spekulationsblase ab, Nervosität breitete sich aus. Als um 10.00 Uhr die Börse öffnete, setzte eine Verkaufswelle ein, da viele Spekulanten ihre auf Kredit gekauften Aktien zwangsweise verkaufen mussten. Der Börsenticker konnte mit dem Handelsvolumen nicht mehr Schritt halten und geriet in Rückstand. Plötzlich fehlten Kaufaufträge, viele Anleger gerieten in Panik und wollten so schnell wie möglich verkaufen – egal zu welchem Preis. Die Kurse brachen weg. Der Börsenticker geriet immer weiter in Rückstand – letztlich um Stunden – und zeigte viel höhere Kurse an als die, zu denen aktuell gehandelt wurde. Diese Unsicherheiten fachten die Hysterie weiter an, die Börse glich einem Tollhaus. Mit dem »Black Thursday« begann die Weltwirtschaftskrise, die noch Millionen um Arbeit und Ersparnisse bringen sollte.

Nach dem Börsenkrach wurde der Self Winding Stock Ticker von der noch schneller arbeitenden »Black Box« abgelöst. Zunächst wurden viele Self Winding Stock Ticker zur Übermittlung von Sportergebnissen verwendet, oft bei illegalen Sportwetten. Die letzten Börsendrucker, die nicht zur Weiterverwendung nach Südamerika verkauft wurden, verschrottete man während des Zweiten Weltkriegs als Altmetall. FRANK GNEGEL

~ Nº 48 ~

WANDTELEFON HILDESHEIM

erstes deutsches Telefon mit Wählscheibe

~

Metall, Holz

1908

RICHTIG WÄHLEN WILL GELERNT SEIN 1908 begann ein neues Kapitel in der Geschichte der Fernsprechtechnik: In Hildesheim wurde das erste automatische Fernsprechamt in Deutschland in Betrieb genommen. An Stelle des »Fräuleins vom Amt« am Vermittlungsschrank sorgte nun Maschinentechnik für die richtige Verbindung. Das Herzstück des elektromechanischen Wählsystems war der Hebdrehwähler, eine Erfindung des Amerikaners Almon B. Strowger. Die beweglichen Kontaktarme des Wählers wurden von der Wählscheibe am Telefon ferngesteuert: Das Drehen der Wählscheibe erzeugte die Stromimpulse, die den Wähler in Bewegung versetzten, sodass er Schritt für Schritt, Ziffer für Ziffer den gewünschten Anschluss ansteuerte.

Die weltweit erste Wählvermittlung war 1892 in La Porte im Bundesstaat Indiana in Betrieb gegangen; die deutsche Reichspost beschloss 1905 nach mehrjährigem internem Versuchsbetrieb mit Strowger-Wählern, den Sprung in die Praxis zu wagen. Die Wahl fiel auf Hildesheim, weil das dortige alte Handamt dringend erneuert werden musste und so die Gelegenheit günstig war, ein komplettes Ortsamt auf Selbstanschlusstechnik umzustellen.

Am 10. Juli um sieben Uhr in der Früh kam die Stunde der Wahrheit für Techniker und Telefonkunden – und überforderte schnell beide Seiten. Alle wollten umgehend die neuen Wählscheibentelefone ausprobieren – und prompt versagte die Wähltechnik ihren Dienst, denn auf solche Belastungsspitzen war sie nicht ausgelegt. Im Amt brannten die Sicherungen durch, und aufgebrachte Teilnehmer, die keinen Anschluss bekamen, drohten, die Diensträume zu stürmen. Schon wurde gefordert, zur alten Handvermittlung zurückzukehren. Doch die Techniker legten am Ende dieses nervenaufreibenden ersten Tages noch eine nächtliche Sonderschicht ein, reparierten, änderten – und durchtrennten die Kabel zur alten Handvermittlung, um ein Zurückschalten unmöglich zu machen. Am darauffolgenden Tag lief der Betrieb zur großen Erleichterung aller Beteiligten dann ohne nennenswerte Pannen.

Massive Störungen seiner Privatsphäre hatte allerdings der Hildesheimer Wurstfabrikant A. Orkin zu beklagen, der über Tage und Wochen Opfer von Fehlverbindungen wurde. Um den Umgang mit den neuen Apparaten zu erleichtern, hatte die Reichspost eine Bedienungsanleitung direkt in der Mitte der Wählscheibe aufdrucken lassen: »Um z. B. No. 2451 anzurufen: Hörer vom Haken nehmen, Finger in Öffnung 2 der Scheibe stecken, diese drehen bis Finger am Anschlag anstösst, Scheibe loslassen. Dasselbe wiederholen bei No. 4, 5 u. 1 (...)«. 2-4-5-1 – eine hübsche Zahlenfolge, um das Wählen zu üben. Dumm nur, dass diese Rufnummer Herrn Orkin gehörte, dessen Telefon nun ununterbrochen klingelte ... Ob vom Fernsprechwandapparat Modell »Hildesheim« in den Sammlungen der Museumsstiftung anno 1908 auch bei Herrn Orkin angerufen wurde, ist leider nicht überliefert. LIOBA NÄGELE

~ Nº49 ~

BAHNPOSTWAGEN 2785

Modell mit originalgetreuer Inneneinrichtung

~

Holz, Metall, Glas

1910

AUS LIEBE ZUM DETAIL Von den Gardinen über die Beutelgestelle samt gefüllter Postbeutel sowie die winzigen adressierten Brief- und Paketsendungen in den Sortierfächern bis hin zur Beleuchtung und zum Porzellan-Abort ist in diesem Modell des Bahnpostwagens 2785 im Maßstab 1 zu 6 alles haargenau so eingerichtet wie im großen Originalwaggon. Durch das aufklappbare Dach entgeht dem Betrachter keine Einzelheit der präzise nachgebauten Wageneinrichtung, und er wird in den Bann dieser Bahn gezogen.

Mit großer Liebe zum Detail fertigte im Jahr 1910 die Waggonfabrik Düsseldorfer Eisenbahnbedarf vormals Carl Weyer & Co. dieses faszinierende Modell im Auftrag der Norddeutschen Wagenbau-Vereinigung an. Von dieser wurde es 1913 dem Reichspostmuseum als Schenkung übergeben. Bis in kleinste Einzelheiten wie die Kreidebeschriftung der Sortierfächer oder das Porzellan-Waschbecken mit floralem Dekor wurde der Originalwagen hier detailgetreu nachgebildet. Mit der gleichzeitigen Funktionstüchtigkeit einzelner Bauelemente, zum Beispiel in Bezug auf die Türgriffe und Fensteröffner sowie die Beleuchtung, war er nicht nur ein Meisterwerk der Modellbaukunst, sondern auch der Präzisionsmechanik. Daher war es nur allzu verständlich, dass er fast ebenso teuer, das heißt aber auch: genauso wertvoll wie ein Originalwaggon war.

Seit dem Beginn der Eisenbahnzeit beförderte die Bahn auch Briefe und Päckchen. Zunächst in England und seit der Mitte des 19. Jahrhunderts auch in Deutschland wurden sogenannte Bahnposten eingesetzt, um die Brief- und Paketsendungen nicht länger nur von A nach B zu transportieren, sondern die Fahrtzeit gleichzeitig zum Sortieren der Sendungen zu nutzen. Die Bahnpostwagen waren mit allen Einrichtungen und Geräten ausgestattet, die zur Briefabfertigung, ähnlich wie in den Postämtern, notwendig waren: Briefkasten, Briefkörbe, Verteilspinde, Kursstempel, Briefbeutelmesser, Plomben und Plombenzangen, Dienstsiegel und vieles mehr. Allerdings waren die Arbeitsbedingungen in den Bahnposten besondere und mit speziellen Anforderungen verknüpft: So haben die Postbeamten im fahrenden Zug stehend auf engem Raum und unter großem Zeitdruck die Post bearbeitet und während des fahrplanmäßigen Haltens ausgetauscht. Die Bahnpost war mehr als ein Jahrhundert lang ein wichtiger Pfeiler der Postbeförderung in Deutschland und hatte ihren Höhepunkt in den 1940er Jahren, als über 4.000 Bahnpostwagen durch das Land schnauften. Die Zunahme des Sendungsaufkommens, beim Brief von 3,9 Milliarden Sendungen im Jahr 1950 auf 8,5 Milliarden zum Ende des Jahrzehnts, zwang die Bundespost zur Entwicklung rationeller, am Massenverkehr orientierter Betriebsverfahren. Zu den Schwerpunkten der Veränderungen in den 1950er und 1960er Jahren zählten die Zentralisierung der Brieflogistik, der Aufbau eines Nachtluftpostnetzes, die Automatisierung der Briefverteilung und die Verlagerung des Posttransports von der Schiene auf die Straße durch expandierende Motorisierung. Mit der Entwicklung eines neuen Brief- und Frachtkonzepts der Deutschen Bundespost zu Beginn der 1990er Jahre und dem damit verbundenen ausschließlichen

Straßentransport wurde die Bahnpost in Deutschland nach 150 Jahren Tätigkeit zum 1. Juni 1997 auf das Abstellgleis und eingestellt. Damit endete ein bedeutendes Kapitel deutscher Postgeschichte – die Post auf der Schiene.

Die Modellsammlung der Museumsstiftung Post und Telekommunikation ist ebenso alt wie ihre Vorgängerinstitution, das Reichspostmuseum, selbst, das 1872 als Plan- und Modellkammer eingerichtet wurde. Seitdem wuchs die Modellsammlung stetig an, wurde aber durch die Kriegseinwirkungen und starken Kriegsschäden am Reichspostmuseum in den Jahren 1943 und 1945 dezimiert und einiger Kostbarkeiten beraubt. Dennoch umfasst die auch nach dem Zweiten Weltkrieg weitergeführte Sammlung heute zahlreiche Modelle verschiedener Zeiten und unterschiedlicher Maßstäbe von Postkutschen und Bahnpostwagen über Kraftfahrzeuge und Busse bis hin zu Luftschiffen und Flugzeugen. Die beeindruckendsten und faszinierendsten Fahrzeugmodelle in der Sammlung sind jedoch diejenigen, die von den Herstellern der Originalfahrzeuge selbst mit ihrem allumfassenden Fachwissen und großer Sorgfalt angefertigt worden sind – so wie dieser imposante Bahnpostwagen, der 2017 in die neue Dauerausstellung des Museums für Kommunikation in Frankfurt am Main integriert wird. WENKE WILHELM

~ N° 50 ~

MAURITIUS-TABLEAU

mit blauer und roter Mauritius-Post-Office-Briefmarke

~

Papier auf Karton, Glas, Metall

UM 1910

MYTHOS MAURITIUS Wenige Sammlungsobjekte sind so eng mit der wechselvollen Geschichte des Berliner Reichspostmuseums verbunden wie das sogenannte Mauritius-Tableau. Hinter diesem Begriff verbirgt sich eine kleine, mit Panzerglas versehene Metallplatte, auf der um 1910 herum einige der größten philatelistischen Seltenheiten aus der berühmten Sammlung des Reichspostmuseums aufgebracht wurden. Das Tableau war im Postwertzeichensaal in die Wand eingelassen und durch einen anzuhebenden Metalldeckel vor dauerndem Lichteinfall geschützt. Bei den ausgestellten Kostbarkeiten handelte es sich zunächst um drei Marken aus Hawaii mit den Werten 2,5 und 13 Cents, dazu noch ein Brief mit einer 13-Cent-Marke. Da diese Marken hauptsächlich auf Post zu finden waren, die Mitte des 19. Jahrhunderts von Missionaren in ihre Heimatländer geschickt wurde, waren und sind sie in der Fachwelt auch als »Hawaiian Missionaries« bekannt. Weiter sind auf der Tafel zwei besonders wertvolle Marken aus Britisch Guayana zu bewundern. Die unscheinbaren und äußerst primitiv produzierten Marken, die in der britischen Kolonie ab 1850 entstanden, gehören ebenfalls zu den seltensten Briefmarken weltweit. Da die einfach hergestellten Marken leicht zu kopieren waren, wurden sie jeweils mit einer Unterschrift des Postmeisters versehen. Die Form der ersten Marken erinnert an die runden Aufkleber, die sich auf den Stirnseiten von Garnrollen befanden – sie werden deshalb oft auch »Cottonreels« genannt. Schließlich trägt das Mauritius-Tableau auch noch zwei Exemplare der Marken, die ihm den Namen gaben und die sicherlich zu den bekanntesten und wertvollsten Briefmarken weltweit gehören: die Mauritius-Post-Office-Marken, die in Deutschland als »Rote Mauritius« beziehungsweise »Blaue Mauritius« berühmt geworden sind. Die rote One-Penny-Marke aus dem Jahr 1847 ist eine gestempelte Einzelmarke, während sich die blaue Two-Pence-Marke aus dem gleichen Jahr auf einem Brief von Mauritius nach Bordeaux in Frankreich befindet.

Die Postwertzeichensammlung des Reichspostmuseums ging in ihren Ursprüngen auf eine Vergleichssammlung von Briefmarken zurück, die die Königlich Preußische Post bereits Ende der 1850er Jahre zur Schulung ihrer Mitarbeiter angelegt hatte. Als 1872 in Berlin das Reichspostmuseum durch Heinrich Stephan gegründet wurde, bildete diese Sammlung den Grundstock für eine stetig wachsende philatelistische Sammlung und zugleich gewissermaßen den Nukleus der gesamten Sammlung überhaupt. Betreut wurde die Sammlung in den ersten Jahren unter anderem von einem ausgewiesenen Kenner der Materie, dem Landgerichtsrat und Präsidenten des noblen Berliner Philatelisten-Clubs von 1888, Carl Lindenberg. Er war als »Sachverständiger Beirat« für das Museum tätig und half dem ersten Postmuseum der Welt, eine Sammlung aufzubauen, die nicht unwesentlich an der Reputation des neuen Hauses beteiligt war und auch ganz wesentlich seine Handschrift trug. Als er 1898 im Streit mit dem damaligen Museumsdirektor, dem Geheimen Oberpostrat Hennecke, über die Ankaufspolitik des Museums seine Funktion aufgab, gehörte die Sammlung längst zu den größten und bedeutendsten philatelistischen Sammlungen weltweit.

Die Mauritius-Marken mit dem Aufdruck »Post Office« (anstatt wie später »Post Paid«) haben lange fälschlicherweise als Fehldrucke gegolten. Dabei war die erste Auflage von 1847 dieser nur kurze Zeit im Gebrauch befindlichen Marken einfach nur sehr klein gewesen, lediglich je 500 Exemplare beider Werte wurden jeweils einzeln von einer gemeinsamen Druckplatte gedruckt. Ende des 19. Jahrhunderts traten diese raren Marken endlich ganz in das Bewusstsein der Sammlerwelt. Der Besitz der berühmten Mauritius-Marken wurde für das Reichspostmuseum auch eine Sache des Prestiges im Wettbewerb mit anderen Nationen. 1901 gelang immerhin der Erwerb der Roten Mauritius. Doch als man im Januar 1904 in London bei einer großen Auktion auf eine Blaue Mauritius mitbot, wurde man vom Agenten des Prinzen von Wales, dem späteren König George V., überboten. Im gleichen Jahr jedoch konnte man über den Berliner Händler Philipp Kosack endlich auch eine Blaue Mauritius auf Brief erwerben und stellte daraufhin die Kostbarkeiten der philatelistischen Sammlung auf einem Tableau gemeinsam aus.

Mit dem Beginn des Zweiten Weltkriegs wurden die Schätze des Reichspostmuseums ausgelagert. Die philatelistische Sammlung gelangte nach einer wahren Odyssee über die Tresore der Reichsbank zunächst in Berlin, später dann in Wien schließlich in einen Bergwerksschacht in Eisleben, wo sie dann von den amerikanischen Streitkräften entdeckt und in die amerikanische Zone gebracht wurde. Als die Sammlungen des Reichspostmuseums 1947/48 an die Regierung Hessens beziehungsweise der neugegründeten Bundesrepublik zurückgegeben wurden, fehlte neben vielen anderen Objekten auch das berühmte Mauritius-Tableau. Der Verbleib war unklar, man musste von einem Diebstahl in den Wirren kurz nach dem Zusammenbruch des Deutschen Reiches beziehungsweise bei der Verlagerung durch die Amerikaner ausgehen. 1976 tauchte das Tableau überraschenderweise auf einer Briefmarkenmesse in den USA wieder auf. Dort wurde es von dem Händler, dem es angeboten worden war, gleich erkannt. Allerdings erhoben sofort beide deutschen Staaten Ansprüche: Die Bundesrepublik betrachtete sich als in der Rechtsnachfolge des Deutschen Reiches stehend, während die DDR darauf verwies, dass sich das Reichspostmuseum schließlich auf ihrem Territorium befunden habe. Die Amerikaner entschieden sich daraufhin bis zur Klärung der juristischen Situation gegen eine Herausgabe und lagerten das Tableau zunächst beim amerikanischen Zoll ein. Erst nach der deutschen Wiedervereinigung 1990 konnte das Mauritius-Tableau an die Deutsche Bundespost zurückgegeben werden und befand sich nun zusammen mit den anderen Schätzen der Sammlung im Archiv für Philatelie in Bonn. Seit der Wiedereröffnung des sanierten Reichspostmuseums als Museum für Kommunikation im Jahr 2000 in Berlin kann es in der dortigen Schatzkammer wieder von der Öffentlichkeit bewundert werden. ANDREAS HAHN

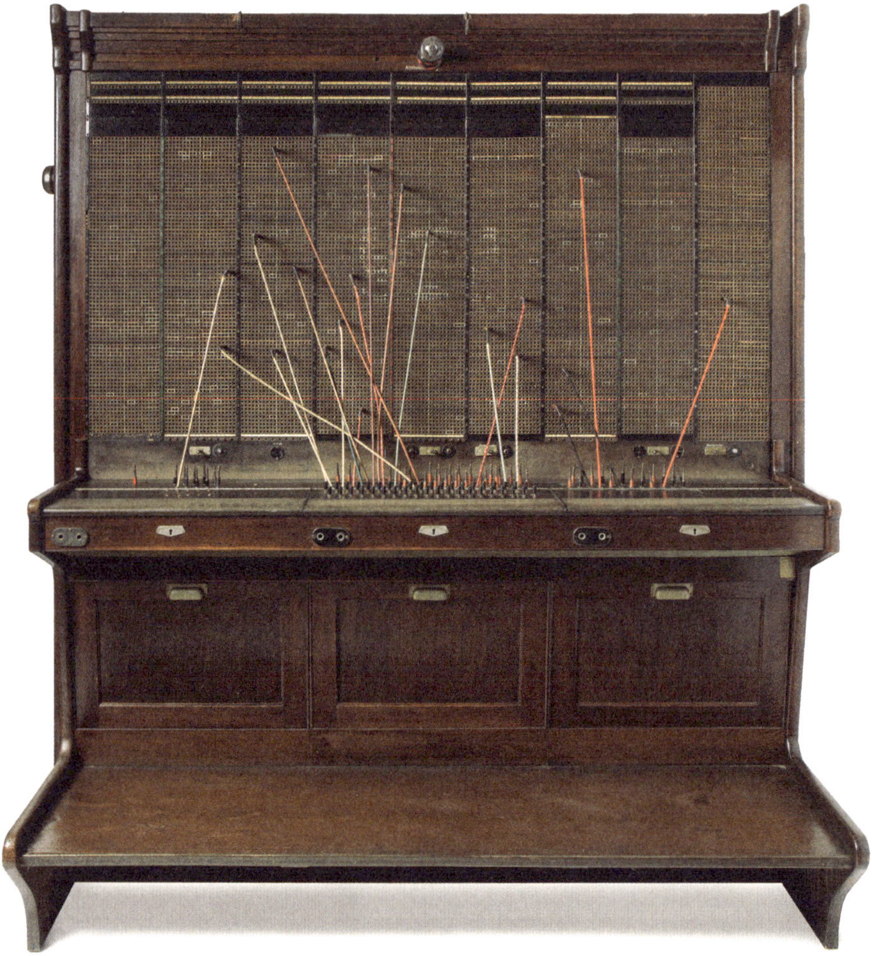

~ Nº 51 ~

VIELFACHUMSCHALTER ZB 11

für die Handvermittlung im Ortsnetz

~

Holz, Metall, Kunststoff

UM 1910

PRO STUNDE 440 VERBINDUNGEN 10.000 Anschlussklinken – solche imposanten Möbel waren um 1910 Stand der Technik in den großstädtischen Telefonnetzen mit Handvermittlung. Die Technik des Vielfachfeldes ermöglichte es, von jedem Platz aus jeden an das Amt angeschlossenen Teilnehmer zu erreichen. Bei hohem Gesprächsaufkommen arbeiteten drei Frauen gleichzeitig an einem solchen Vielfachschrank, um die gewünschten Verbindungen herzustellen. In den Vermittlungsstellen standen diese Schränke in langen Reihen: Für 10.000 Telefonanschlüsse brauchte es 60 Meter Klinkenfeld mit 350.000 Klinken! Die Größe der Vielfachschränke war exakt so ausgelegt, dass eine Person von durchschnittlich 156 Zentimetern Körpergröße die meisten Klinken im Sitzen erreichen konnte. Für diese großen Klinkenfelder waren lange Verbindungsschnüre notwendig, die Platz unterhalb der Auflage des Tischbetts finden mussten. Die »Fräuleins« saßen deshalb auf speziellen hohen Drehstühlen. Das körpernah getragene Sprechzeug – Kopfhörer und Mikrofon – sorgte für maximale Beweglichkeit im Sinne des zu verrichtenden Dienstes. Bei sieben Verbindungen in der Minute war Schnelligkeit Pflicht!

Die Zunahme von Anschlüssen und damit auch von Telefongesprächen hatte in den Großstädten ab 1909 zu einer besonderen Form der Handvermittlung, dem sogenannten Dienstleitungsbetrieb, geführt. Nun waren immer zwei Kräfte an der Herstellung einer Verbindung beteiligt: Die Beamtin am A-Platz, dem Abfrageplatz, sprach mit dem Teilnehmer, die B-Beamtin am Vielfachfeld bekam die gewünschte Anschlussnummer von der A-Beamtin durchgesagt und nannte der Kollegin ihrerseits die Nummer einer freien Verbindungsleitung. Zahl um Zahl flog so hin und her, und deutliche Aussprache war wichtig, denn jedes Verhören führte zu einer falschen Verbindung!

Plaudern war streng untersagt, ja nicht einmal Höflichkeit war erlaubt: Im Dienstleitungsbetrieb sollte jedes »Bitte« oder »Danke« unterbleiben, um die Leitungen möglichst schnell wieder freizugeben. Nur vier Sekunden sollte ein Anrufer warten müssen, bis das Amt sich meldet – so lauteten die internen Vorgaben. Der Dienstleitungsbetrieb hatte eine enorme Arbeitsverdichtung zur Folge, denn nun fielen die kleinen Pausen, die zuvor in verkehrsschwächeren Zeiten aufgetreten waren, weg. »Mit lauschendem Ohr, in gespannter Aufmerksamkeit, sitzt die Beamtin des B-Platzes, ununterbrochen den Hörer auf dem Kopf, an der Dienstleitung. Angestrengt arbeitende Kolleginnen von sechs A-Plätzen sind von ihrem Funktionieren in jeder Sekunde abhängig«, so beschrieb eine Telefonistin 1910 ihren Arbeitsalltag.

Unter hohem Druck und dabei streng kontrolliert arbeiteten die Frauen an den Vielfachplätzen – von der Romantik der in den zeitgenössischen Schlagern besungenen Welt der »süßen Klingelfeen« keine Spur! LIOBA NÄGELE

~ No 52 ~

KINDERPOST-SPIEL

mit zahlreichen Briefmarken, Grußkarten und Formularen

~

Karton, Papier, Holz

UM 1910

SPIELEND LERNEN Seit Ende des 19. Jahrhunderts gehört die Kinderpost – neben dem Kaufmannsladen – zu den beliebtesten Rollenspielen. In den bunt bedruckten Kisten aus Pappe finden Kinder alles, womit sie »Post« spielen können. Auch heute noch ist die Kinderpost im Spielwarensortiment zu finden, wenn sie auch längst nicht mehr so nachgefragt wird wie noch in den 1980er Jahren. Bemerkenswert ist, dass die Grundausstattung der Spiele seit dem 19. Jahrhundert zwar variiert, aber im Laufe der Zeit ähnlich geblieben ist: In einem viereckigen Kasten aus Pappe finden sich Briefmarken, Formulare, Briefkasten, Stempel, oftmals sogar ein Postschalter aus fester Pappe zum Aufstellen. Dem großen Vorbild folgend sind die Spiele mit dem technischen und behördlichen Equipment in Miniatur realitätsgetreu ausgestattet. So enthält auch dieses Kinderpost-Spiel aus der Zeit um 1910 eine reichhaltige Auswahl an Spielutensilien, die die Behördenwelt der Deutschen Reichspost um 1900 widerspiegeln: Postanweisungen, einen Kinderpost-Einlieferungsschein, Telegramm-Vordrucke, Grußkarten mit unterschiedlichen Bildmotiven, unter anderem für Ostern und Weihnachten, einen Stempel »Kinderpost – Amt I« sowie zahlreiche realitätsgetreue kleine Briefmarken mit unterschiedlichen Motiven und von unterschiedlichem Wert.

Die Sammlungen der Museumsstiftung Post und Telekommunikation umfassen circa 250 Kinderpost-Spiele vom Ende des 19. Jahrhunderts bis in die Gegenwart. Anhand der Spiele lässt sich nicht nur die historische Entwicklung der Institution Post von der Deutschen Reichspost bis zur Deutschen Post AG nachvollziehen, sie sind vor allem eine Quelle für den soziokulturellen, technischen und politischen Orientierungs- und Erfahrungshorizont, in dem Kinder aufwuchsen, sowie für Werte und Erziehungsvorstellungen der jeweiligen Zeit. Rollenspiele wie der Kaufmannsladen oder die Puppenküche greifen Objekte aus der Welt der Erwachsenen auf und verkleinern sie. Besonders häufig wurden und werden dabei Erwachsenen-Welten abgebildet, die mit einer hohen Faszinationskraft ausgestattet sind – wie Polizei, Feuerwehr oder eben die Post. Als für sinnvoll erachtetes Spielzeug diente die Kinderpost zu Beginn ihres Aufkommens dabei zunächst ganz praktisch der Vorbereitung auf Berufswahl und Erwerbsleben. Im Laufe der Zeit trat dann das Erlernen wichtiger Fertigkeiten in den Vordergrund, wie das Schreiben von Briefen und Karten, Telefonieren oder der Umgang mit Geld und Formularen. Seit den 1970er Jahren wurde die Kinderpost zunehmend als kreatives Rollenspiel mit zahlreichen Gestaltungsfreiräumen für Kinder vermarktet.

Die Kinderpost-Spiele in den Sammlungen zeugen jedoch anhand vielfacher Gebrauchsspuren davon, dass Kinder zu jeder Zeit kreativ mit ihnen umgingen: Neben Briefen, in denen deutlich wird, dass Kinder die Probleme der Erwachsenenwelt nachspielen – beziehungsweise die Probleme, von denen sich Kinder vorstellen, dass ihre Eltern sie haben –, sorgfältig gestempelten Briefmarken und penibel ausgefüllten Formularen finden sich ganz und gar nicht behördengemäße Kritzeleien, Quatsch-Briefe und selbstentworfene Fantasie-Formulare.

Die Kinderpost mit ihren Briefmarken, Formularen und Stempeln ermöglicht einen kreativen und gleichzeitig nachahmenden Vollzug *erwachsenen* Alltagshandelns. Erst die verkleinerten Abbilder ihrer großen Vorbilder gestatten dabei Wiedererkennung und Wiederholung. Sie fordern immer wieder neu zum Postspielen heraus und bilden – wie im richtigen Leben – den Rahmen für Handlungen und Rituale.

»Spielzeug schafft ein greifbares Abbild dessen, was die Menschen als Wirklichkeit erkannt haben. Indem Kinder damit spielen, eignen sie sich Elemente der Wirklichkeitsvorstellungen ihrer Gesellschaft an. Im Spielzeug wird für die Kinder Wirklichkeit verbürgt; spielend lernen sie, sich auf diese Wirklichkeit einzustellen.« (Jürgen Fritz) In dieser Hinsicht sind Kinderpost-Spiele auch eine wichtige Quelle für die Medien-Wirklichkeit, mit der Kinder aufwuchsen und als solche für Kommunikationsmuseen von unschätzbarem Wert. KATRIN PETERSEN

200—26/4/12 COPY MIMCC 5

Forwarding Charges ________ *Delivered or sent date* ________

SERVICE FORM.

THE MARCONI INTERNATIONAL MARINE COMMUNICATION Co., Ltd.

Office Rec'd from	Time Rec'd	By whom Received	Office sent to	Time Sent	By whom Sent
	m.			m.	

No. 1 Baltic OFFICE ________ 191

Prefix ________ Code ________ Words ________

From Titanic To Baltic

41.46 N
50.14 W
Sinking wants
immediate assistance
(2.45 ...)

~ N°53 ~

TELEGRAMM DER TITANIC AN DIE BALTIC

mit dem Notruf »Sinking wants immediate assistance«

~

Papier

1912

DIE LETZTEN TELEGRAMME DER TITANIC 23.40 Uhr. Die Männer im Ausguck sichten einen Eisberg. 37 Sekunden später kommt es zur Kollision. 00.10 Uhr. Die Mannschaft beginnt, die Rettungsboote zu Wasser zu lassen. 00.15 Uhr. Kapitän Smith befiehlt den Funkern, Notrufe abzusetzen. Kontakt mit mehreren Schiffen, aber keine schnelle Hilfe in Sicht. 1.15 Uhr. Der Bug läuft mit Wasser voll, die Passagiere erkennen endlich den Ernst der Lage. 2.10 Uhr. Das Heck erhebt sich aus dem Wasser, die Schiffsschraube wird sichtbar. 2.20 Uhr. Die Titanic sinkt. 4.10 Uhr. Die SS Carpathia kommt an der Unglücksstelle an und nimmt die Überlebenden auf. Von den 2.224 Menschen an Bord der Titanic können am Ende 710 gerettet werden. Das ist die Bilanz jener schrecklichen Nacht vom 14. auf den 15. April 1912. Diese Nacht ist nicht nur in die Geschichte der Seefahrt eingegangen. Sie steht auch synonym für das blinde Vertrauen in die Technik oder den Größenwahn von Ingenieuren, die sich mächtiger wähnen als die Natur.

Die letzten Telegramme der Titanic, die sich seit 1992 im Besitz der Museumsstiftung befinden, zeichnen ein Bild der Katastrophe. Sie machen auch die Fehler jener Nacht deutlich. Da waren die Eisbergwarnungen, die andere Schiffe bereits Tage vor der Reise und auch noch am selben Tag aussandten. Doch nicht alle Warnungen wurden weitergegeben, weil die Funker mit der Übermittlung privater Nachrichten von Reisenden beschäftigt waren. Und wenn sie sie weitergeleitet haben, dann an verschiedene Personen. Der Kapitän und die Offiziere erhielten zwar mehrere Warnungen, sie hatten aber nie einen Überblick über die gesamte Lage. Zu den Informationsdefiziten kommen noch die offensichtlichen Fehler, die sprichwörtlich geworden sind: die Rettungsboote, die nicht ausreichten oder die unerfahrene Mannschaft.

Aber was bedeutet eigentlich »letzte Telegramme der Titanic«? Müssten sie nicht ebenso auf dem Grund des Meeres liegen? Dass es sie dennoch gibt, liegt im Wesen der Funktelegrafie. Funkwellen breiten sich in alle Richtungen aus, sodass jedes Schiff im Umkreis eines sendenden Schiffes die Nachrichten empfängt. Außerdem war die Funktelegrafie zum Zeitpunkt des Unglücks noch ein sehr junges Medium. Die Sender hatten nur eine begrenzte Reichweite: Lange Strecken – etwa zur nächsten Küstenfunkstelle – konnten nur überwunden werden, indem Mitteilungen von Schiff zu Schiff weitergegeben wurden. Der Funker wusste zunächst nicht, für wen die Mitteilung bestimmt ist und was sie enthält. Er hörte die Nachricht über einen Kopfhörer und schrieb alle empfangenen Funksprüche in eine Kladde. Nur die Telegramme, die etwa an Bord des eigenen Schiffes zugestellt wurden, übertrug er später in ein Telegrammformular. Da alle auf denselben Frequenzen sendeten, war der größte Teil des Funkverkehrs aber normalerweise irrelevant. Häufig bekamen die Funker dieselbe Nachricht von mehreren Schiffen weitergeleitet. Dieser dichte Funkverkehr hatte zur Folge, dass es immer mehrere Stellen gab, die dasselbe Telegramm aufzeichneten.

Schon wenige Tage nach dem Unglück richtete der amerikanische Senat eine Untersuchungskommission ein, in Großbritannien fand eine offizielle Seegerichtsverhandlung statt. Anhand von Zeugenaussagen und der ein- und abgehenden Telegramme wollte man die Schuldfrage beurteilen. Marconi's Wireless Telegraph Co., in dessen Diensten die Funker der Titanic standen, war dabei gerne behilflich, denn die Rettung der 710 Überlebenden war die beste Werbung für das neue Medium Funk. Marconi forderte von allen Schiffen und Landstationen Abschriften der vor, während und nach dem Unglück empfangenen Funksprüche. Diese wurden auf Papierbögen aufgeklebt, chronologisch und inhaltlich sortiert und zu gehefteten Übersichten zusammengefasst. Zwei davon besitzt die Museumsstiftung: Ein Konvolut von 85 Telegrammen »Messages to and from Titanic – April 12th to 15th« und ein weiteres von 74 Telegrammen »Messages relating to Ice in the Vicinity of Titanic disaster«.

So war es möglich, aus den Tausenden Telegrammen den Ablauf des Unglücks und der Rettung zu rekonstruieren. Im Ergebnis der Untersuchungen wurden 1912 erstmals Vorschriften erlassen, die den Funkverkehr auf See regeln. So muss auf Schiffen mit mehr als 50 Personen ein Funkgerät vorhanden sein – mit durchgehender Besetzung Tag und Nacht. Denn neben den beschriebenen Fehlern darf eines nicht vergessen werden: Nur über die Funkverbindung zu umliegenden Schiffen konnte Hilfe gerufen und immerhin mehrere Hundert Menschenleben gerettet werden. JULIA SCHOPFERER

~ Nº54 ~

BRIEFTASCHE MIT EINSCHUSSÖFFNUNG

aus dem Besitz des Soldaten Hans Schröder

~

Papier, Pappe, Leinengewebe

1915–1918

EINE BRIEFTASCHE RETTET LEBEN Bis zu seinem Tod 1987 im Alter von 91 Jahren bewahrte Hanning Schröder diese Brieftasche als besonderes Erinnerungsstück auf. Sie hatte ihm im Ersten Weltkrieg das Leben gerettet. Damals war es noch üblich, dass in den Brieftaschen der Herren neben Geldscheinen und Ausweisdokumenten auch Briefe mit sich getragen wurden – ganz im Sinne der Entstehung der Brieftasche als kleines Behältnis für den privaten Brieftransport. Nach dem Notabitur kam für Hans Schröder, der sich später als Musiker Hanning nannte, im Herbst 1915 die Einberufung zum Kriegsdienst in der Infanterie. Er kämpfte in den folgenden Jahren sowohl an der Ost- als auch an der Westfront, erhielt Auszeichnungen und Beförderungen. Während eines Gefechts in Marcelcavo in der Nähe von Amiens im Norden Frankreichs traf ihn am 9. Juli 1918 ein Granatsplitter und verletzte den erst wenige Tage zuvor ernannten Unteroffizier einer Maschinengewehr-Kompanie schwer am Bein. Das Metallgeschoss, das glücklicherweise in seiner Brieftasche stecken blieb, die er in der Brusttasche seiner Uniform bei sich hatte, könnte auch von diesem Kampf stammen. Der mehrere Zentimeter große Splitter ist verloren gegangen. Ob noch im Krieg oder danach, wir wissen es nicht. In dem Briefbehältnis befinden sich ein dicker Block von 20 ungeschriebenen Feldpostkarten sowie eine Reclam-Ausgabe Faust Teil I, die die Wucht des Geschosses hauptsächlich aufgefangen haben, einige vom Splitter beschädigte Feldpostbriefe aus dem Juni und vom 1. Juli 1918 sowie unbeschädigte Fotografien, Karten und Briefe aus der Zeit vor dem 6. Juli 1918. Dieser Einschuss kann also, wenn nicht gleichzeitig am 9., dann nur in den Bombardements davor ab dem 1. Juli erfolgt sein, da Schröder danach in den Lazaretten in Stettin und Rostock lag. Das Kriegsende erlebte der 22-Jährige bei einer Ersatzeinheit in Lübeck. Die Entlassung aus dem Militärdienst fand Anfang 1919 statt.

Feldpost war für die Soldaten im Ersten Weltkrieg das wichtigste Kommunikationsmittel zwischen Front und Heimat. Das deutsche Feldpostaufkommen betrug annähernd 29 Milliarden Sendungen, darunter auch die vielen Päckchen, die sogenannten Liebesgaben. Als ein starkes Bindemittel sowohl zwischen den Soldaten und ihren Familien, Freunden und Bekannten als auch innerhalb der Gesellschaft daheim waren Feldpostbriefe für die Angehörigen und Freunde der Soldaten Lebenszeichen, Überlebenszeichen. Für die Empfänger an der Front bedeuteten die Briefe aus der Heimat Überlebenshilfe und Kampfunterstützung. Kaum ein Brief, aus dem nicht die Freude über die erhaltene Post hervorgeht und der Wunsch spricht: »Bitte schreibe bald wieder!«

Feldpostbriefe dienten dem Informationsaustausch und pflegten die Beziehung der Korrespondenzpartner. Jeder Feldpostbrief war auch schriftlicher Ausdruck der Sorge um den anderen und des Wartens auf Post mit neuen Nachrichten. Die Soldaten beschrieben ihr Leben an der Front, ihre Hoffnungen und Erwartungen, ihre Sicht auf den Krieg und den Gegner und erhielten Informationen aus der Heimat. Oft thematisieren die Briefe vergangene und zukünftige Gemeinsamkeiten der Korrespondenzpartner.

Nach dem Krieg studierte Hans Schröder zuerst Medizin, dann Musik und wurde mit der Zeit ein bekannter Komponist und Musiker. Während des Zweiten Weltkriegs versteckte er mit seiner Ehefrau 1944/45 in Berlin ein jüdisches Ehepaar. 1978 ehrte ihn die israelische Gedenkstätte Yad Vashem als »Gerechter unter den Völkern«. Die von ihm und später von der Familie wohl gehütete Brieftasche erhielt das Museum für Kommunikation Berlin mit weiteren Dokumenten und Fotos seiner Militärzeit im Jahr 2014 als Geschenk von seiner Tochter Nele Hertling anlässlich der Ausstellung *Netze des Krieges – Kommunikation 1914–1918*. VEIT DIDCZUNEIT

~ Nº 55 ~

LÖSCHFUNKENSENDER NACH MAX WIEN

mit Löschfunkenstrecke, Kondensator und Antennenabstimmspule

~

Metall, Keramik, Holz

NACH 1916

JETZT FUNKT'S Die ersten Sender, die nach der Entwicklung des Funks durch Guglielmo Marconi im Jahr 1896 verwendet wurden, waren sogenannte Knallfunkensender. Sie nutzten als Hochspannungsquelle einen Funkeninduktor, mit dem sich über eine Funkenstrecke rasch aufeinander folgende Hochspannungsimpulse von bis zu 250 Kilovolt erzeugen lassen. Diese wurden bei Marconi direkt an die Antenne abgegeben, sodass bei schlechtem Wirkungsgrad ein breites Frequenzspektrum abgestrahlt wurde. Seinen Namen erhielt der Knallfunkensender, weil die Entladung über die mehrere Zentimeter breite Funkenstrecke von mehr oder weniger lautem Knallen begleitet war. Spötter behaupteten, dass dieses Geräusch weiter zu hören sei, als der Sender zu empfangen wäre.

Gestützt auf seine sehr weitreichenden Patente gelang es Marconi, mit der Marconi's Wireless Telegraph Co. und der Marconi International Marine Communication Co. fast ein Weltmonopol für die neue Technik zu errichten. Gegenspieler waren lediglich die deutschen Systeme von Karl Ferdinand Braun (Siemens & Halske) und von Georg Graf Arco mit Adolf Slaby (AEG), die nach verschiedenen Patentstreitigkeiten auf Druck Kaiser Wilhelms II. 1903 in der Gesellschaft für drahtlose Telegraphie m.b.H. System Telefunken zusammengeführt wurden.

1906 erdachte der Physiker Max Wien als Alternative zum Knallfunkensender den Löschfunkensender. Er wurde bis 1908 bei Telefunken zur Serienreife entwickelt und bestand aus zahlreichen ringförmigen Elektroden mit nur 0,2 Millimeter Abstand zueinander, die in Serie hintereinander angeordnet waren. Durch den kurzen Abstand und eine Kühlung der Elektroden wurde erreicht, dass die Funken sofort wieder erloschen (daher der Name) und – anders als beim Knallfunkensender – keine Energie mehr zurück in den Primärschwingkreis fließt. Auf diese Weise konnten 50 bis 70 Prozent der Schwingungsenergie über die Antenne abgestrahlt und deutlich größere Reichweiten erzielt werden. Schon 1909 wurde mit einem Löschfunkensender von 25 Kilowatt Leistung eine Reichweite von 4.600 Kilometern erreicht. In der Folge verdrängten die Löschfunkensender die bis dahin eingesetzten Knallfunkensender schnell – auch weil sich die Knallfunkensender in den Kopfhörern der Empfänger lediglich durch ein von atmosphärischen Störungen schlecht zu unterscheidendes Knacken hörbar gemacht hatten, während der neue Sendertyp im Empfänger einen *reinen* Ton erzeugte.

Der Telefunken gelang es, mit Einführung des Löschfunkensenders 1908 das zuvor weltweite Monopol für den Seefunkverkehr der britischen Marconi's Wireless Telegraph Co. zu brechen. Das Argument von Telefunken, man habe für die Freiheit des Weltfunkverkehrs im Allgemeinwohl gehandelt, war aber nur vorgeschoben. Telefunken gab sich alle Mühe, das Marconi-Monopol in ein Duopol Telefunken/Marconi zu verwandeln und verständigte sich mit Marconi auf eine Abgrenzung der Einflusssphären: Marconi war über Tochtergesellschaften im Vereinigten Königreich, Frankreich und den Vereinigten Staaten Monopolist, Telefunken stattdessen im Deutschen Reich und später in Südamerika. 1911 gründeten Siemens,

AEG und Telefunken zusammen mit der Brüsseler Marconi-Tochter Compagnie de Télégraphie sans Fil für den Seefunkverkehr die Deutsche Betriebsgesellschaft für drahtlose Telegraphie m.b.H. (DEBEG), die weltweit die Funkstationen der vier beteiligten Unternehmen nutzen konnte.

Gegen die in Deutschland marktbeherrschende Telefunken konnte sich zunächst vor allem die C. Lorenz AG behaupten, die ab 1906 funktechnisches Gerät herzustellen begann. Lorenz erwarb die Patente des dänischen Ingenieurs Valdemar Poulsen, an denen Telefunken zuvor kein Interesse gehabt hatte. Mit Poulsens Lichtbogensender ließen sich – anders als mit Telefunkens Löschfunkensender – nicht nur Morsezeichen, sondern auch Sprache und Musik übertragen. Diese Sender wurden ab 1910 vorwiegend von der Kaiserlichen Marine eingesetzt. Daneben entwickelte Lorenz ab 1908 Hochfrequenz-Maschinensender – riesige Anlagen, mit denen Übersee-Sprechfunkverbindungen in die USA hergestellt werden konnten.

Nach Telefunken und Lorenz gelang es nur noch der Dr. Erich F. Huth Gesellschaft für Funkentelegrafie mbH, sich als vorerst letztes Unternehmen vor Einführung des Rundfunks im Jahr 1923 auf dem Markt für Hochfrequenztechnik zu etablieren. Huth hatte bereits vor 1914 – etwa mit den Detektorempfängern E 1 bis E 17 – vor allem militärisches Funkgerät gebaut. Während des Ersten Weltkriegs – als die Nutzung der neuen Technik als strategisches und taktisches Kampfmittel beständig ausgeweitet wurde – erlebte Huth wie die anderen Unternehmen der Funkindustrie seinen ersten großen Boom.

Das Hauptproblem für Huth, Lorenz und andere bestand darin, dass die Telefunken GmbH – ausgehend von den Erfindungen und Patenten von Adolf Slaby, Georg Graf von Arco und Karl Ferdinand Braun – fast alle weiteren für den Funk wichtigen Patente in Deutschland angesammelt hatte. So war der Bau von Funkgeräten ohne Zugriff auf Telefunken-Patente in Deutschland praktisch nicht möglich. Die Konkurrenz entwickelte daher Alternativen, um die Schutzrechte von Telefunken umgehen zu können. Die Lorenz AG nutzte in ihren Vieltonsendern von Otto Scheller und Hans Rein entwickelte kalottenförmige Löschfunkenstrecken, in deren verstellbaren Entladungsraum Spiritus tropfte und verdampfte, um ein schnelles Abreißen der Funken zu erreichen.

Huths Konstruktion umfasste eine käfigförmige Löschfunkenstrecke, die sechsfach unterteilt war und aus einzelnen Silberrohren bestand. Deren Abstand ließ sich für jede Funkenlänge einstellen, wobei die Rohre drehbar angeordnet waren, sodass man die Funken stets auf neue Mantellinien der Rohre überspringen lassen konnte. Nach diesem System lieferte Huth Sendeempfänger unterschiedlicher Größe für Flugzeuge und Zeppeline der Flieger- und Luftschiffertruppe, auch den zentralen 3,5 Kilowatt-Löschfunkensender für die Flugwettermeldungen des Observatoriums Lindenberg.

Allerdings war Telefunken mit ihrer Senderkonstruktion die nahezu perfekte Umsetzung des Konzepts von Max Wien gelungen – klein, leicht, effizient, ohne zusätzliche elektrische oder mechanische Konstruktionen zur Kühlung und Entionisierung der Funkenstrecke und daher wartungsarm und zuverlässig. Andere Konstruktionen von Löschfunkensendern waren dieser Konkurrenz nicht gewachsen und verschwanden bald wieder, insbesondere als während des Kriegs die Ausrichtung des deutschen Funkwesens eine rein militärische war und das Genehmigungsrecht für Funkanlagen vom Reichspostamt auf das Kriegsministerium überging. Auch Huth baute nun Löschfunkenstrecken nach dem System Telefunken in seine Sender ein.

Zu diesem Zeitpunkt allerdings deutete sich bereits an, dass die Zukunft den Röhrensendern gehören würde, die nicht nur kleiner und deutlich leistungsfähiger waren, sondern sich auch für Telefonie eigneten – also Sprache und Musik übertrugen. Die Löschfunkensender spielten bereits gegen Kriegsende nur noch eine nachgeordnete Rolle. Vorhandene Sender wurden zwar vor allem auf Schiffen weiter genutzt, doch die Weltfunkverträge von 1927 (Washington), 1938 (Kairo) und 1959 (Genf) beschränkten den Neueinsatz der breitbandigeren und weniger frequenzkonstanten Löschfunkensender mehr und mehr. 1965 wurde der Betrieb der letzten verbliebenen Löschfunkensender als Notsender endgültig verboten. FRANK GNEGEL

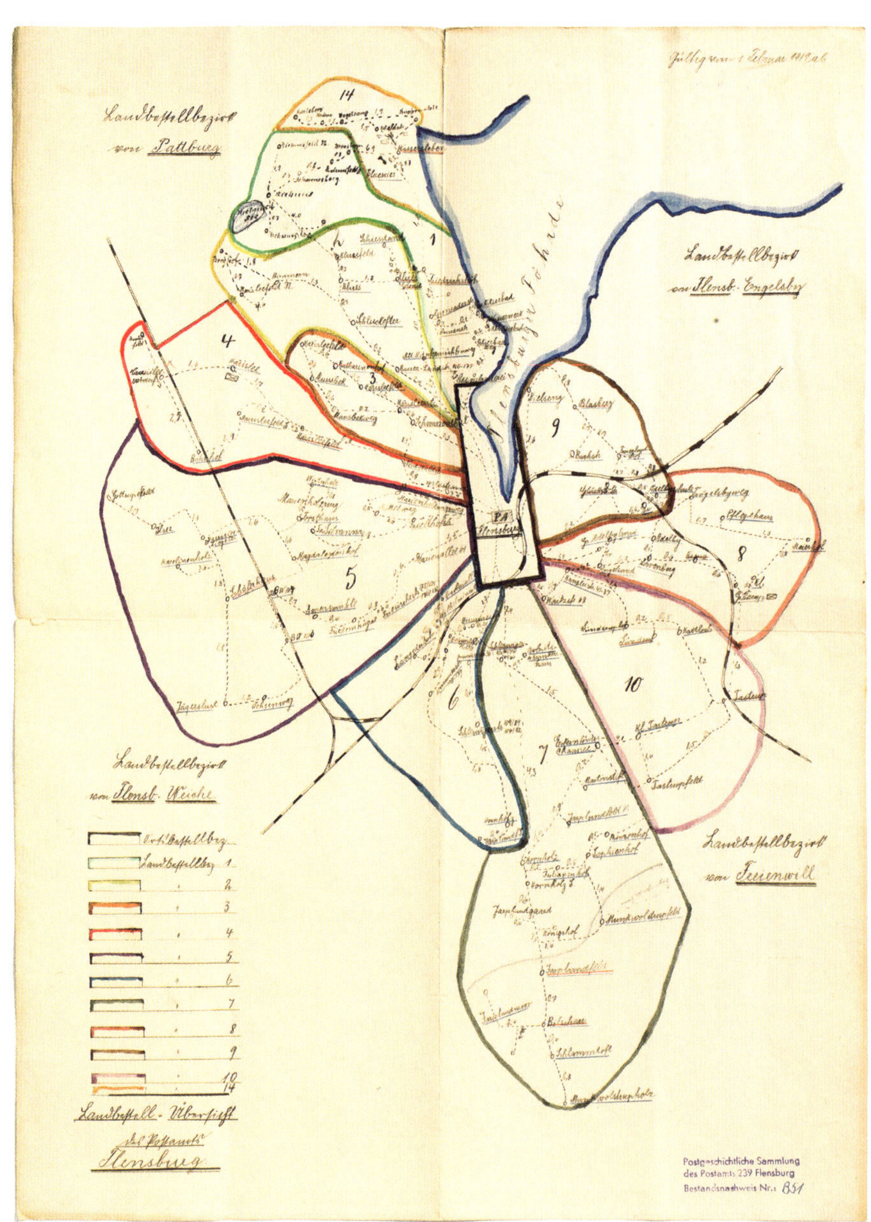
Postgeschichtliche Sammlung
des Postamts 239 Flensburg
Bestandsnachweis Nr.: 851

~ N°56 ~

LANDBESTELLÜBERSICHT

handgezeichnetes Hilfsmittel für den Postverteil- und Zustelldienst

~

Papier

1919

KRITZEL, KARTE, KUNST? Staunen, blankes Staunen beim ersten Blick auf einen rätselhaften Fund in einer Kladde alter Karten. Eine noch nie gesehene, künstlerisch anmutende Zeichnung, auf der das Flensburger Umland mit kräftig bunten Linien in bestimmte Gebiete aufgeteilt ist. Die Stadt Flensburg im Zentrum der Darstellung ist auf das Kürzel »PA Flensburg« reduziert. Unauffällig symbolisiert dieses Zeichen den einst prächtigen Neorenaissance-Bau des Flensburger Hauptpostamts in der Rathausstraße / Ecke Norderhofenden. Von diesem Knotenpunkt ausgehend, durchziehen per Hand gezeichnete schwungvolle Linien das Flensburger Umland. Was auf den ersten Blick einer eigenwillig skizzierten Sommerblume gleicht, ist der bildhafte Arbeitsplan der Flensburger Landzusteller, die sogenannte Landbestellübersicht des Postamts Flensburg. Das Gebiet ist in elf Landbestellbezirke und einen Ortsbestellbezirk geteilt, innerhalb der Bezirke markieren fein gestrichelte Linien die Routen der Postzusteller. Die Skizze war gleichermaßen Orientierungshilfe für den Landzusteller als auch Hilfsmittel beim Vorsortieren und Verteilen der eingehenden Post, und sie diente dem Hauptpostamt zur Dokumentation des Landzustelldienstes.

Ab 1882 bestand die Vorschrift, für den Landpostdienst Übersichten anzufertigen. In jeder Postanstalt mit Landzustellung hatte eine genaue Beschreibung samt Kartenskizze der mit Post zu versorgenden Gebiete vorzuliegen. Während ein Formular tabellarisch die Siedlungen, ihre Einwohnerzahl, die Entfernungen von Ortsmitte zu Ortsmitte, Ankunfts- und Abfahrtszeiten und die einzelnen Zustellbezirke erfasste, gab die Kartenskizze auf einen Blick die Aufteilung in Zustellbezirke wieder. Für den Landbriefträger war die klare Darstellung der täglich zu absolvierenden Routen, besonders zu Beginn seiner Tätigkeit, ein unentbehrliches Hilfsmittel.

Zwischen der Siedlung Kupfermühle im äußersten Norden und Munkwolstrupholz im Süden von Flensburg liegen etwa 14 Kilometer Naturstrecke. Dazwischen verlaufen die Routen, an denen Orte und kleine Siedlungen, Abzweige, Entfernungen, Hausnummern und markante Punkte wie das Krankenhaus, ein Stift und Gehöfte mit ihren gängigen Namen vermerkt sind. Bis zu 40 Kilometer konnte die Tagesleistung eines Landzustellers betragen, im Durchschnitt waren es um die 20. Noch um 1900 zählte der Arbeitstag 12 bis 15 Stunden, im steten Wechsel von Post übernehmen, beladen, verteilen, Geld abrechnen und vor allem dem Fußmarsch mit voll bepackten Taschen. Der »Fahrende Zusteller« hatte zudem sein Pferd selbst zu versorgen, das er vor Aufnahme der Tätigkeit auf eigene Kosten erwarb.

Die Postzustellung auf dem flachen Lande entwickelte sich allmählich, unterschiedlich von Land zu Land. Erst im 19. Jahrhundert erfolgte sie auf institutioneller Basis nach festen Regeln mit dem Anspruch auf Zuverlässigkeit und Regelmäßigkeit. Bis dahin beruhten das Zustellen und Einsammeln von Post in entlegenen Flecken und Einzelsiedlungen auf Gefälligkeitsdiensten, auf dem eigenen Erfindungsgeist und vor allem auf eingespielten Mitnahmeabsprachen privater Natur. Auch der legendäre Postillion brachte die Post in der Regel nur an größere Orte, die an den Postkursen lagen.

Der entscheidende Durchbruch in der Landzustellung erfolgte in den 1860er Jahren. Das rasant gestiegene Postaufkommen im Brief-, Paket- und Zeitungsdienst, die Einführung von Postanweisungen und Nachnahmesendungen und die wirtschaftliche Entwicklung insgesamt verlangten eine durchgreifende Reform und den Ausbau dieses Dienstzweiges. In Schleswig-Holstein wurde die Landzustellung per Verfügung vom 1. Juli 1865 allgemein eingeführt. Bis dahin erfolgte die Zustellung nur in größeren Dörfern. Die tägliche Zustellung nach festen Plänen, Routen und Preisen war das Ziel. Ab 1880 war in Preußen auf dem Lande bereits werktags die zweimalige und sonntags die einmalige Zustellung angestrebt. Als wesentliche Neuerung kam ebenfalls zu dieser Zeit die Ausstattung der Zusteller mit Fuhrwerken hinzu. Lange aber noch halfen Familienmitglieder oder fremde Personen den Landzustellern.

Als wundersames Relikt einer Arbeitswelt, die es so nicht mehr gibt, blieb die Skizze der Landbestellbezirke vom Postamt Flensburg erhalten. Da nur noch sehr wenige dieser Zeichnungen existieren, liegt die Vermutung nahe, dass es das Besondere, die originelle Ausführung der Darstellung war, die das Blatt vor dem Verschwinden bewahrte. MIRJAM KASPERL

~ Nº57 ~

VERTEILTISCH MIT WERTGELASS

aus einer Postagentur in Lohme auf der Insel Rügen

~

Holz, Metall

UM 1920

MEHR POST FÜRS LAND Der Ort Lohme auf Rügen besaß ab 1882 im Zuge des einsetzenden Bädertourismus in den Sommermonaten eine Postagentur, die ab 1884 – ebenso wie in den Orten Binz und Göhren – »fortan auch während der nicht in die Badezeit fallenden Monate dem Verkehr geöffnet« blieb. Entsprechend ihres eher geringen Postaufkommens befand sie sich in einem Privatgebäude und wurde auch nur im Nebenerwerb betrieben. Sie war der Oberpostdirektion in Stettin unterstellt, die seit Juli 1868 auch für den ehemaligen Oberpostdirektionsbezirk Stralsund zuständig war.

Für jede Postagentur erstellte das zuständige Abrechnungspostamt des Bezirks ein Verzeichnis der Ausstattungsgegenstände. »Verluste oder Beschädigungen sind von den schuldigen Beamten zu vertreten«, hieß es in einer Dienstanweisung für Postagenturen aus dem Jahr 1903. Auch hinsichtlich der Instandsetzung, des Umtausches oder der Neuanschaffung von Ausstattungsgegenständen musste sich die Postagentur an die übergeordnete Stelle wenden. Penibel wurde das Inventar erfasst und sparsam über die Ausgaben gewacht. »Jeder unnötige Aufwand ist zu vermeiden«, mahnte noch die *Allgemeine Dienstanweisung* von 1931. Zur Ausstattung einer Postagentur gehörten neben einem Stempel, Dienstsiegel und Stempelkissen auch eine Waage mit Gewichtssatz, Beutelmesser, Wanduhr, Geldkasse und ein Tisch mit Aufsatz.

Dieses auch Verteiltisch genannte Möbelstück war das zentrale Büromöbel zum Arbeiten und Verwahren. Es bestand aus einem Tisch mit aufgesetztem Regal, dessen abschließbare Frontklappe im offenen Zustand als Arbeitsfläche diente. Hergestellt wurde dieses Arbeitsmöbel vermutlich von einem örtlichen Möbeltischler. Dass es hier weniger um ein repräsentatives als um ein funktionales Möbelstück ging, zeigen die Wahl des preisgünstigeren Kiefernholzes und die diversen sichtbaren Reparaturen und Veränderungen. Der Tisch mit seinen gedrechselten Beinen und zwei Schubladen dürfte nahezu dem Originalzustand entsprechen. Es fehlt allerdings die Linoleumschreibauflage, und bei der Reparatur der linken Schublade wurde vom Tischler die geringfügig verzierte Oberkante gekappt und durch ein einfaches Brett ersetzt. Das beschädigte obere Querholz des Schubladenlochs wurde entfernt, ein Metallbügel hinzugefügt. Eine einheitliche Farblackierung kaschierte dieses auf den ersten Blick. Stärker war der Eingriff bei dem Regalaufsatz, der vermutlich eine spätere Anfertigung ist, wie zwei leere Holzdübellöcher in der Tischplatte zeigen. Das Regal ist schlichter gehalten als der Tisch. Vermutlich aus Sicherheitsgründen wurde um 1926 ein Wertgelass eingefügt, das von der Oberpostdirektion Stettin an das Postamt Stralsund und von dort an die Postagentur in Lohme gelangte. Der Postverkehr, der damals überall zunahm, erhöhte auch die Geldeinnahmen in den kleinen Agenturen. Da die Abmessungen der Regalstreben für das Wertgelass zu schmal waren, wurde die daneben liegende Strebe versetzt. Auch die Regalrückwand entsprach nicht ganz den Abmessungen des Wertgelasses der Firma Fuhrmann aus Berlin und wölbte sich entsprechend nach außen. Um das Wertgelass nicht auf den ersten Blick kenntlich zu machen, wurde die bereits vorhandene schmalere Holztür mit einem Brett verbreitert und daran ein einfacher Metallring befestigt.

Wann genau die Änderungen vorgenommen wurden, ist nicht bekannt, sie dürften aber unter anderem in den 1920er Jahren ausgeführt worden sein. Noch bis zum Ende der Deutschen Post der DDR wurde das Möbelstück genutzt und kam wenige Jahre später ins Berliner Postmuseum. 2015 erfolgte eine umfangreiche Restaurierung. Dabei wurde die von Holzwürmern befallene Rückwand ausgebaut und zeitweilig unter Quarantäne gestellt.

Der Verteiltisch mit Wertgelass gehört innerhalb der Möbelsammlung der Museumsstiftung zu den in der Anzahl überschaubaren Objekten, von denen wir den Verwendungsort nachweisbar kennen. Gerade bei Tischen, Stühlen und Regalen sowie kleinerer Büroausstattung wurden in früheren Zeiten in den Postmuseen keine Provenienzen erfasst. Demgegenüber stellen die immobilen Schalteranlagen eine Ausnahme dar. Die Postämter, in denen die Schalter eingebaut waren, sind bekannt, die Hersteller, meist örtliche Handwerker, dagegen nicht. BJÖRN EGGERT

~ Nº58 ~

HANDWAGEN POST 22

idealtypisch beladen für den Fernmeldebau in München

~

Holz, Metall

UM 1920

FERNMELDEBAU MIT HANDWAGEN Für den Erfolg einer von Menschen erdachten und hergestellten Sache ist vermutlich der universelle Gebrauch das wesentliche Element – archetypische Baugruppen bleiben trotz immer neuer Entwicklungszyklen erhalten. So verleihen Klassiker wie die abgebildete Musealie, der Handwagen POST 22, mit annähernd uneingeschränkter Nutzbarkeit Ideen und Konstruktionen ein langlebiges Dasein.

Ein diese These stützendes Beispiel, wonach Ideen zeitlos sein können, stellt der zwei- oder vierrädrige Wagen für den Betrieb mit Zugtieren und das kleinere Pendant der Handwagen dar, der – mit Ladekonstruktionen wie beispielsweise Rungen, Kastenaufbauten, Spezialbehältnissen und Griff- sowie Zugvorrichtungen ausgestattet – für den Menschen seit gut 5.500 Jahren Allround-Transportdienste leistet. Gewiss wäre das Fehlen dieses elementaren Logistik-Instruments in einer Sammlung zum Themenumfeld Transport undenkbar, zumal das Konzept – Funktion und Form – auch von den sich rasant vollziehenden Veränderungen der allgegenwärtigen Technisierung seit dem 19. Jahrhundert unberührt blieb. Folglich belegen die etwa hundert ausgemusterten und im Post- und Kommunikationswesen unterschiedlicher Epochen Lasten befördernden Wagen augenscheinlich nicht nur die Diversität des Themas, sondern sind ein treffliches Beispiel für die veränderte In-Wertsetzung eines Arbeitsgeräts, das als Wegbegleiter neuer Formen der Arbeitsorganisation mit zunehmender Arbeitsteilung verstanden werden kann.

In diesem Sinn bleibt festzuhalten, dass – auch wenn kein *Urwagen* aus den erwähnten Anfängen des Transports die Sammlungen des Postmuseums ziert – die angelegte Typenschau doch ein beachtlicher Beleg für das methodisch vergleichende Sammeln technischer Objekte ist, das mit dem Handwagen POST 22 nicht nur einen zuverlässigen Begleiter der Telegrafenbauarbeiter und -handwerker dokumentiert, sondern ein Paradebeispiel zur Darstellung der Arbeitskultur als Teil des historischen Prozesses der Industrialisierung in Bayern ist, zu der die Anwendung neuer Kommunikationstechniken gehörte. Der Handwagen wird in der Sammlung ferner als Fernmeldebauwagen systematisiert und ist in abgebildeter Ausführung noch in den Materialtaschenheften der Deutschen Bundespost des Jahres 1983 verzeichnet. Grau gefasst mit der beidseitigen schwarzen Beschriftung »POST 22« diente der Handwagen als Geräte- und Materialtransporter gleichermaßen und ist letztlich bis zu seiner Übernahme 2004 in die Sammlung der Museumsstiftung vom zwischenzeitlich aufgelösten Fernmeldezeugamt München als Anschauungsobjekt benutzt worden. Bei näherer Betrachtung lassen Gebrauchsmale die intensive Nutzung erkennen. Erfreulicherweise stand für die Vorbesitzer die Erhaltung der Authentizität im Vordergrund. Bis auf die erwähnte in Anlehnung an die Wagenfarbe ausgeführte Rekonstruktion blieb der Wagen unverändert. Zwar kündet der mit der Zeit dünn gewordene Wagenboden vom langen Widerstand gegen das sperrige Transportgut – das Telegrafenbauzeug –, aber das ist Vergangenheit. Drahtrollen, Porzellandoppelglocken, Eisenprofile und eigentlich auch Stangen (Masten) gehörten dazu – wobei davon ausgegangen werden darf, dass Stangen von einem aus dem forst- und landwirtschaftlichen Milieu bekannten und mit Pferdekraft gezogenen Langholzwagen den Ort wechselten. Ferner kam das Telegrafenbaugerät hinzu: handelsübliche Werkzeuge für die Metall-, Holz- und Bodenbearbeitung sowie Brennstempel, Drahtreiter, Erdbohrer, Federwaagen, Flaschenzüge, Froschklemmen, Isolations-Abziehzangen, Kabelwinden, Kanalbürsten, Lampenzieher, Lötlampen, Plattenheber, Steigeisen, Thermometer und so weiter. In Anbetracht der Aufzählung liegt die Annahme nahe, dass die Bestückung der Handwagen entsprechend der Arbeiten variierte, da Menge und Größe der Werkzeuge den Wagen überfrachtet hätten. Ohnehin unterschied sich das Werkzeug für Installations- und Wartungsarbeiten an Oberleitungen eminent vom benötigten Gerät in Gräben und Kanälen. Gleiches gilt für den Bau, also die Neuinstallation im eingehenden 20. Jahrhundert. Hiervon unberührt bleibt die Tatsache, dass unhandliches, zum Teil schweres Werkzeug einen robusten und, wenn erforderlich, modifizierbaren Wagen benötigt.

Unter dem Chassis mit zwei Längsträgern, die sich zu Griffstangen verjüngen, wird eine geschmiedete Starrachse gehalten, auf deren zwei Enden jeweils ein stahlbereiftes Holzspeichenrad mit Gleitlager montiert ist. Vier demontierbare Bordwände bilden den Wagenkasten, die mit Zapfen in Eisenhalterungen am Wagenboden stecken. An den Längsseiten sind jeweils zwei grobe Flacheisen-U-Haken zur Aufnahme der benötigten Werkzeuge befestigt, die wegen ihrer Länge nicht in den Wagenkasten passen. Verwendete Beschläge, der Raddurchmesser von etwa einem Meter und die Materialdimension sind auf die erwarteten Einsatzbedingungen mit 500 Kilogramm Traglast abgestimmt; zwei Eisenstützen halten den Handwagen beinahe waagerecht in der Balance. Mit derartigen Wagen fuhren in München gewiss bis in die 1930er Jahre Ortsbautrupps von den verantwortlichen Postbehörden mit jeweils bis zu sechs Telegrafenbauhandwerkern und Telegrafenarbeitern zu ihren Baustellen – und sicher auch in den Jahren nach dem Zweiten Weltkrieg. Wie bereits bei der Bestückung ausführlich dargelegt, lassen auch die Arbeiten selbst Zweifel hinsichtlich der Praktikabilität aufkommen und legen den Schluss nahe, dass die verschiedenen Einsatzorte im Baubezirk nur mit unterschiedlich ausgestatteten Handwagen pro Bautrupp zu erledigen waren. Beim Aufrichten der Stangen beispielsweise erforderte das Gewicht die Kraft von mehreren Männern, die Stück für Stück die Mastgabeln nachsetzten, bis die Stangen schließlich in die ausgehobenen Löcher fielen. Platz war am Handwagen jedoch nur für zwei oder vier Drahtgabeln. Letztere Ausstattung hätte jedoch die Mitnahme weiterer langer Geräte ausgeschlossen. So liegt die Vermutung einer Geräteteilung nahe – oder kurz gesagt: Kleine Wege und Arbeiten brauchen kleine Wagen und umgekehrt.

Freilich bleibt nach der Zusammenschau der Quellen dennoch offen, ob der Handwagen POST 22 nun bereits der Königlich Bayerischen Post oder nach 1920 der Deutschen Reichspost diente, aber das ist eine institutionsgeschichtliche Frage, die für die Einordnung des universellen Geräts als Gegenstand der Arbeits- und

Sozialgeschichte kaum von Belang ist. Jedoch sollte deshalb auf die weitere differenzierte Betrachtung nicht verzichtet, sondern vielmehr künftige Ausstellungen als willkommene Gelegenheit zu weiteren Recherchen genutzt werden. Mit dieser Auffassung im »Gepäck« lässt sich der Frage nachspüren, wie ein typischer Telegrafenarbeiter um 1900 in München lebte und – aus heutiger Sicht – ganz einfache lebenspraktische Dinge erledigte. So etwa, ob sich der in Tagelohn stehende und als Saisonkraft tätige Nutzer des Handwagens in Zeiten extremer Wohnungsknappheit sein Nachtlager als sogenannter Schlafgänger nach der Arbeit teilte. Auch Gedanken zum »neuen« Mittelstand zu Beginn des 20. Jahrhunderts sind die Betrachtung wert, insbesondere deshalb, da die Staatsdiener – vor allem bei Post und Eisenbahn – die Profiteure waren und das neue sowie sichere bürgerliche Lebensmodell weitreichende Folgen für beispielsweise Umgangsformen, Freizeitverhalten und Familienleben hatte. Nicht weniger originell ist die Annahme, dass ein Telegrafenbautrupp mit dem Handwagen in den unübersichtlichen Bürgerkriegswirren der ausgerufenen Bayerischen Republik 1918/19 eine ausschlaggebende Rolle bei der Aufrechterhaltung der Kommunikation in München zwischen preußischer Gesandtschaft und Berlin bis zum Eintreffen des entsandten militärischen Reichskontingents aus Thüringen spielte. Schlüssige Erklärungsmodelle für die Nummerierung »22« wären auch, dass der Wagen entweder Teil der früheren Ausstattung des Postamts 22 in der Münchner Unsöldstraße oder ganz einfach nur der 22ste von »x« Handwagen war. Dies alles zeigt auf verblüffende Weise beispielhaft, wie groß der »Garten« der angewandten Museologie ist, wenn man zu erkennen vermag, dass einem Objekt ein ungeahnter Paradigmenwechsel innewohnt – im besprochenen Fall vom Allround-Arbeitsgerät zum Allround-Thesen-Objekt.

Abgesehen von diesen Fragekonstruktionen wird deutlich, wie sehr die Wagen des Telegrafenbauwesens das Straßenbild geprägt haben, wenn man bedenkt, dass 1908 allein in Bayern 1.573 Telegrafen- und Telefonarbeiter wirkten. Gewiss ist auch, dass sich die Alltagsszene der ausrückenden Telegrafenbauer mit polterndem Handwagen je nach Entwicklungsstand der Gebiete nicht nur in Bayern, sondern überall in Deutschland zugetragen haben mag und im oft als stürmisch apostrophierten Zeitalter der Industrialisierung zwischen den zahlreichen kleinen Markt-, Umzugs-, Krämer-, Lieferanten- und Werkstattwagen unterging. Doch mit Rücksicht auf die lebhafte Zeit ist der geschäftige Tumult ein Sinnbild für das mehr und mehr institutionalisierte Wirken der Post zwischen Eisenbahnen, allgegenwärtigem Stahlbau und einer zunehmenden Industrieproduktion in Maschinenhallen, deren Zukunft sie maßgeblich mit ihren Diensten beeinflussen sollte. JOHN-ERNST LUDWIG

~ Nº59 ~

KAMMERAPPARATE

des Rohrpostamts W 66 in Berlin

~

Metall, Glas

1920ER JAHRE

DURCH BERLIN GEPUSTET Ein wenig archaisch muten sie schon an, die beiden Kammerapparate der Berliner Rohrpost in der Dauerausstellung des Museums für Kommunikation Berlin. Ihre gusseiserne und gedrungene Gestalt, die schweren luftdichten Verschlussklappen und ihre messingschimmernden Luftdruckmesser künden von einer hochindustriellen, uns heute so fern erscheinenden Zeit. Dabei ist es gerade einmal 40 Jahre her, dass von diesen Apparaten Rohrpostzüge abgesendet wurden und mit einer Geschwindigkeit von bis zu 50 Kilometern in der Stunde durch Berlins Untergrund rasten.

Ihren Ursprung hatte die Rohrpost in der sich rapide vernetzenden Welt des 19. Jahrhunderts. Mit Eisenbahn und elektrischer Telegrafie war es ab 1840 möglich, zunächst zwischen Städten eines Landes, dann eines Kontinents und schließlich der gesamten bewohnten Welt in kürzester Zeit Nachrichten auszutauschen. Allerdings endeten die Bahnstrecken und Kabel an wenigen zentralen Orten einer Stadt, so in Berlin am Haupttelegrafenamt und an den Bahnhofspostämtern. Der Umschlag an Briefen und Telegrammen war dort gewaltig. Doch für die letzten Kilometer zum Empfänger stand kein modernes Transportmittel zur Verfügung: Boten und Postfuhrwerke mussten sich durch die verkehrsverstopften Straßen mit ihren ständig wechselnden Baustellen der Gas-, Wasser- und Abwasserbetriebe quälen, um die Nachrichten zuzustellen. Nicht selten benötigte ein ausgefertigtes Telegramm für die letzte Strecke länger als die elektrische Übertragung aus London, Paris oder Wien. Ein unhaltbarer Zustand!

Die Lösung des Problems kam wie so oft aus dem Mutterland der Industrialisierung. In London betrieb man bereits seit 1863 eine unterirdische Bahn mit Luftdruck, um Post zwischen der Euston Station und dem Postamt Holborn zu befördern. Fasziniert von der Idee schlug Werner von Siemens eine ähnliche Lösung für Berlin vor und erhielt 1865 tatsächlich den Auftrag, eine Röhrenpost zwischen dem Haupttelegrafenamt und der Börse zu bauen. Trotz mancher Probleme, etwa einer hohen Wetterempfindlichkeit, waren die Geschwindigkeitsvorteile enorm: Nur anderthalb Minuten brauchten die mit Luftdruck angetriebenen Depeschenwagen für die 1,7 Kilometer lange Strecke. Überzeugt von den Chancen der Technik setzten sich nun Heinrich Stephan, Reichskanzler Otto von Bismarck und andere Befürworter für eine stadtweite Lösung ein, und so wurde am 1. Dezember 1876 die Berliner Stadtrohrpost mit anfangs circa 26 Kilometer Fahrrohr und 15 Rohrpostämtern eröffnet.

Die Funktionsweise der Berliner Stadtrohrpost war so einfach wie genial. Eilige Post konnte zunächst in den Rohrpostämtern aufgegeben werden. Dort wurden die Nachrichten zusammengerollt, in eine Rohrpostbüchse gesteckt und in einen Kammerapparat gelegt. Wegen des hohen Verkehrsaufkommens stellte man häufig mehrere Büchsen zu Zügen zusammen, die nach genau abgestimmten Fahrplänen verkehrten. Anschließend verschloss man den Kammerapparat luftdicht und ließ über ein seitliches Rohr Druckluft ein. Die Rohrpostbüchsen wurden nun durch die Fahrrohre gepresst, bis sie in die Kammer der Empfangsstation fielen. Von dort konnte die Post per Eilboten zugestellt oder zur nächstfolgenden Rohrpoststation weiterversendet werden.

Die Entwicklung der Rohrpost erfolgte seit der Eröffnung 1876 rasant: Noch vor der Jahrhundertwende wurden Strecken nach Wedding, Friedrichshain und Charlottenburg gebaut; bis 1910 kamen auch Halensee, Friedenau und Neukölln hinzu. Zum Zeitpunkt ihrer größten Ausdehnung in den 1940er Jahren verband die Berliner Rohrpost mit einem Fahrröhrensystem von 255 Kilometern Länge insgesamt 99 Stationen. Bis zu 9 Millionen Sendungen wurden pro Jahr mit ihr transportiert; in den Krisenjahren 1918 und 1944 waren es über 25 Millionen. Der hohe Durchsatz beweist die zentrale Rolle der Rohrpost für den Nachrichtenverkehr in Berlin. So nutzte sie nicht nur der Beförderung von Telegrammen vom und zum Haupttelegrafenamt. Auch die Anlieferung der Bahn- und Flugpost, der Postscheckverkehr und ein innerstädtischer Eilpostverkehr erfolgten mit »Luftzügen«. Erst nach der Teilung der Stadt, mit der zunehmenden Motorisierung und dem Rückgang des Telegrammverkehrs schwand die Bedeutung der Rohrpost. Sie wurde im Westen in den 1960er und im Osten in den 1970er Jahren stillgelegt.

Eingefügt in den riesigen Komplex des Generalpostamts hatte auch das frühere Reichspostmuseum seit 1876 einen unmittelbaren Anschluss an das Rohrpostnetz. Im Erdgeschoss des zur Mauerstraße zeigenden Gebäudeteils wurde zunächst das Rohrpostamt 5, später das Postamt W66 betrieben. Bis 1973 konnten hier Rohrpostsendungen empfangen und versendet werden. Danach blieben die Sendeanlagen wie auch die im Keller befindliche Maschinenstation im Betriebszustand der letzten Tage erhalten – ein Glücksfall für die Museumsstiftung. Denn aufmerksame Betrachter können an den Kammerapparaten und Luftverdichtern nicht nur die Arbeitsweise der Postbeamten rekonstruieren, sondern auch in die kuriose Geschichte des Postamts eintauchen. So sind an den Fahrrohren und Schalttafeln mit den Aufschriften W8 (Französische Straße) und W9 (Potsdamer Thor) noch die zuletzt angefahrenen Ziele zu erkennen. Zudem weisen die angebrachten Plaketten die Firma DeTeWe als Hersteller der beiden Kammerapparate aus, aber offenbar zu verschiedenen Zeiten: Während der für W8 zuständige Apparat das langgezogene, ab 1928 genutzte Firmenlogo der DeTeWe trägt und daher wohl erst um 1930 gebaut wurde, enthält die für den Apparat W9 gefertigte Plakette den Zusatz »Abt. Paul Hardegen« und verweist damit auf eine Bauzeit vor 1925. Letztmalig in diesem Jahr wurde der schon 1909 von DeTeWe übernommene Berliner Hersteller von Förder- und Rohrpostanlagen als Zweigbetrieb kommuniziert.

Wie lässt sich nun die ungewöhnliche Aufstellung zweier Bautypen in einem Postamt erklären? Verschiedene Hypothesen sind denkbar. Möglich wäre zum Beispiel die Neueinrichtung des Apparats W8 im Zuge des Wiederaufbaus nach 1945, denn eigentlich hatte das Postamt W66 in den 1920er Jahren seinen direkten Rohrpostanschluss in die Berliner Mitte verloren und war bis 1945 nur über W9 / Potsdamer Thor angebunden. Erst die Einrichtung der Abteilung Post- und Fernmeldewesen des Ost-Berliner Magistrats in den Restgebäuden des Generalpostamts (1948) sowie die Sperrung aller sektorenüberschreitenden Rohrpostlinien (1949) und die Insellstellung des Potsdamer Platzes machten einen erneuten Anschluss von W66 in die Berliner Mitte / Französische Straße notwendig. Möglicherweise wurde dafür ein Apparat genutzt, der 1945 von den Sowjets in den Westsektoren demontiert worden war, und so stand der Apparat W8 vielleicht ursprünglich in Grunewald, Steglitz oder Tempelhof, bevor er versetzt und noch einmal für ein Vierteljahrhundert am Postmuseum seinen Dienst versah. OLIVER GÖTZE

~ Nº60 ~

BASTLER-RADIO

Detektorempfänger in einer Nussschale

~

Metall, Koralle, Walnuss

1920ER JAHRE

DAS RADIO IN DER NUSSSCHALE Mit diesem Detektorempfänger aus den 1920er Jahren, der in einer Walnussschale untergebracht ist und 1978 dem damaligen Postmuseum Nürnberg geschenkt wurde, konnte man Rundfunk hören. Nur der Kopfhörer und die Antenne fehlen dazu. Die Signale wurden ohne Strom und Batterie empfangen, die beiden Drehschrauben sind der Anschluss für die Antenne. Um den Kopfhörer oder den Lautsprecher anzuschließen, gibt es die Buchsen rechts und links. Die Schraube oben auf der Schale dient der Abstimmung der Empfangsfrequenz. Die Signale wurden dann über die Spule, die sich im Inneren der Nussschale befindet, zum Detektor geführt, der sie danach zum Kopfhörer übertrug.

Mit dem Aufkommen des neuen Rundfunks nach dem Ersten Weltkrieg entwickelte sich – insbesondere unter Männern – eine große Leidenschaft des Selberbastelns: Beliebt war beispielsweise, Detektoren in Zigarettenschachteln einzubauen. Denn zu Beginn war die Menge an Rundfunkgeräten, die zum Verkauf angeboten wurden, begrenzt – vor allem aber auch teuer. »Rundfunk für alle«, ein Ziel, das der im Reichspostministerium zuständige Staatssekretär Hans Bredow 1919 formulierte, war damals noch in weiter Ferne. Nur mit etwas Glück empfingen die Bastler und Tüftler den Presse- und Rundspruchdienst der Deutschen Reichspost, der seine Nachrichten an die deutschen Postämter schickte.

Die Deutsche Reichspost hatte mit der Eröffnung des offiziellen Rundfunks 1923 zudem eine monatliche Grundgebühr und eine Genehmigungspflicht für die Apparate eingerichtet. Es handelte sich von da an um einen öffentlichen Sprechfunk mit regelmäßigen Programmen. Wer ohne Genehmigung empfing, dem drohten hohe Strafen. Am 29. Oktober 1923, als die erste Sendung ausgestrahlt wurde, war jedoch kein einziger Teilnehmer offiziell angemeldet. Die monatliche Grundgebühr war hoch: Sie betrug 25 Mark, aber in Folge der Geldentwertung waren es rasch 350 Milliarden Papiermark pro Jahr. 1924 wurde die Gebühr auf zwei Reichsmark jährlich heruntergesetzt und die Genehmigungspflicht für die Detektoren zurückgenommen, sodass die Funk-Bastler ungestört weiterarbeiten konnten.

Es erschienen auch verschiedene Bastel-Bücher, Zeitschriften und Handbücher auf dem Markt, darunter der *Funk-Bastler* oder das von Eugen Nesper publizierte Grundlagenwerk *Radio-Amateur. Broadcasting,* in denen beispielsweise Bauanleitungen veröffentlicht wurden. Am 6. April 1923 organisierten sich die Funkamateure in einem ersten Verband: dem Radio-Club e. V. in Berlin. Die zugelassenen Firmen, die die Rundfunkapparate herstellten, sahen in den Amateuren große Konkurrenz. Erst ein Jahr später – als es dann schon 100.000 Hörer gab – wurde die Inbetriebnahme von Eigenbauten gegen eine Gebühr legalisiert. REGINE MELDT

~ Nº61 ~

ZEIGERSCHREIBMASCHINE

AEG Mignon 4 mit Zeiger-Tastatur

~

Metall, Holz

1925

AM STANDARD VORBEIGETIPPT Wer auch immer auf ihr schreibt, wird von ihrer Funktionsweise begeistert sein: Die AEG Mignon gehört zweifelsfrei zu den merkwürdigsten Schreibmaschinen in der Geschichte des mechanischen Schreibens. So steht dem Nutzer nur ein Zeiger anstatt der üblichen Tastatur zur Verfügung. Die Typen werden mit einem Zylinder anstelle der sonst verbreiteten Hebel zu Papier gebracht, und auch ihr Aussehen erscheint gegenüber den Standardmaschinen der Zeit eher klein und niedlich (französisch *mignon*). War eine derartige Maschine überhaupt für die Büroarbeit geeignet? Oder handelte es sich eher um eine technische Spielerei?

Tatsächlich war die AEG Mignon alles andere als ein Spielzeug. Ihre Konstruktion stammt aus einer Zeit, in der die gängigen Schreibmaschinen mit Volltastatur für den kleinen Geschäfts- und Privatgebrauch zu teuer waren und sich im Übrigen hinsichtlich des prinzipiellen Aufbaus einer Schreibmaschine noch kein Standard durchgesetzt hatte. Zwar waren seit der Konstruktion der ersten serienreifen Maschine durch Sholes, Glidden und Soulé (1874) einige Jahrzehnte vergangen. Auch erfreute sich die bald unter dem Namen Remington No. 1 verkaufte Maschine seit etwa 1885 großer Beliebtheit und war ausschlaggebend für die rasante Entwicklung des mechanischen Schreibens zuerst in Amerika und später in Europa. Ihre benutzerunfreundliche Konstruktion – die Schrift war während des Schreibens nicht sichtbar, da die Typenhebel von unten gegen die Walze geschlagen wurden – regte allerdings schon in den 1880er Jahren die Konkurrenz an, überzeugendere Resultate mit Typenzylindern, Typenschiffchen, Stoßhebeln oder sogar ohne Schreibwalze zu entwickeln. Als weltweiter Standard sollte sich schließlich ein System mit Typenhebeln und Segment für den Vorderanschlag durchsetzen, das 1893 von Franz Xaver Wagner erfunden worden war und nach der Weiterentwicklung durch John T. Underwood millionenfach verkauft und weiterlizensiert wurde.

Nach den Erfolgen von Remington, Underwood und anderen versuchten im Deutschen Reich ebenfalls verschiedene Unternehmen vom Siegeszug der Schreibmaschine zu profitieren. Sie brachten anfangs Nach- und Lizenzbauten amerikanischer Hersteller, schon bald aber eigene konkurrenzfähige Modelle auf den Markt. Vor allem die Hersteller von Fahrrädern konnten mit ihrer feinmechanischen Expertise recht schnell in die Produktion einsteigen, so Adler, Seidel & Naumann, Wanderer und Triumph. Doch auch die Allgemeine-Elektricitäts-Gesellschaft (AEG) wurde bei ihren Bemühungen, Elektrizität in wirklich alle Wirtschaftsbereiche einzubringen, auf das Thema aufmerksam. Auf Veranlassung von Emil Rathenau arbeitete ein achtköpfiges Team um Dr. Friedrich von Hefner-Alteneck an erfolgversprechenden Modellen. Bereits 1902/03 entstanden eine Typenhebelmaschine mit elektrischem Antrieb und eine Typenzylinder-Maschine mit elektromagnetischem Anschlag, aber auch eine einfache Zeiger-Schreibmaschine, deren Konstruktion eigentlich auf ein Patent des Berliner Louis Sell zurückging, von der AEG jedoch aufgekauft worden war. Ein vom Vorstand der AEG eingesetzter Gutachter prüfte Mitte 1903 die verschiedenen Konstruktionen mit einem für Hefner-Alteneck überraschenden Ergebnis: Während seine elektrischen Konstruktionen laut Gutachten »weit hinter der Konkurrenz zurückbleiben würden«, wird ausgerechnet der einfache Apparat mit Zeiger für eine Serienproduktion empfohlen. Hefner-Alteneck stimmte zu, und noch im gleichen Jahr startete die Produktion der nun Mignon genannten Maschine im AEG-Turbinenwerk in der Berliner Huttenstraße.

Im Vergleich zu Maschinen mit einer Voll- oder Umschalttastatur war der Schreibprozess auf einer Mignon etwas langsam: Der Zeiger musste mit der linken Hand jeweils gleitend über ein Zeichenfeld bis zum gewünschten Buchstaben geführt werden, bevor dann mit der rechten Hand eine Schreibtaste zu drücken war und der Typenzylinder mit dem richtigen Buchstaben von oben auf die Walze schlug. Geübte Schreiber konnten auf diese Weise ungefähr hundert Anschläge pro Minute erzielen; Blindschreiber auf den Vollmaschinen mit einem Zehnfingersystem etwa das Sechsfache. Da aber auch der Preis nur etwa ein Drittel der großen Modelle betrug – die Spanne lag zwischen 80 Mark für die Mignon 1 (1903) und 148 Reichsmark für die Mignon 4 (1927) –, war die Zeigerschreibmaschine für kleine Geschäftsleute, Handwerker, Künstler, ja für alle mit geringem Schreibaufkommen eine interessante Alternative. Schließlich war es kaum von Bedeutung, ob die Ausarbeitung der wenigen Rechnungen und Briefe etwas länger dauerte, wenn gleichzeitig ein professionelles Auftreten erzielt werden konnte, das sonst nur den großen Unternehmen, Büros und Kanzleien vorbehalten war. Die Mignon bot zudem noch weitere Vorteile: Ihre Schrift war, anders als bei den um 1900 noch gängigen Maschinen mit Unteraufschlag, sofort sichtbar. Der Typenzylinder konnte schnell ausgewechselt und die gerade genutzte Schrift gegen eine von insgesamt 49 lieferbaren Schriften getauscht werden. Auch die Wartung der zumeist offen liegenden Teile war recht leicht möglich, während die Durchschlagskraft für die gleichzeitige Anfertigung von bis zu 25 Durchschlägen so manche Standardmaschine übertraf. Angesichts dieser Eigenschaften verwundert die erstaunliche Erfolgsgeschichte der »Süßen« wenig: Allein in Deutschland wurden über 400.000 Apparate für Abnehmer im In- und Ausland hergestellt – anfangs im Wedding, ab 1923 dann in Fließbandarbeit im neuen AEG-Schreibmaschinenwerk in Erfurt. Erst als immer mehr Kleinschreibmaschinen zu noch günstigeren Preisen auf den Markt kamen, gleichzeitig Standardmaschinen immer erschwinglicher wurden und schließlich sogar das Problem des elektrischen Antriebs gelöst werden konnte (Mercedes Elektra, ab 1921), wurde 1933 die Produktion der Mignon 4 eingestellt. Mit ihrer ungewöhnlichen Funktionsweise und ihrem ansprechenden Design begeistert die Maschine jedoch noch heute Sammler, Historiker und Künstler in aller Welt. OLIVER GÖTZE

~ Nº 62 ~

REICHSPOST-KALENDER

mit Abbildung des Paketzustellamts München

~

Papier

1929

TÄGLICH NEUES VON DER POST Der Deutsche Reichspost-Kalender stand im Jahr 1929 in der Tradition des gedruckten Almanachs, eines seit Jahrhunderten überwiegend im Taschenformat verbreiteten Schmuckbüchleins. Bei ihm war ein zweckgerichtetes Kalendarium durchmischt mit einer breit gefächerten Auslese an kürzeren Erzähltexten, Lebensweisheiten und statistischen Informationen, mithin mit Erbaulichem, Wissenswertem und Nützlichem. Direkte Bezüge zu Posteinrichtungen finden sich in Taschenalmanachen seit dem 18. Jahrhundert. Ein *Genealogischer Schreib- und Post-Kalender* aus dem Jahr 1744, herausgegeben durch die Königlich-Preußische Akademie der Wissenschaften zu Berlin, diente wie selbstverständlich mit Angaben zu Kursen fahrender und reitender Posten. In den folgenden Jahrhunderten variierten die Kalender zwar regelmäßig Namen und Äußeres, doch entsprachen sie unverändert dem Informationsbedürfnis ihrer Leserschaft. Die Kursverzeichnisse der Postkutschen-Ära wurden durch Fahrpläne und Empfehlungen für Eisenbahnfahrten abgelöst, seit dem ausgehenden 19. Jahrhundert traten ausführliche Gebührenübersichten hinzu, in jüngerer Vergangenheit wurde das Angebot etwa um Besoldungstabellen erweitert.

In bewährter Weise verknüpft der Reichspost-Kalender auf das Jahr 1929 Erinnerungen an Ereignisse aus der Postgeschichte mit Statistiken, Organigrammen und Gebührentabellen. In seinem Hauptteil, der den Vergleich mit einer Image-Broschüre unserer Tage nicht zu scheuen hätte, werden mit Hilfe des modernen Mediums der Fotografie aktuelle technische Entwicklungen veranschaulicht und das gesellschaftliche Engagement der Deutschen Reichspost herausgestellt. In Wort und Bild fügen sich zahlreiche, durch die Post genutzte moderne Verkehrseinrichtungen wie etwa Eisenbahn und Kraftwagen, Schnelldampfer, Zeppelin und Flugzeug zu einer eindrucksvollen Reihe technischer Innovationen. Fernsprechbetrieb, Funk und Bildtelegrafie stehen für zukunftsweisende Kommunikationsentwicklungen, Ausbildungswerkstätten und Erholungsheime für das berufsbildende und das soziale Engagement der Reichspost.

Das Kalenderblatt für die drei Tage vom 14. bis 16. März 1929 ist dem Paketzustellamt an der Arnulfstraße in München gewidmet, einer damals hochmodernen Paketverteileinrichtung. Erbaut in den Jahren 1925 und 1926, wurde es am 10. November 1926 in Betrieb genommen. Für den Entwurf und die Bauausführung zeichnete der Architekt Robert Vorhoelzer verantwortlich, zur Zeit der Entstehung leitender Oberbaurat am Baubüro der Deutschen Reichspost in München. Der gebürtige Memminger, Sohn eines Eisenbahnoberinspektors, hatte nach dem Diplomstudium der Architektur an der Technischen Universität München erste praktische Erfahrungen in den Eisenbahndirektionen Münchens und Augsburgs gesammelt, bevor er im August 1920, mittlerweile 36-jährig, in München als Oberbaurat an die Spitze der neu geschaffenen bayerischen Postbauverwaltung trat. Vor allem in Bayern entstanden unter seiner Leitung in den Zwischenkriegsjahren zahlreiche neue Postbauten. Vorhoelzers Projekte sind durchdrungen vom Stil einer klassisch-modernen

Sachlichkeit. An die Stelle neobarocker Monumentalarchitektur der Stephan-Ära tritt bei ihm die Nüchternheit funktionaler Zweckbauten; die wilhelminische Amtsstube wird ersetzt durch helle und übersichtlich gegliederte Schalterräume.

Mit der Sortierhalle des Münchner Paketzustellamts ist das Kalenderblatt einem der spektakulärsten Gebäudeentwürfe des Architekten gewidmet. Das Paketzentrum beruhte auf dem Prinzip eines völlig kreuzungsfreien An- und Abtransports der Sendungen mithilfe modernster Technologie elektrifizierter Zustellautos, motorisierter Dreiräder und durch die Post genutzter Straßenbahnen. In Anlehnung an die Fließband-Philosophie des US-Amerikaners Henry Ford ging es Vorhoelzer in erster Linie darum, die Abläufe bei der Bearbeitung der Paketpost in ständigem Fluss zu halten. Durch eine bestimmte Anzahl an Öffnungen gelangten die antransportierten und in eine sogenannte Verteilerturbine gebrachten Pakete über Rutschen und Rinnen auf Förderbänder, von denen aus sie Zustellbereichen verschiedener Ordnung zugewiesen wurden. Nachdem sie alle Verteilwege durchlaufen hatten, wurden die Sendungen zum Schluss an den Rändern der Rundhalle zum Abtransport bereitgestellt. Auch die Elektrozustellfahrzeuge, die direkt am Rundbau andockten, um ihre Ladung entgegenzunehmen, bekamen einen jeweils eigenen Platz zugewiesen. In dem Entwurf Vorhoelzers ordnete sich die Gestaltung des Bauwerks nach dem in den 1920er Jahren in Architektenkreisen kultivierten Leitsatz »Form follows function« seiner Funktion völlig unter.

Vorhoelzers Jahre als Postoberbaurat endeten 1930; der Architekt folgte einem Ruf an die Technische Hochschule München, verlor sein Lehramt aber im Schicksalsjahr 1933 bereits wieder. Nach dem Krieg und seiner Wiedereinsetzung amtierte Vorhoelzer zeitweise als Rektor der Hochschule. Den Rundbau an der Arnulfstraße legte die Deutsche Bundespost im Jahr 1969 still. KLAUS BEYRER

~ Nº 63 ~

WERTZEICHENGEBER

Typ T 30 M 8 für 10-Pfennig-Briefmarken

~

Stahl, Emaille, lackiert

UM 1930

BRIEFMARKEN AUS DEM AUTOMATEN Die Post bediente sich Anfang des 20. Jahrhunderts neu entwickelter Briefmarken-Automaten, um die Mitarbeiter an den Postschaltern zu entlasten und den Kaufvorgang zu beschleunigen. Nahezu zeitgleich mit der Reichspost begannen auch andere europäische Postverwaltungen mit der Nutzung von Wertzeichengebern. Der erste deutsche Briefmarken-Automat wurde Ende 1901 im Postamt Berlin 66 in der Mauerstraße 69–75 neben dem Reichspostmuseum probeweise aufgestellt. Unter Berücksichtigung von Vorschlägen der Postverwaltung war er vom Ingenieur Willy Abel entwickelt worden, aber anfänglich sehr störanfällig. Von 1901 bis 1907 unternahm die Kaiserliche Reichspost in Berlin Versuche mit verschiedenen Modellen. Die Automaten wurden in der Regel vor Postgebäuden, in Schaltervorräumen, auf Bahnhöfen und verkehrsreichen Plätzen aufgestellt. Zunehmend erreichten die Abel-Automaten im Betrieb größere Zuverlässigkeit. 1906 erfolgte die Vorstellung des Abel'schen Wertzeichengebers auf dem internationalen Postkongress in Rom.

Ab 1906 kamen auch Postkartengeber zum Einsatz, und ab Oktober 1907 konnten die Oberpostdirektionen selbstständig für ihren Bezirk Automaten anschaffen, die vom Publikum im Laufe der Zeit immer besser angenommen wurden. Das höchste tägliche Nutzungsaufkommen hatten 1908 die Wertzeichengeber in Frankfurt am Main 1 / Zeil (3.576 Marken), Berlin / Leipziger Platz (3.456 Marken) sowie Leipzig 1 (3.272 Marken). 1910 gab es 567 amtliche Postwertzeichen-Automaten, 1912 hatte sich der Automatenbestand reichsweit bereits auf 874 erhöht. Beliebt waren die neuen Postwertzeichengeber auch bei Kriminellen, die unter Verwendung zurechtgefeilter Metallstücke an die Briefmarken kommen wollten, um diese anschließend zu Geld zu machen. Verhaftungen erfolgten meist durch einen zur Überwachung in Automatennähe aufgestellten Kriminalschutzmann.

Nach dem Ersten Weltkrieg mussten die Wertzeichengeber wegen der häufigen Postgebührenänderungen und der Abschaffung der alten Münzen aus dem Verkehr gezogen werden. Erst 1924 wurde wieder mit der Aufstellung begonnen. Nun kamen auch mechanische Modelle der Hersteller Klüssendorf, Sielaff und Turbon zur Anwendung. 1926 gab es in Deutschland bereits 3.430 Automaten bei der Post. Ab 1929 wurden verbesserte Modelle mit staubsicheren Gehäusen zum Schutz des Triebwerks, mit Münzprüfvorrichtung, Druckknopf für die Geldrückgabe sowie die Herausgabe von Wechselgeld entwickelt, zu denen auch das abgebildete Gerät zählt. ANKE HÖWING

~ Nº 64 ~

DOPPELBLATTFAHNE

des Postvereins Steele und Umgebung

~

Samt, Seide, Metall

1931

DIE NEUE VEREINSFAHNE 1891 wurde der Postverein Steele gegründet. Der Ort an der Grenze des Rheinlandes zu Westfalen hatte bereits eine über 200-jährige Postgeschichte. Im Jahr der Französischen Revolution 1789 eröffnete eine preußische Postwärterei in Steele, die ab 1850 als Postexpedition II. Klasse und ab 1876 als Postamt I. Klasse eingestuft wurde. Wie in vielen anderen Postvereinen auch geschah die Vereinsgründung mit dem Ziel, durch geselliges Zusammensein der Kollegen und Familien die Kollegialität zu fördern. In Steele gehörte dazu auch die Organisation von Laienspielen, Tanzveranstaltungen und Wanderungen für die Postbeschäftigten. Das Hauptaugenmerk der Postvereine richtete sich auf die Postunterbeamten. Vereinszweck im Kaiserreich war es auch, in den Statuten meist sogar an erster Stelle genannt, »die Liebe für Kaiser und Reich zu pflegen«. Die erste Vereinsfahne bekam daher den Kaiseradler und die Germania als zentrale Motive, lediglich in den Fahnenecken wurden Postsymbole abgebildet.

Als 1931 zum 40-jährigen Vereinsjubiläum die Anfertigung einer neuen Vereinsfahne in Auftrag gegeben wurde, hatte sich die Motivwahl gewandelt. Das Kaiserreich gab es schon über zwölf Jahre nicht mehr. Nun standen auf der Vorder- und Rückseite Postmotive im Mittelpunkt. Eine Postkutsche symbolisierte die Vergangenheit, ein Flugzeug die Gegenwart. Der republikanische Adler wurde deutlich kleiner als die Postdarstellungen aufgestickt und dazu der Spruch »Von Nord, Süd, West und Ost bringt Freud und Leid die Post«. Zum Stiftungsfest mit Fahnenweihe durch Oberpostinspektor Helmich vom Postamt Steele waren auch die befreundeten Postvereine aus den Nachbarstädten mit ihren Fahnen erschienen. Sie überreichten zur Erinnerung an die Fahnenweihe jeweils einen Fahnennagel, die in die hölzerne Fahnenstange geschlagen wurden. Der Festredner, Oberpostsekretär Schönenberg, betonte die Treue zum Vaterland und die Pflichterfüllung der Postbeamten. Die Rede endete mit dem Absingen der republikanischen Nationalhymne und das Jubiläum mit einem Ball. 1933, nur zwei Jahre später, wurde der Verein aufgelöst.

Die beiden Fahnen überstanden die NS-Zeit – wie und wo wissen wir nicht. Nach dem Krieg gründete sich der Verein neu, die Fahnen kamen wieder zu Ehre und schmückten die Vereinsräumlichkeiten im Postamt bis zur Privatisierung der Bundespost. Mit dem Verkauf des Postamts Steele an das Amtsgericht wurde der Verein obdachlos und löste sich danach allmählich auf. Bis zur Schließung des Gerichts 2007 konnten die Fahnen noch im Gebäude besichtigt werden. 2009 übernahm die Museumsstiftung die beiden prächtigen Vereinsfahnen von der Niederlassung Brief der Deutschen Post in Essen durch Vermittlung von Werner Röse, dem letzten Vereinsvorsitzenden: »Ich würde mich sehr freuen, wenn Sie noch einen kleinen Platz für die Fahnen hätten.« ANKE HÖWING

~ №65 ~

TEXTOPHON

Tonaufzeichnungsgerät, mit Draht als Speichermedium

~

Metall, Holz

1932

DER KASSETTENREKORDER VON 1932 Revolutionär! Endlich konnten Telefongespräche aufgezeichnet werden. Geschäftsleute witterten ihre Chance: Jetzt wird das flüchtige gesprochene Wort auf einen Draht gebannt. 1932 stellte die Firma Lorenz ihr Textophon der Weltöffentlichkeit vor. Es war das erste an das Telefonnetz anschließbare Aufzeichnungsgerät für Sprache und Ton, das in Serie hergestellt wurde.

So erzählt uns das Textophon auch die Geschichte Deutschlands als Land der Ideen: Deutsche Ingenieure konstruieren seit den 1920er Jahren weltmarktbestimmende Aufzeichnungsgeräte. Ein Rückblick: Die ersten Diktiergeräte wurden in den USA entwickelt und beruhten noch auf einem ganz anderen Prinzip als die Technik des Textophons, nämlich auf der mechanischen Aufzeichnung. Hierbei werden die Informationen auf einer Wachswalze oder einer Schallplatte in Rillen gespeichert. Allerdings war die Spieldauer der Diktiergeräte, aber auch der Schallplatten, noch bis zum Anfang des 20. Jahrhunderts mit maximal einer halben Stunde sehr gering.

Um leistungsfähigere Aufzeichnungsgeräte zu entwickeln, gab es bereits seit der Jahrhundertwende Experimente, die die magnetischen Eigenschaften von Metallen nutzten. Der Unternehmer und Ingenieur Kurt Stille war hier einer der wegweisenden Figuren. Er kreierte ein Diktiergerät, das er als Dailygraph zum Patent anmeldete: Es nutzte einen dünnen Stahldraht als Speichermedium. Der Schreibkopf, ein Elektromagnet, hinterließ durch Induktion auf dem Stahldraht eine bleibende Magnetisierung, die beim Auslesen eine elektrische Spannung bewirkte und das gespeicherte Signal über einen angeschlossenen Kopfhörer wieder hörbar machte. Durch diese Technik wurde es möglich, die Informationen von der Stahldraht-Kassette zu löschen und sie neu zu bespielen – ein großer Vorteil gegenüber den alten Wachswalzenapparaten. Der dünne Stahldraht seines Dailygraph brauchte deutlich weniger Platz zur Aufzeichnung derselben Informationen, sodass er – eng gewickelt – immerhin zwei Stunden Diktierzeit aufnehmen konnte. Die Drahtrolle lag schon beim Dailygraph in einer Kassette, sodass der Draht geschützt und die Kassette leichter zu wechseln war. Stille wandte sich an die Firma Ferdinand Schuchhardt AG, die sein Drahttongerät zur Serienreife bringen sollte. Hier entwickelte Stille gemeinsam mit dem jungen Ingenieur Semi Joseph Begun einen Prototypen, der 1930 marktreif wurde. Allerdings gab es zunächst noch wenige Kunden, unter anderem weil der Preis vergleichsweise hoch war.

Begun führte das Projekt als Leiter der Entwicklungsabteilung für Magnetton-Aufzeichnungsgeräte bei der Firma C. Lorenz AG weiter, in der Schuchhardt aufgegangen war. Er hatte die Aufgabe, die Wünsche der Kunden besser zu berücksichtigen und konnte 1932 einen neuen Apparat entwickeln: das Textophon. Das imposante

Möbel misst immerhin aufgeklappt über einen Meter in der Höhe und wiegt 50 Kilogramm. Oben auf dem Holzkorpus wird die Kassette mit der Drahtrolle eingelegt. Sie kann gewechselt werden – dafür befindet sich eine Schublade im Korpus. Auf einem extra anzuschließenden Bediengerät liegen die Kopfhörer auf. Das Design gleicht den Telefonen der 1920er Jahre, die Lorenz ebenfalls herstellte. Interessant ist in diesem Zusammenhang auch, dass Geräte, die an das Telefon angeschlossen werden sollten, eine amtliche Zulassung benötigten: So besaßen sowohl der Dailygraph (1931) als auch das Textophon (1936) offizielle Zulassungen.

Lorenz produzierte das Textophon unverändert im Design bis in die 1940er Jahre. Anschließend dürften die Abnehmer gefehlt haben, Lorenz selbst stieg zunehmend in die Rüstungsindustrie ein. Mehrere Tausend Geräte wurden hergestellt, die deutsche Regierung war einer der Hauptabnehmer – eine Verwendung bei telefonischen Abhörungen durch die Gestapo liegt nahe. Tatsächlich belegt ist, dass die Reichsregierung den Journalisten und Pressevertretern bei den Olympischen Winterspielen 1936 mehrere Aufzeichnungsgeräte zur Verfügung stellte. Mitte der 1930er Jahre kamen allerdings Magnetbänder aus Kunststoff auf den Markt, die deutlich leichter waren als die Stahlbänder des Textophons. Aus diesem Grund stellte Lorenz die Produktion schließlich ein. In den Kunststoffbändern mit magnetischer Beschichtung liegt dann auch der Weg in die Moderne, sie lösten den Draht als Speichermedium langfristig ab. Das abgebildete Textophon fand 2004 seinen Weg in das Depot der Museumsstiftung. JULIA SCHOPFERER

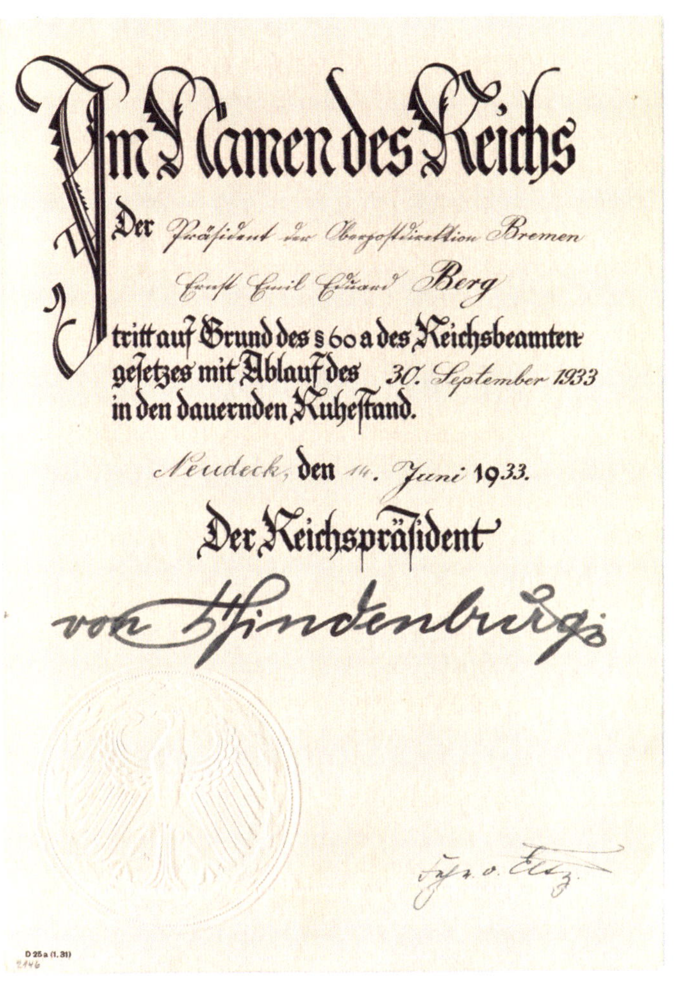

Im Namen des Reichs

Der Präsident der Oberpostdirektion Bremen

Ernst Emil Eduard Berg

tritt auf Grund des § 60 a des Reichsbeamtengesetzes mit Ablauf des 30. September 1933 in den dauernden Ruhestand.

Neudeck, den 14. Juni 1933.

Der Reichspräsident

von Hindenburg

Frhr. v. Eltz

D 25 a (1.31)
2146

~ Nº66 ~

RUHESTANDSURKUNDE FÜR ERNST BERG

Präsident der Oberpostdirektion Bremen

~

Karton

1933

EINE POSTKARRIERE Nachlässe von Amtsträgern bilden in den Sammlungen der Museumsstiftung eine spezielle Archivgruppe. In den für die Nachwelt erhaltenen Personalakten spiegelt sich authentisch die berufliche Erfahrungswelt der Postbeschäftigten. Je nach Alter müssen die Schriftstücke Kriege schadlos überstanden haben und durch Erben und Nachlassverwalter respektvoll behandelt worden sein. Der Nachlass Ernst Bergs überzeugt darüber hinaus durch die lückenlose Dokumentation einer Beamtenlaufbahn im Höheren Postdienst. Seine Karriere bei der Deutschen Reichspost führte Berg in der Zeit zwischen 1888 und den frühen 1930er Jahren vom jungen Posteleven bis in das Präsidialamt der Oberpostdirektion Bremen. Neben mehreren, durch den Reichspräsidenten Paul von Hindenburg paraphierten Schreiben, enthält das Aktenkonvolut Anordnungen und Verfügungen mit den Namenszeichen praktisch sämtlicher Postpersönlichkeiten des frühen 20. Jahrhunderts. Erst vor wenigen Jahren wurden die Dokumente der Museumsstiftung durch einen Enkel überlassen.

Ernst Emil Eduard Berg stammte aus dem brandenburgischen Berlinchen, wo er am 27. Juni 1868 geboren wurde. Der Sohn eines Stadtkämmerers besuchte das Königsstädtische Realgymnasium in Berlin und trat nach dem Schulabschluss zum 1. Januar 1888 als Posteleve in Frankfurt (Oder) in den höheren Postdienst ein. Die dreijährige Elevenzeit endete mit einer Prüfung auf den Gebieten des Post- und Telegrafenwesens sowie in Geografie und in den »lebenden Sprachen«. Berg wurden durchweg »gute« Kenntnisse bescheinigt, sodass er nahtlos zum Postpraktikanten ernannt und zwei Jahre darauf zum Postsekretär befördert werden konnte. Als ein wichtiger weiterer Ausbildungsschritt folgte ein zweijähriges Verwaltungsstudium an der Berliner Post- und Telegrafenschule, das Berg – unterbrochen durch ein Militärdienstjahr – 1895 nur mit mäßigem Erfolg abschloss. Die bestandene Verwaltungsprüfung befähigte ihn indessen für die »höheren Stellen der Post- und Telegraphenverwaltung«. Dabei konnte Berg von Glück sagen, dass sich seinem Berufseinstieg keine größeren Hürden in den Weg gestellt hatten. Gerade in den 1890er Jahren stand die Ausbildungspolitik der Deutschen Reichspost unter dem Vorzeichen einer umfassenden Reform. Sowohl die schulischen Einstiegsvoraussetzungen wurden spürbar verschärft, als auch die Postelevenlaufbahn generell in Frage gestellt. Angesichts eines heftigen Andrangs auf die Ausbildungsplätze für die höhere Laufbahn verhängte die Reichspost in den letzten Jahren des alten Jahrhunderts schließlich eine völlige Zulassungssperre.

Dagegen hatte Berg nach dem Abschluss seines Verwaltungsstudiums lediglich zwei weitere Jahre zu überbrücken, die er beim Bahnpostamt 3 in Berlin verbrachte, bevor er 1897 seinen Zielen ein gutes Stück näher kam und als Ober-Postdirektionssekretär – bei Jahresbezügen von 2.000 Mark und einem gesetzlichen Wohnungsgeldzuschuss von jährlich 540 Mark – in das Reichs-Postamt in Berlin versetzt wurde. Die Wartezeit mag der großen Nachfrage nach verfügbaren Stellen geschuldet sein, möglicherweise ist sie aber auch das Resultat der vorausgegangenen mäßigen, mit »genügend« attestierten Prüfungsergebnisse. In diesen Jahren muss Berg sich zudem verheiratet haben. Mit seiner Frau Klara, geborene Schmidt, hatte er, wie aus einem späteren Schriftstück hervorgeht, zwei Kinder.

Zu Beginn des 20. Jahrhunderts nahm das Stellenkarussell Fahrt auf. 1902 wurde Berg eine Planstelle als Postkassierer beim Postamt 27, Berlin, Blumenstraße, übertragen; zwei Jahre später folgte die Ernennung zum Postinspektor. 1906 wechselte er als Oberpostinspektor und Bezirksaufsichtsbeamter an die Oberpostdirektion Hannover, um 1911 als Postrat in den Osten nach Leipzig zurückzukehren. Dann brach der Erste Weltkrieg aus. Berg wurde im Rang eines Feld-Oberinspektors ins Große Hauptquartier, das mobile Einsatzkommando der deutschen Streitkräfte, beordert. Ab dem Frühjahr 1916 war er als Armeepostdirektor bei der 12. und später bei der 9. Armee mit Leitungsaufgaben betraut. Der Krieg führte ihn nach Russland, Ungarn, Rumänien und schließlich nach Frankreich und Lothringen. Die Zeit für Heimaturlaube war indes karg bemessen: Acht Tage im Mai 1915, sodann 14 Tage im Mai 1916 und 21 Tage im März 1917 wurden dem Soldaten zugebilligt. Nach der »Räumung der besetzten Gebiete und dem Rückmarsch in die Heimat« endete der Krieg für Berg am 14. November 1918. Sein Einsatz wurde mit zahlreichen Auszeichnungen und Ehrungen bedacht. Neben einem Königlichen Militärverdienstorden wurden ihm das Ritterkreuz 1. Klasse des Königlich Sächsischen Albrechtsordens, das Ritterkreuz des kaiserlich-österreichischen Franz Joseph-Ordens sowie das Eiserne Kreuz 2. Klasse verliehen.

Im Zuge der Demobilisierung kehrte Berg nach Leipzig zurück, wo er ab Februar 1919 mit Wohnsitz Elisenstraße 111 gemeldet war. Hier erwartete ihn zum 1. November 1921 die Bestellung zum Ober-Postrat. Doch war er mit der jüngsten Berufung, anders als die Mehrzahl seiner Beamtenkollegen, noch keineswegs am Ende seiner Karriere angelangt. Im Gegenteil: Mit Wirkung vom 1. April 1924 ernannte Reichspostminister Anton Höfle den mittlerweile 56-Jährigen zum Präsidenten der Oberpostdirektion Bremen. Ein Zuzugsattest, das den Wohnortwechsel nach Bremen bescheinigt, trägt das Datum des 11. April 1924. Für die Dauer von sieben Wochen saß Berg im Jahr 1926 außerdem vertretungshalber auf dem Ministersessel in Berlin. Das in dieser Zeit häufig wechselnde Amt des Reichspostministers lag mittlerweile in Händen des Bayern Karl Stingl. Aus den insgesamt neun Präsidentenjahren sind nur wenige offizielle Dokumente bekannt. Eine bemerkenswerte Ausnahme bildet eine Fotografie aus dem Jahr 1929, die Berg bei einer Rede aus Anlass der Eröffnung einer Bremer Funkausstellung zeigt. Auf ihr gibt sich der Präsident heiter und gelassen. Anders als ein offizielles Porträt, dessen Strenge noch dem wilhelminischen Stil der Zeit entspricht, nimmt Berg bei seiner Eröffnungsrede, wenn auch mit verschränkten Armen, eher eine lässige Haltung ein. Auf einer Original-Schallplatte ist sogar die Ansprache selbst überliefert. Es zählt zu den äußerst seltenen Ausnahmen, dass ein Nachlass durch akustische Erinnerungsmomente bereichert wird.

1933 häuften sich die Schriftstücke von Amts wegen ein letztes Mal mit dem Eintritt in den Ruhestand. Jetzt führten die Nationalsozialisten das Wort. Im April des Jahres verabschiedeten die Machthaber ein Gesetz zur »Wiederherstellung des Berufsbeamtentums«. Es sah die Entfernung missliebiger Beamter aus dem Dienst vor. Damit er sich, wie es in einem Schreiben hieß, den bei der Gesetzesausübung zu erwartenden »Unannehmlichkeiten« nicht mehr aussetzen müsse, wurde Berg durch den amtierenden Staatssekretär Karl Sautter ein vorzeitiges Ausscheiden aus dem Dienst nahegelegt. Den Brief Sautters vom 6. Mai 1933 quittierte Berg handschriftlich mit dem Vermerk: »Ich habe gern ›ja‹ geschrieben«. Zwei Wochen später genehmigte Postminister Paul von Eltz-Rübenach dem ausscheidenden Präsidenten einen sechswöchigen Erholungsurlaub, an den sich abschließend seine Freistellung vom Dienst anschloss. In einer am 14. Juni 1933 ausgestellten Urkunde bewilligte Reichspräsident von Hindenburg »im Namen des Reichs« die Entlassung aus dem Reichsdienst und den dauerhaften Eintritt in den Ruhestand zum 30. September 1933. Die Urkunde trägt an ihrem unteren rechten Rand die Paraphe des Reichspostministers von Eltz. Das Ruhegeld bezifferte der Minister in einem Begleitschreiben auf jährlich 11.580 Reichsmark. Als Dokument jüngsten Datums, das die Aktenchronologie beschließt, ist ein Gratulationsschreiben aus Anlass des 70. Geburtstages Bergs überliefert. Der Ruheständler erhielt es – mit Führergruß – aus der Hand des NS-Reichspostministers Wilhelm Ohnesorge aus der Leipziger Straße 15 in Berlin. Berg behielt nach seiner Pensionierung seinen Wohnsitz in Bremen bei, wo er am 22. Juli 1945 im Alter von 77 Jahren verstarb. KLAUS BEYRER

~ Nº67 ~

BELADUNG DES POSTDAMPFERS BREMEN

Gemälde von Alexander Kircher

~

Öl auf Leinwand

1934

AUF GROSSER FAHRT Die Schlote rauchen, Passagiere stehen neugierig an Deck und blicken auf den Betrieb im Hafen herunter. Der gigantische Post- und Luxusdampfer Bremen ist kurz vor dem Ablegen. Rundherum am Schiff steigt Rauch auf, die Turbinen laufen bereits auf Hochtouren. Im Hafen gehen die letzten Passagiere an Bord, auch das Frachtgut samt der Seepost wird verladen. Beide, Passagiere und Seepost, sollten in den Vorzug der schnellen Überfahrt von Bremerhaven über Southampton nach New York kommen. »Immer schneller, immer weiter« – dies galt nicht nur für die Fahrgäste, die sich eine einmalige Reise von dem modernen Schnelldampfer versprachen. Auch die Deutsche Reichspost nutzte die neueste Schiffstechnik, um Post über den Atlantik Adressaten in den USA zuzustellen. Dies gelang dank modernster Turbinentechnik und edlem Ambiente rasend schnell – und mit viel Luxus. In knapp fünf Tagen erreichte die Bremen das ferne New York. Während der Überfahrt konnten sich die rund 2.000 Gäste in unterschiedlichen Sälen, Restaurants, einer Gesellschaftshalle, im Wintergarten oder im Bord-Swimmingpool vergnügen. Währenddessen wurden im eigenen Seepostraum die Sendungen sortiert und für den letzten Beschleunigungsschub per Katapultflugzeug vorbereitet: Als erstes deutsches Schiff verfügte die Bremen über ein Flugzeug, um die Postsendungen 500 Kilometer vor der amerikanischen Küste in Richtung Ziel zu katapultieren! Dank dieser Technik war die Post bereits vor dem Eintreffen des Schnelldampfers vom Hauptpostamt in New York verteilt und auf dem Weg zum Empfänger. Ein Hoch auf den Fortschritt!

Diesen Fortschritt setzte der Marinemaler Alexander Kircher gekonnt mit grobem Pinselstrich, aber dennoch detailreich in Szene. Er konzentrierte sich dabei auf die Funktion des Schiffes als Postdampfer: Durch den Schienenwagen am vorderen Bildrand und die aufgestapelten Postbeutel wird der Fokus des Betrachters von seinem erhöhten Standpunkt auf das eigentliche Geschehen, das Verladen der Seepost, gelenkt. Dass es sich um Frachtgut der Deutschen Reichspost handelt, verrät neben der Aufschrift auf den Postbeuteln auch der für die Post im Dritten Reich typische rote Paketzustellwagen, der bildzentral im Hafen steht. An diesem Wagen vorbei folgt der Blick des Betrachters den parallel verlaufenden Schienen und dem Schiffsrumpf weiter in den Hintergrund des Bildes. Dort besteigen Passagiere über zwei Rampen die Bremen, ein Verweis auf den Einsatz des Schiffes als Luxusdampfer. Der Maler schuf räumliche Nähe und Tiefe zugleich und konnte so einen Überblick über den Hochbetrieb im Hafen darstellen. Der Betrachter ahnt, welche Logistik seitens der Deutschen Reichspost und der Reederei nötig war, um die Bremen für das Auslaufen mit Hilfe von Kränen, Netzen und Frachtbändern zu beladen. Die Leinwand reichte nicht aus, um den gigantischen, 11 Deck hohen und 286 Meter langen Dampfer in voller Ausdehnung abzubilden, die Personen im Bild belegen das beträchtliche Ausmaß des Schiffs.

Das Gemälde trägt den Titel *Beladung des Post- und Schnelldampfers Bremen.* Kurz nach seiner Fertigstellung 1934 gelangte es als Schenkung vom Reichspostministerium in das damalige Reichspostmuseum. Insgesamt besitzt die Museumsstiftung sieben Gemälde des Malers. Unter anderem fertigte Kircher für Kaiser Wilhelm I. Marinebilder und Bilder von Seeschlachten der deutschen Kriegsflotte. Aber auch Reedereien beauftragten den Maler, namhafte Segel-, Schlacht- oder Passagierschiffe in Öl festzuhalten. Zum Entstehungszeitpunkt des Gemäldes war das Schiff bereits fünf Jahre für den Norddeutschen Lloyd auf zahlreichen Fahrten im Einsatz und teilte sich mit zwei weiteren Dampfern die Strecke Bremerhaven – Southampton (England) – Cherbourg (Frankreich) – New York. So konnte der Norddeutsche Lloyd konkurrenzlos, schnell und komfortabel wöchentliche Fahrten nach Übersee anbieten. Für ihre Jungfernfahrt am 16. Juli 1929 erhielt die Bremen das Blaue Band, eine seit Beginn der Dampfschifffahrt unter den Reedereien umkämpfte Ehrung für das schnellste Passagierschiff auf der Transatlantik-Route zwischen Europa und den USA. Die Bremen holte diese Auszeichnung nach Deutschland und löste so den britischen Dampfer Mauretania als schnellstes Passagierschiff ab. Zahlreiche Zeitungen berichteten von der Jungfernfahrt, in New York wurde die Bremen nach einer neuen Rekordzeit von vier Tagen, acht Stunden und siebzehn Minuten mit Jubel empfangen. Nicht nur diese Rekordzeit begeisterte die Öffentlichkeit, auch die Ausstattung an Bord zog zahlreiche New Yorker an, den Dampfer staunend zu besichtigen. In den darauffolgenden zehn Jahren folgten zahllose erfolgreiche Passagierfahrten nach Übersee.

Kurz vor Ende ihrer Karriere wurde die Bremen noch einmal bejubelt und in der Tagespresse gefeiert: Am 13. Dezember 1939, kurz nach Beginn des Zweiten Weltkriegs, machte der Postdampfer nach einer mehr als dreimonatigen Irrfahrt von New York über Murmansk nach Deutschland im Heimathafen fest. Stürmisch wurden die tapferen Heimkehrer von der Bevölkerung begrüßt. Denn mitten auf offener See wurden sie vom Krieg überrascht und mussten über Murmansk – getarnt mit grauem Anstrich – auf Zick-Zack-Kurs einen großen Umweg in Kauf nehmen, um nicht in feindliche Hände zu fallen. Mit dieser Odyssee endete die 187. und letzte Passagierfahrt der Bremen. Der Norddeutsche Lloyd wurde mit Glückwunschtelegrammen überhäuft, die unversehrte Rückkehr des Schiffes und seiner Besatzung sowie die Leistung der gezielten Irrfahrt in der Presse bejubelt. Die englische Presse stellte sich allerdings die Frage, warum es nicht versenkt werden konnte.

In den darauffolgenden zwei Kriegsjahren beförderte die Bremen keine Passagiere mehr. Nachdem sie erfolgreich der feindlichen Zerstörung entgangen war, besiegelte 1941 ein Brand ihr Schicksal. Allerdings nicht kriegsbedingt, sondern durch einen Schiffsjungen gelegt – aus Ärger über eine Ohrfeige. SANDRA HESSE

SYNDICATO CONDOR L^TDA
RIO DE JANEIRO

~ N°68 ~

LUFTPOSTBEUTEL

einer brasilianischen Lufthansa-Tochtergesellschaft

~

Leinenstoff, Messing

UM 1935

DER VERSACKTE POSTBEUTEL Alter Postsack – ein Schelm, wer Böses dabei denkt. Nur umgangssprachlich und fälschlicherweise wird oft der Ausdruck Postsack für dieses Postutensil zum Transport von Briefsendungen verwendet. Der korrekte postalische Fachausdruck ist Postbeutel. Trotzdem werden mehrere Postbeutel in einem größeren Beutel *versackt* und nicht etwa *verbeutelt.* Die sprachlichen Mehrdeutigkeiten von *alten Postsäcken* und dem *Versacken* geben freilich häufig genug Anlass zum Schmunzeln. Dabei handelt es sich beim Postbeutel um das älteste noch in Gebrauch befindliche Posttransportzubehor. Die meisten Postbeutelarten sind heute allerdings bereits durch Postbehälter ersetzt worden. Nur die sogenannten Ablagebeutel, die in Postablagekästen oder Ablagestellen hinterlegt werden, wenn die Postzusteller ihre Postmenge nicht auf einmal mittragen können, sind noch im Einsatz.

Der Postbeutel der Syndicato Condor Limitada ist ein Luftpostbeutel aus den 1930er Jahren, wie er auf den ersten ab 1934 dann regelmäßig mit Flugzeugen und Luftschiffen stattfindenden Luftverkehrsverbindungen über den Atlantik von Deutschland nach Südamerika mitgeführt wurde. Er stammt damit aus der Pionierzeit der deutschen Verkehrsluftfahrt. Die Luftpostbeutel sind für gewöhnlich kleiner und aus leichterem Gewebe als die im inländischen Postverkehr genutzten Beutel und, wie auch dieses Beispiel zeigt, auffallender gefärbt. Im internationalen und vor allem interkontinentalen Postverkehr spielte der Lufttransport, zunächst mit Luftschiffen, schon früh eine wichtige Rolle. Zu Beginn der 1930er Jahre betrug die Fahrtzeit von Friedrichshafen ins brasilianische Recife mit dem Luftschiff nur noch rund 70 Stunden. Dem gegenüber stand von Hamburg aus eine Fahrtzeit von rund zwölf

Tagen mit dem Schnelldampfer. Weiterbefördert an ihre Zielorte in Südamerika wie Buenos Aires oder Santiago wurde die Post von Recife und später Rio de Janeiro aus, wo die Luftschiffe landeten, mit Flugzeugen, hauptsächlich der Junkers Ju 52, dem damaligen Standardflugzeug des deutschen Luftverkehrs. Diese Flugzeuge wurden von dem südamerikanischen Condor Syndikat unterhalten, das 1927 als eine Tochtergesellschaft der Luft Hansa gegründet worden war, die dabei eine geschickte Personalpolitik verfolgte, da der innerbrasilianische Luftverkehr nur durch brasilianische Gesellschaften betrieben werden durfte. Die Syndicato Condor Ltda., später Serviços Aeros Condor Ltda., fiel übrigens 1942 an Brasilien, wurde 1943 nochmals in Serviços Aéreos Cruzeiro do Sul Ltda. umbenannt und ging schließlich in der brasilianischen Fluggesellschaft VARIG auf.

Seit Mitte der 1930er Jahre erhielten die Luftschiffe mehr und mehr Konkurrenz durch Flugzeuge, deren verbesserte Technik höhere Geschwindigkeiten, mehr Zuverlässigkeit und größere Reichweiten zuließ. Ab 1934 bot die Lufthansa den ersten regelmäßigen Flugdienst nach Südamerika deshalb im wöchentlichen Wechsel mit Luftschiffen und Flugzeugen an. Dabei nahmen die Postsendungen einen eindrucksvollen Weg, und die Piloten waren noch wahre Flugpioniere und Abenteurer. Für die rund 14.000 Kilometer umfassende Strecke von Stuttgart nach Buenos Aires wurden vier verschiedene Flugzeugmuster eingesetzt. Die Postflugreise begann in Stuttgart mit einer Heinkel He 70 »Blitz«, dem damals schnellsten Flugzeug der Lufthansa. Über Sevilla führte der Flug nach Cadiz, von wo aus die Reise mit einer Ju 52 und einem Tankzwischenstopp auf Las Palmas nach Bathurst in British Gambia an der Westküste Afrikas fortgesetzt wurde. Hier startete ein Dornier-Wal-Flugboot von einem Katapultschiff aus zur Atlantiküberquerung ins brasilianische Natal. Mit dem Junkers-Wasserflugzeug W 34 erreichte die Post schließlich Buenos Aires. Damit war die Postlaufzeit nach Buenos Aires von vorher dreißig auf nun sechs Tage verkürzt worden. Zum 31. August 1939 wurde der Südatlantik-Dienst der ersten Lufthansa eingestellt und erst 17 Jahre später von der neuen Lufthansa wieder aufgenommen. Heute beträgt die Brieflaufzeit von Deutschland nach Argentinien übrigens durchschnittlich rund zehn Tage. WENKE WILHELM

~ N°69 ~

HUMMER- ODER APHRODISISCHES TELEFON

Objekt von Salvador Dalí

~

Gips, Kunststoff, Metall

1936

BEI ANRUF DALÍ »Mein Leben lang gewöhnte ich mich nur schwer an die verwirrende, verblüffende *Normalität* des Menschen in meiner Umwelt. (...) Ich kann nicht begreifen, warum die Menschen so wenig individuell sind, warum sie sich so gleichförmig kollektiv verhalten. (...) Ich verstehe nicht, dass man mir, wenn ich im Restaurant einen gegrillten Hummer verlange, nie ein gekochtes Telefon serviert«, schreibt Salvador Dalí in seiner fiktiven Autobiografie *Mein geheimes Leben* (1942). Auch die 1936 entstandenen Hummertelefone verkörpern seine Sehnsucht nach Nonkonformität. André Breton präsentierte das Hummertelefon – das auch *Aphrodisisches Telefon* heißt – 1936 neben Dalís *Aphrodisischem Jackett* in der Pariser Galerie Charles Ratton im Rahmen der *Exposition surrealiste d'objet.* Die faszinierende surrealistische Ausstellung von Objekten – mit Werken von Marcel Duchamp, Man Ray, Picasso und anderen – dauerte nur acht Tage. Das Hummertelefon war 1936 zudem in einem von Dalí gestalteten Schaufenster des Kaufhauses Bonwit-Teller in New York zu sehen, bei dem es neben dem Aphrodisischen Jackett auf einem Tisch platziert war. Das Aphrodisische Jackett bestand aus dem Smoking-Hemd und der Smoking-Jacke mit Likörgläsern, die mit einem grünen Likör gefüllt waren, dem eine starke aphrodisische Wirkung zugeschrieben wurde. Die Bezeichnung *aphrodisisch* kommt aus dem Griechischen und ist von Aphrodite – der Göttin der Liebe – abgeleitet. Ihr waren viele Kräuter und wohlduftende Pflanzen mit erotisierender oder berauschender Wirkung geweiht.

Der 1904 geborene Dalí hatte seine Ausbildung an der Kunstakademie von San Fernando in Madrid absolviert, bevor er 1929 von Joan Miró in den Pariser Kreis der Surrealisten eingeführt wurde. »Der Surrealismus ist wahnsinnig ansteckend. Achtung: Ich habe Surrealismus«, so Dalí. Er arbeitete an Luis Buñuels Filmproduktion *Un Chien Andalou* mit, der als Meisterwerk des surrealistischen Films gilt und damals aufgrund der traumhaften und schockierenden Bildsprache einen Skandal auslöste. Dalí war – wie die anderen Surrealisten – von der Psychoanalyse beeinflusst. Mit der 1900 erschienenen *Traumdeutung* von Sigmund Freud hatte er sich während seines Studiums beschäftigt. »Dieses Buch erschien mir als eine der Hauptentdeckungen meines Lebens«, so Dalí. Er arrangierte eine Begegnung mit dem Wiener Nervenarzt, der in einem Brief an Stefan Zweig (1938) Dalí als einzigen surrealistischen Künstler lobend erwähnte. Freud sieht den Sexualtrieb als stärksten menschlichen Antrieb und gilt als Entdecker des Unbewussten. Für Dalí – aber auch für die anderen Surrealisten – war das Unbewusste Quelle für Inspiration und Kreativität.

Obwohl Dalí 1934 offiziell von den Surrealisten ausgeschlossen wurde, da er die linkspolitischen Aktivitäten der Gruppe ablehnte, stellte er weiterhin einige Jahre mit ihnen aus. Das Hummertelefon gehört zu den bekanntesten Objekten Dalís. Der damals in England gebräuchliche schwarze Telefonapparat aus Bakelit wurde von Dalí mit einem aus Gips geschaffenen »gesottenen Hummer« als Hörer versehen. Dadurch verbindet Dalí traumhafte mit real existierenden Elementen und schafft eine stark symbolische Wirkung, die vielerlei Interpretationsmöglichkeiten zulässt. Dalí war fasziniert von Schalentieren: »Ich habe eine Vorliebe für die jungen Mädchen und für die Hummer. Wie die jungen Mädchen haben sie ein erlesenes Inneres (...). Wie die Hummer erröten sie, wenn man sie genießbar machen will. Man soll aber nicht glauben, dass ich mich vom Fleisch junger Mädchen ernähren wollte.« Über seine Objekte sagte er: »Das surrealistische Objekt sollte absolut unnütz sein, sowohl vom praktischen als auch vom rationalen Standpunkt aus«.

Das 1988 auf einer Auktion erworbene Hummertelefon ist heute in der Dauerausstellung des Museums für Kommunikation Frankfurt zu bestaunen. 1990 wurde es anlässlich der Eröffnung des von Günter Behnisch errichteten neuen Museumsgebäudes auf einer Telefonkarte präsentiert. Das Hummertelefon war 2011 zu Gast in der Ausstellung *Surreale Dinge* in der Schirn in Frankfurt. Weitere Hummertelefone befinden sich im Museum Boijmanns van Beuningen, Rotterdam, und in der Tate Gallery, London. Alle stammen aus der Sammlung des britischen Multimillionärs und Kunstsammlers Edward James, der ein früher Förderer der Surrealisten und ein Freund Dalís war. REGINE MELDT

~ Nº70 ~

FERNSEHKAMERA

eingesetzt während der Olympischen Spiele in Berlin

~

Metall, Holz, Glas

1936

OLYMPIA 1936 LIVE Der olympische Gedanke besagt, dass Dabeisein alles sei. Doch letztlich geht es um citius, altius, fortius – schneller, höher, stärker. Bei den Olympischen Sommerspielen 1936 in Berlin traf vermutlich letzteres Motto zu. Nicht nur die sportlichen Leistungen sollten neue Superlative definieren, sondern auch die mediale Abdeckung des Großereignisses: Das NS-Regime bemühte modernste Rundfunktechnik, um die Spiele erstmals in ihrer Geschichte direkt, »live« zu übertragen. Besonders das relativ junge Medium Fernsehen kam dabei wirkmächtig zur Geltung.

Die sogenannte Farnsworth-Kamera, benannt nach einem Pionier der elektronischen Bildübertragung, Philo Farnsworth, stellte sicher, dass das Spektakel, aufgeführt von 49 teilnehmenden Ländern mit insgesamt 3.961 Sportlern, »hautnah« übertragen werden konnte. Das im Zuge der Sommerspiele eröffnete Olympiastadion Berlin war zudem perfekt auf den Einsatz der Fernsehkameras ausgerichtet.

Für die Herstellung dieser »Bildfängeranlage« war die Berliner Fernseh AG verantwortlich. Die elektronische Kamera – die Zeiten des mechanischen Fernsehens waren nun passé –, ausgestattet mit einer Farnsworth'schen Sondenröhre zur Bildaufnahme, war am Marathontor des Olympiastadions im Einsatz. Die von dort sorgfältig komponierten Bewegtbilder konnten den Zusehenden das Gefühl vermitteln, dabei zu sein, die Geschwindigkeit der Athleten direkt zu erleben – schneller, höher, stärker. Der Fernsehsender Paul Nipkow strahlte das Geschehen täglich aus, die Bilder erreichten die sportbegeisterten Massen allerdings nur in den in Berlin und Umgebung eingerichteten öffentlichen Fernsehstuben: Über 150.000 Menschen haben so die Olympischen Spiele am Bildschirm verfolgt.

Die Nationalsozialisten präsentierten sich so im In- und Ausland fortschrittlich, weltoffen und friedfertig. Doch unter der Oberfläche brodelte es, und die Spiele waren nicht mehr als inszenierter schöner Schein – Brot und Spiele für eine auf den Abgrund zusteuernde Nation. Das sportliche Geschehen überbrückte die Kluft stellenweise: Nach dem Sieg des US-Amerikaners Jesse Owens im Weitsprung – mit vier Goldmedaillen der erfolgreichste Athlet der Spiele von 1936 – eilte der unterlegene deutsche Luz Long zum Gewinner, demonstrierte deren nationenübergreifende Freundschaft und setzte so ein sichtbares Zeichen gegen den Rassenwahn. Die Mythen und Geschichten, die sich um Owens und Long ranken, sind zahlreich, auch was den Unmut der Reichsleitung über die Geste der Freundschaft anbelangt. Doch treffen sollten sich die beiden Sportler nie wieder: Long fiel sieben Jahre später auf dem Schlachtfeld des Zweiten Weltkriegs.

Die Farnsworth-Kamera ist als Objekt wohl einzigartig, denn in der Sammlung der Museumsstiftung existiert kein weiteres Original, mutmaßlich in auch sonst keiner musealen Sammlung. Zudem diente sie als formgebendes Vorbild für den deutschen Fernsehpreis *Goldene Kamera*. FLORIAN SCHÜTZ

~ N°71 ~

BRIEF VON DEUTSCHLAND NACH CHICAGO

befördert mit abgestürztem Zeppelin-Luftschiff LZ 129 »Hindenburg«

~

Papier, Kunststoff

1937

KATASTROPHENPOST Selbst heute, rund 80 Jahre nach dieser pionierhaften Epoche der Luftfahrt, verspürt man beim Betrachten alter Fotos, Filmausschnitte und Dokumente noch etwas von der ungeheuren Faszination, die die Zeppeline, diese riesigen Luftschiffe, auf die Menschen ihrer Zeit ausgeübt haben müssen. Wahre Giganten der Lüfte waren sie, die Starrluftschiffe des Ferdinand Graf von Zeppelin (1838–1917), denen ein inneres Gerüst ihre feste Form verlieh und für deren Auftrieb eine Wasserstofffüllung sorgte. Trotz vieler Rückschläge und anfänglicher technischer Unzulänglichkeiten wurden sie immer weiterentwickelt. Der erste Zeppelin LZ 1 unternahm seine Jungfernfahrt am 2. Juli 1900 über dem Bodensee, und bereits diese Fahrt endete nach nur 18 Minuten mit einer Notlandung. Von den ersten 19 Luftschiffen, die vor dem Ersten Weltkrieg gebaut wurden, wurden 12 bei Unglücken zerstört, aber sowohl der unbeirrbare Glaube des Grafen Zeppelin an seine Idee als auch die Begeisterung des deutschen Volkes, die sich in einer großen Spendenbereitschaft äußerte, ließen jeden Rückschlag vergessen machen. So wurden immer neue, größere und bessere Luftschiffe gebaut. Auch der Erste Weltkrieg, in dem die Luftschiffe militärisch verwendet wurden, trug zur technologischen Weiterentwicklung bei. Die Zeppeline wurden zur militärischen Beobachtung wie auch zum strategischen Bombenabwurf eingesetzt, waren jedoch relativ leicht verwundbar und hatten folglich meist keine lange Einsatzdauer, bevor sie abgeschossen wurden oder notlanden mussten. Deshalb wurden in rascher Folge neue Luftschiffe gebaut, und technische Verbesserungen setzten sich schnell durch.

Nach dem Ersten Weltkrieg war der Bau von Luftschiffen dem Deutschen Reich zunächst durch den Versailler Vertrag untersagt. Erst Mitte der 1920er Jahre gelang der Luftschiffbau Zeppelin GmbH ein Comeback, obwohl die wirtschaftliche Lage damals alles andere als einfach war. Die Faszination der Zeppeline, die nun auf langen, auch interkontinentalen Strecken für den Post- und Passagiertransport eingesetzt wurden, war jedoch ungebrochen. Die beiden Luftschiffe LZ 127 »Graf Zeppelin« (1928) und insbesondere das 1936 fertiggestellte LZ 129 »Hindenburg« markierten schließlich den Höhepunkt der Luftschifffahrt. Beide Zeppeline boten ihren zahlungskräftigen Passagieren während der Fahrt unerhörten Luxus. Die Hindenburg konnte bis zu 50, nach einer Erweiterung sogar bis zu 72 Passagiere befördern. Ihnen standen komfortable Kabinen, hervorragende Speisen und erlesene Weine, ein eigener Rauchsalon und erstmals sogar Duschen an Bord zur Verfügung. Sogar ein eigens gebauter Blüthner-Flügel, der aus Gewichtsgründen ebenso wie das Luftschiff größtenteils aus Aluminium bestand, diente im Salon der Unterhaltung der Passagiere, die aus den Panoramafenstern die vorbeiziehenden Landschaften genießen konnten. Mit einer Länge von 246 Metern und einem Gasvolumen von rund 200.000 Kubikmetern war die Hindenburg das größte jemals gebaute Luftfahrzeug und rund doppelt so lang wie der erste Zeppelin LZ 1. Seine Maße reichten fast an die Titanic heran. Hauptsächlich im Liniendienst zwischen Frankfurt und Lakehurst/USA beziehungsweise Rio de Janeiro/Brasilien verkehrend, schaffte es die Atlantiküberquerungen in gut drei Tagen und war damit in der damaligen Zeit konkurrenzlos schnell.

Seine letzte Fahrt begann am 3. Mai 1937 in Frankfurt am Main und führte bei widrigen Gegenwinden nach Lakehurst. Dort herrschten bei der verspäteten Ankunft am 6. Mai 1937 schlechte Wetterbedingungen, eine Gewitterfront mit starken Winden musste durchflogen werden. Beim Anflug auf den Landemast passierte dann die Katastrophe: In der Nähe des Hecks brach plötzlich ein Feuer aus, in wenigen Sekunden ging die Wasserstofffüllung in Flammen auf, das Schiff stürzte brennend zu Boden und brannte in kürzester Zeit völlig aus. Von den 97 Menschen an Bord kamen 34 ums Leben, auch ein Mitglied der Bodenmannschaft gehörte zu den Opfern.

Die Ursache für das Unglück ist bis heute nicht vollständig geklärt. Am wahrscheinlichsten ist jedoch eine statische Entladung des nach dem Gewitterdurchflug elektrisch aufgeladenen Luftschiffs, bei der ein Funke entstand und ein vorhandenes Wasserstoff-Luft-Gemisch entzündete. Auch die besondere Beschaffenheit der äußeren Hülle, bei der dem Spannlack erstmals Aluminiumstaub für eine silbrig-spiegelnde Farbe beigemischt war, könnte eine Rolle gespielt haben. Das Ende der Ära der Zeppeline war mit diesem Unglück besiegelt, das Vertrauen in die mit brennbarem Wasserstoff befüllten Luftschiffe war erschüttert, und die sicherere Alternative Helium stand Deutschland nicht zur Verfügung. Mit Beginn des Zweiten Weltkriegs ordnete Hermann Göring die Abwrackung der noch vorhandenen Luftschiffe an.

Die Erschütterung, die die Hindenburg-Katastrophe weltweit auslöste, verdankt sich wohl auch der Tatsache, dass es eines der ersten großen Unglücke war, das von breiten Massen gewissermaßen »live« verfolgt werden konnte. Die emotionale Radioreportage des Reporters Herbert Morrison sowie die dramatischen Wochenschauaufnahmen der Katastrophe gehören heute zum medialen Kulturerbe der Menschheit.

Zu ganz besonderen Zeugen dieses tragischen Untergangs des wohl eindrucksvollsten Luftfahrzeugs der Welt gehören die wenigen erhaltenen Briefe, die sich damals an Bord befanden und aus den Flammen gerettet werden konnten. Schon seit 1909 transportierten die Zeppeline regelmäßig Luftpost mit teilweise eigenen Briefmarken und besonderen Bordstempeln. Die hohen Aufschläge, die die Sammler weltweit für sie zahlten, finanzierten Bau und Unterhalt der Luftschiffe zu einem ganz erheblichen Anteil mit. Auch an Bord der Hindenburg befanden sich zum Zeitpunkt des Unglücks 17.609 Postsendungen, von denen allerdings nur 368 das Inferno überstanden. Diese wurden später von den amerikanischen Behörden jeweils in einen Siegelumschlag der amerikanischen Postverwaltung gesteckt und den Empfängern zugestellt. Heute zählen sie unter Sammlern zu den gesuchtesten und wertvollsten Dokumenten des Sammelgebiets *Zeppelinpost.*

Der hier abgebildete Brief nach Chicago ist einer von vier entsprechenden Belegen der Hindenburg-Katastrophe aus dem Besitz der philatelistischen Sammlung der Museumsstiftung. Er ist am 5. Mai 1937 an Bord abgestempelt worden und weist die charakteristischen Brandspuren des Unglücks auf. Besonders interessant sind auch die neun Briefmarken, mit denen er freigemacht wurde. Sie stammen aus einer Zuschlagsserie für das Winterhilfswerk vom Herbst 1936 und zeigen »moderne Bauten«, so zum Beispiel die neue Reichsautobahn oder besondere Brückenbauwerke. Selbstverständlich warb das Reichspostministerium mit diesen Motiven sehr gezielt für das nationalsozialistische Deutschland, und wie die Briefmarken wurde auch die Hindenburg selbst von den Nationalsozialisten in den Dienst der Werbung für das »neue Deutschland« gestellt. Bereits bei der Eröffnung der Olympischen Spiele 1936 in Berlin oder beim Nürnberger Reichsparteitag absolvierte die Hindenburg, die auf den Heckflossen groß das Hakenkreuz trug, spektakuläre Propagandaflüge. Die 1935 von Hermann Göring gegründete staatliche Deutsche Zeppelin-Reederei (DZR) hatte dafür rechtzeitig den Flugbetrieb der Luftschiffe übernommen. Im Ausland war die Hindenburg ein bewunderter Botschafter Deutschlands und demonstrierte auch technische Größe und Überlegenheit des Dritten Reichs – insofern haftet ihrem flammenden Untergang im Rückblick fast so etwas wie eine Prophezeiung der kommenden Kriegsereignisse an. ANDREAS HAHN

~ Nº72 ~

POLNISCHER LANDPOSTBRIEFKASTEN

nach dem deutschen Überfall mit neuem Anstrich weiterverwendet

~

Metall, lackiert

1939–1945

DIE POST DER EROBERER Der Briefkasten hat die Form eines Landpostbriefkastens des 19. Jahrhunderts für geringes Briefaufkommen. Er besitzt einen gegen Regen geschützten Einwurfschlitz sowie eine Leerungsanzeige. Die Briefentnahme erfolgt über den abschließbaren oberen Klappdeckel. Der Metallkasten trägt verschiedene rote Farbschichten. Erst der seitliche Blick auf das Objekt lässt unterhalb der weißen Aufschrift »Deutsche Post Osten« das rot überstrichene polnische Wort »POCZTOWA« deutlich erkennen. Es gehört zur ursprünglichen weißen Beschriftung »SKRZYNKA POCZTOWA« auf den roten Postbriefkästen der 1918 gegründeten Polnischen Republik und heißt auf Deutsch Briefkasten. Vom ehemals auf der linken unteren Seite positionierten polnischen Adler kann man nur die ungefähre Größe der entfernten Abbildung erahnen.

Nach dem deutschen Überfall auf Polen am 1. September 1939 übernahm die Reichspost das Post- und Fernmeldewesen in den von Polen abgetrennten und dem Deutschen Reich angegliederten Gebieten. Im neu geschaffenen Generalgouvernement für die besetzten polnischen Gebiete wurde dagegen die Deutsche Post Osten als ein wichtiger Bestandteil des nationalsozialistischen Herrschafts- und Unterdrückungsapparats in Polen errichtet.

Die Besatzungspost arbeitete »nach deutschen Grundsätzen« unter Fachaufsicht des Reichspostministeriums in Berlin und untergliederte sich entsprechend der Verwaltungsaufteilung des Generalgouvernements in die vier Distriktpostverwaltungen Krakau, Warschau, Lublin und Radom. Nach dem Angriff auf die Sowjetunion im Juni 1941 kam der Distrikt Lemberg als fünfte Einheit hinzu. Ein Jahr später unterhielt die deutsche Post im Generalgouvernement bereits 1.955 Postanstalten und 120 Kraftpostlinien. Nutzbare Ausstattungsgegenstände der polnischen Post wurden von staatlichen Kennzeichen »gesäubert« und mit neuen deutschen Emblemen weiter verwendet. Die rote Farbe der polnischen Post war dabei von Vorteil für die deutsche Verwaltung, da die Briefkästen und Postfahrzeuge seit 1934 auch in Deutschland rot gestrichen waren. Mit dem Vorrücken der sowjetischen Truppen nach Westen verlor die Deutsche Post Osten 1944/45 nach und nach ihr Dienstgebiet.

Dreidimensionale postalische Sachzeugnisse der nationalsozialistischen Besatzungspolitik in Polen sind äußerst selten. Die allermeisten größeren Symbole wurden in den Kriegshandlungen zerstört beziehungsweise nach dem Sieg über die Deutschen als Zeichen der verhassten NS-Herrschaft vernichtet. Die Museumsstiftung Post und Telekommunikation erwarb den Briefkasten im Jahr 2000 im Antikhandel in Berlin und schloss damit eine wesentliche Lücke innerhalb der bereits im Reichspostmuseum begonnenen Sammlung historischer Briefkästen. VEIT DIDCZUNEIT

~ Nº73 ~

CHIFFRIERMASCHINE ENIGMA M4

mit vier Walzen in Marineausführung

~

Metall, Kunststoff, Holz

1944

DES RÄTSELS LÖSUNG »JBUL EQQL PFXD HAUV GQQX LYDW BVMK MOHU NMGJ JWEB«. Fremdsprache? Unwahrscheinlich, denn die Kombinationen aus Vokalen und Konsonanten scheinen doch recht unsprechbar. Nonsens? Vielleicht, doch warum sollte sich jemand die Mühe machen und diese Fantasieworte schreiben? Bleibt also noch eine Möglichkeit: Hinter den Zeichen verbirgt sich ein versteckter Sinn, eine geheime Botschaft, die es zu entschlüsseln gilt. Eine Botschaft, die lediglich eingeweihte Personen eines engeren Kreises erfahren dürfen. Gerade im Krieg ist Wissen mehr denn anderswo Macht: Den Feind im Unklaren über bevorstehende Truppenbewegungen und geplante Offensiven zu lassen, kann entscheidend sein. Ebenso, wie das Entschlüsseln der geheimen Botschaften einen nicht zu überschätzenden Vorteil für Hinterhalte und Gegenangriffe bietet.

Mit der Enigma (griechisch für *Rätsel*) besaß die deutsche Wehrmacht im Zweiten Weltkrieg ein durchaus mächtiges Werkzeug, um ihre Kommunikation zu verschlüsseln und geheim zu halten. Doch die Enigma war keineswegs ein rein militärisches Instrument. Das erste Patent auf die Maschine meldete 1918 der deutsche Elektroingenieur Arthur Scherbius an. Scherbius suchte seinen Absatzmarkt zunächst im zivilen Sektor und bot das Gerät auf Messen – unter anderem dem internationalen Postkongress des Weltpostvereins 1924 in Stockholm – zum Verkauf an. Das anfängliche Desinteresse des deutschen Militärs drehte sich, und die Enigma verschwand vom freien Markt. Während der nationalsozialistischen Diktatur hatte die deutsche Wehrmacht die Enigma in mehreren Varianten produzieren lassen und unterschiedlichen Einsatzgebieten zugeführt.

Die am häufigsten hergestellte und genutzte Maschine war die Enigma I. Die Enigma-M 4 der Kriegsmarine war eine Weiterentwicklung und weist einige Unterschiede in Aufbau und Funktionsweise auf. Sie ähnelt im Grunde dem *klassischen* Modell, bestehend aus Tastatur, einer Schreibmaschine gleichsehend, einem Feld mit Glühlampen, einem Steckbrett und den innenliegenden Walzen. Letztere – eigentliches Herzstück, die sogenannten Rotoren – zählen bei der M 4 vier, der Enigma I drei Walzen. Wird über das Tastenfeld ein Buchstabe des Klartextes eingegeben, leuchtet am Lampenfeld der vorher mit einem Kabel manuell »gesteckerte« Verschlüsselungsbuchstabe auf, der wiederum durch Drehung einer der Walzen realisiert wird. Nach jedem eingetippten Buchstaben verdrehen sich die Rotoren ein weiteres Mal, was das Schlüsselalphabet komplexer werden lässt. Dadurch werden gleiche Klartextbuchstaben nie mit den gleichen Geheimtextbuchstaben verschlüsselt – Ergebnis ist eine »polyalphabetische Substitution«, eine der großen Stärken der Enigma. Der »Schlüsselraum«, also die Menge aller denkbaren Schlüssel, wird bei der M 4 auf 6 mal 1.025 Möglichkeiten beziffert.

Dementsprechend viele Ressourcen mussten in das Brechen der Enigma-Kodierung investiert werden. Bereits vor dem Zweiten Weltkrieg beschäftigten sich außerordentlich kluge Köpfe mit der Materie: Die polnischen Kryptoanalytiker Marian Rejewski, Jerzy Różycki und Henryk Zygalski schafften durch ihre Ergebnisse eine unerlässliche Grundlage für die britischen »Codebreakers« von Bletchley Park nordwestlich von London. Hier, in der militärischen Zentrale zur Entzifferung der deutschen Kriegskommunikation, untergebracht in einem herrschaftlichen Anwesen, umringt von Baracken mit geschäftigen Mitarbeitenden, tat ab 1939 auch der geniale Mathematiker Alan Turing seinen Dienst. Turing erdachte zusammen mit seinen Kollegen die nach ihm benannte »Turing-Bombe«, eine Weiterentwicklung der polnischen »Bomba kryptologiczna«: Die elektromechanische Maschine von der Größe eines Wandschranks war durch dreimal zwölf verbaute Enigma-Walzen in der Lage, den verschlüsselten Funkspruch auf eine vermutete Textphrase hin durchzuarbeiten. War die Entsprechung des angenommenen »Cribs« gefunden, hatte man den vermeintlichen Tagesschlüssel in den Händen, der dann auf den restlichen Geheimtext angewandt werden musste.

Zwar stellte die verbesserte Enigma-M 4 die Codebreakers erneut vor große Schwierigkeiten, doch nach dem Aufbringen eines deutschen U-Boots mitsamt Schlüsselunterlagen im Jahr 1942 konnten auch diese Funksprüche enträtselt werden.

Es existieren etliche Vermutungen darüber, ob und in welchem Ausmaß das Brechen der Enigmen den Kriegsverlauf veränderte, verkürzte – ja, wie viele Leben es letztlich rettete. Zudem tragen der verwerfliche Umgang mit Alan Turing, der aufgrund seiner Homosexualität einer chemischen Kastration unterzogen wurde, woraufhin er in Depressionen verfiel und sich das Leben nahm, sowie die dubiose Geheimhaltung und Weiterverwendung der Enigmen nach dem Krieg nur zusätzlich zu der rätselhaften Aura um die Enigma bei.

Haben Sie den Eingangstext mittlerweile entschlüsseln können? Nein? Nun gut: »TJAD ASWU ERDE NSIE JETZ TGER NELE SENN ICHT WAHR«. FLORIAN SCHÜTZ

~ Nº74 ~

DRUCKFREIGABE

für die ersten Berliner Nachkriegsbriefmarken

~

Karton, Papier

1945

ZUM DRUCK FREIGEGEBEN! Der Untergang des Reiches im Mai 1945 ließ auch das Post- und Fernmeldewesen in Deutschland zusammenbrechen. Die Besatzungsbehörden verboten im Gesetz Nr. 76 der Militärregierung vorerst jegliche Nachrichtenübermittlung. Bei späterer Wiederzulassung sollte jeder Nachrichtentausch der Zensur unterliegen. Es stellte sich jedoch schnell heraus, dass angesichts der chaotischen Lage, der Zerstörungen und Plünderungen sowie der anstehenden Aufgaben vor dem Hintergrund des großen Informationsbedürfnisses der Bevölkerung hinsichtlich Verbleib und Wohlergehen von Familie, Freunden und Bekannten die Wiederaufnahme des Post- und Fernmeldeverkehrs dringend nötig war. Ab Mitte 1945 kam unter Aufsicht der Besatzungsmächte und unter Anleitung der geschaffenen neuen Postbehörden der Nachrichtenverkehr auf örtlicher und regionaler Ebene wieder in Gang. In der Regel konnten zuerst Postkarten, danach Briefe verschickt werden. Mit Wirkung vom 24. Oktober 1945 war auch ein eingeschränkter Briefverkehr zwischen den Besatzungszonen wieder möglich. Die ersten Nachkriegsbriefe trugen für die Besatzung hergestellte amerikanische Briefmarken oder Postwertzeichen mit geschwärztem Hitler-Motiv als Aufbrauchprovisorien, da die Marken der NS-Zeit ihre Gültigkeit verloren hatten und NS-Motive nicht mehr erlaubt waren. In einigen Gebieten Deutschlands fanden Gebühr-bezahlt-Stempel Anwendung. Das Fehlen von gültigen Briefmarken in ausreichender Anzahl erschwerte den Nachrichtenaustausch.

Nach und nach gaben die verschiedenen deutschen Postbehörden neue Briefmarken als nützliche Kommunikationshelfer heraus. In Berlin beschloss der Magistrat bereits am 20. Mai 1945, für das Gebiet von Groß-Berlin neue Briefmarken zu verausgaben. Zuvor war von der Magistratsabteilung für Post- und Fernmeldewesen mit wenigen Grafikern ein nicht-öffentlicher Wettbewerb in aller Eile durchgeführt worden. Der erste sowjetische Stadtkommandant, Generaloberst Nikolai Bersarin, folgte dem Vorschlag des Magistrats und entschied sich für die Briefmarkenentwürfe des Grafikers Alfred Goldammer mit dem unpolitischen Stadtwappen im Motiv. Die zweckbetonte Ziffer war nur die zweite Wahl. Markenmotive mit der Aufschrift »Deutschland« oder mit sowjetischen Symbolen hatten wegen ihrer Polarisierungsmöglichkeiten bei der Auswahl keine Chance – noch weniger Bezeichnungen in russischer Sprache. Die in Dresden am 23. Juni 1945 erschienene Potschta-Marke wurde noch am Ausgabetag aufgrund der russischen Post-Inschrift zurückgezogen und vernichtet. Bersarin hat auf dem kartonierten Vorlageblatt die beiden Berliner Marken eigenhändig eingekreist und mit dem russischen Vermerk »Zum Druck freigegeben« am 24. Mai 1945 mit Unterschrift genehmigt. Fünf und acht Pfennig betrug die ermäßigte Beförderungsgebühr für Postkarten und Briefe im Gewicht bis 20 Gramm im Ortsverkehr von Berlin. Am 9. Juni kamen die Marken über das Verteilerpostamt Berlin W 8 an die Postschalter. Nikolai Bersarin starb nur wenige Tage später im Alter von 41 Jahren bei einem Motorradunfall. Er erhielt postum die Ehrenbürgerschaft von Berlin für seine Verdienste um die Versorgung der Bevölkerung, den Aufbau der Infrastruktur und Kultur im zerstörten Berlin in den ersten Monaten nach Kriegsende.

Die sowjetische Druckfreigabe für die Berliner »Bärenmarken« stellt die Geburtsurkunde der deutschen Nachkriegsbriefmarken dar. Bereits Ende Juni 1946 übergab die zuständige Magistratsfachabteilung das wertvolle historische Dokument sowie die nicht genehmigten Entwürfe an das ehemalige Reichspostmuseum zur sicheren Aufbewahrung und zum Aufbau einer neuen Sammlung. Nach der Wiedervereinigung am 3. Oktober 1990 gab es hinsichtlich der DDR-Briefmarkenentwürfe Absichten, die im Postmuseum gesammelten Originale an die Grafiker zurückzugeben. Der aufwendige Nachweis des Museums, dass die Entwürfe den Grafikern vom Ministerium für Post und Fernmeldewesen der DDR rechtmäßig abgekauft worden waren, verhinderte die Rückgabe und sicherte den Erhalt eines attraktiven und aussagekräftigen Sammlungsbestands, der von der Öffentlichkeit, von Philatelisten, Journalisten, Ausstellungsmachern und Kunsthistorikern häufig nachgefragt wird. VEIT DIDCZUNEIT

~ N°75 ~

BAUKASTEN-RADIO HEINZELMANN

zum Radioempfang im besetzten Deutschland

~

Holz, Metall, Kunststoff

1947

ALS SPIELZEUG DEKLARIERT Nachts, wenn die Menschen sich erholen, tief und fest schlafen, verrichten fleißige Hausgeister die lästigen Arbeiten des Alltags. Die Heinzelmännchen, kleine Kobolde mit Zipfelmütze, schwirren im Schutz der Dunkelheit aus und machen sich im Haushalt nützlich: Brotbacken, Schmutzwäsche, Putzen – es gibt nichts, wofür sich die Heinzelmännchen zu schade wären. Was hat sich also Max Grundig dabei gedacht, seinem Radioempfänger von 1947 den drolligen Namen »Heinzelmann« zu geben?

Die Zerstörungen des Zweiten Weltkriegs warfen den deutschen Rundfunk in Entwicklung und Produktion um gut ein Jahrzehnt zurück. Doch nicht nur Materialknappheit und fehlende Infrastruktur erschwerten der Industrie die Rekonvaleszenz. Zudem war die Herstellung und der Vertrieb von Rundfunkzubehör streng durch die Alliierten reglementiert; das Echo der nationalsozialistischen Rundfunkpropaganda war nur allzu laut hörbar. Der versierte Bastler und Geschäftsmann Max Grundig – bereits seit 1930 Inhaber eines Radiogeschäfts im fränkischen Fürth – machte sich das Vakuum zunutze und füllte auf clevere Art und Weise die Marktlücke: Statt gebrauchsfertiger Radioempfänger bot Grundig Bausätze an, die man mit etwas technischem Geschick zu funktionierenden Geräten zusammensetzen konnte. Er deklarierte sein Produkt als Spielzeug, wodurch er die Auflagen der Alliierten umgehen konnte. Der Heinzelmann-Bausatz knüpfte damit an eine Tradition aus den Frühzeiten des Hörfunks an: Die ersten Empfangsgeräte waren meist lediglich als Bausatz erhältlich, und die Rundfunkszene bestand daher größtenteils aus findigen Bastlern und Tüftlern.

Der Heinzelmann bildete das Fundament für Grundigs Industrie-Imperium, das in den Folgejahren des »Wirtschaftswunders« unzählige Radio- und Fernsehempfänger an den Mann und die Frau brachte. Der zuverlässige kleine Radiokobold war also in zweierlei Hinsicht der sprichwörtliche Helfer in der Not: Der Bevölkerung ermöglichte er Zugang zu Informationen und Zerstreuung. Max Grundig bescherte er ein florierendes Unternehmen, Reichtum und einen ikonischen Namen, der in die Geschichte einging. FLORIAN SCHÜTZ

Hochspannung
Vorsicht!
Lebensgefahr!

~ *N°76* ~

STÖRSENDER

zur Beeinträchtigung des Empfangs von Westradio in der DDR

~

Metall, Glas, Kunststoff

1950ER JAHRE

WER RIAS HÖRT In der Zeit des Kalten Krieges hatte Berlin einen besonderen Status. Die Stadt war in vier Sektoren aufgeteilt – und das Informationsbedürfnis hoch. Die Amerikaner begannen im Februar 1946, im Westteil Berlins einen Radiosender aufzubauen, da die sowjetische Besatzungsmacht den westlichen Siegermächten die Nutzung des Berliner Rundfunks untersagte. Hierfür nutzten die Amerikaner und Briten vorerst die unterirdischen Telefonkabel und strahlten ihre Sendungen über diese Drähte aus. Der Drahtfunk im amerikanischen Sektor – kurz DIAS – wurde von 1.500 Haushalten empfangen. Als den Amerikanern ein halbes Jahr später ein ausrangierter Truppensender für Sendungen über Mittelwelle zur Verfügung stand, wurde der DIAS in RIAS – Rundfunk im amerikanischen Sektor – umbenannt. Dieser Rundfunk versorgte ganz Berlin und vor allem die DDR mit unabhängigen Informationen, vertrat aber von Anfang an ein von der US-Politik geprägtes Meinungsbild. Als »freie Stimme der freien Welt« bildete der RIAS ein Gegengewicht zum sowjetisch kontrollierten Berliner Rundfunk.

Die Programmgestaltung des RIAS war neuartig und gab den Bürgern der DDR das Gefühl, nicht vergessen zu sein. Neben der politischen Berichterstattung kam das Unterhaltungsprogramm bei den Hörern gut an. Vor allem die Quizsendung *Das klingende Sonntagsrätsel* erfreute sich besonderer Beliebtheit. DDR-Bürger nutzten die Zuschriften an den RIAS, um neben dem Lösungswort auch individuelle Erfahrungen und Geschichten über die Grenze hinauszutragen. Auch in der Hörerbriefsendung *Die Zone hat das Wort* wurde auf die Sorgen und Nöte der DDR-Bürger eingegangen. Beliebtes Forum für Jugendliche war der *RIAS-Treffpunkt* mit einer täglichen Sendezeit, in der sie in Briefen von ihrem Konflikt zwischen der Heimat

DDR und dem Wunsch nach freier Entfaltung berichten konnten. Ferner wurde Unterhaltungsmusik, allen voran Sendungen wie die Hitparade *Schlager der Woche,* weit in die DDR hinein gehört. Insbesondere für die Verbreitung von Popmusik war RIAS ein Wegbereiter. Ab Mitte der 1980er Jahre sendete RIAS 2 sogar rund um die Uhr das Neuste aus Pop und Rock.

Soviel Offenheit wurde in der DDR nicht geduldet. Die Initiative ergriff im September 1953 jedoch nicht die Regierung in Ostberlin, sondern Moskau ließ über den sowjetischen Botschafter ausrichten, der RIAS habe seine »reaktionären Rundfunksendungen gegen die DDR verstärkt« und es gäbe bisher nur »unzureichende Gegenmaßnahmen«. Plakate warnten fortan die DDR-Bürger: »Vorsicht RIAS-Gift«; auf den Quittungen für die Rundfunkgebühren hieß es »Der Rias lügt – die Wahrheit siegt« oder »Wer RIAS hört, den Frieden stört«.

Die Sowjets forderten, binnen zweier Jahre 600 kleine und 40 große Störsender zu errichten. Dazu war die DDR nicht in der Lage, sondern stellte lediglich 40 kleine 50-Watt-Sender und 20 große Störsender mit 2.000 Watt auf. Diese sorgten in der DDR dafür, dass statt der RIAS-Nachrichten Jaulen, Heulen und spärliche Fetzen aus den Radios kamen. Nachdem die Störsender in vielen Gegenden der DDR den RIAS-Empfang auf Mittelwelle empfindlich beeinträchtigten, rüstete der RIAS technisch nach und baute neue, sehr leistungsstarke Mittelwellensender, deren Standorte er – immer zu unterschiedlichen Zeiten – wechselte, um so dem ostdeutschen Störbetrieb auszuweichen.

Als am 23. November 1978 der Genfer Wellenplan in Kraft trat, war Schluss mit den DDR-Störsendern: Sie mussten nun vertragsgemäß »schweigen«. Ohnehin passte diese Art von »Gegenpropaganda« nicht mehr in die vom Gedanken der Entspannung geprägte Zeit nach der Konferenz von Helsinki und den KSZE-Vereinbarungen. SANDRA HESSE

~ Nº77 ~

SPARDOSE

in Form eines Briefkastens der Bundespost

~

Metall, lackiert

UM 1954

POSTSPAREN Meine erste Sparbüchse symbolisierte einen mittelalterlichen Turm der Stadt Nürnberg. »Meine erste Spardose war ein Hamster!«, erzählt ein Freund. Die erste bekannte Spardose der Antike, gefunden im kleinasiatischen Priene, hat die Form eines Schatzhauses. Der altgriechische Begriff *Thesauros* für dieses Objekt, in dem kleine Geldschätze gesammelt wurden, überlebte im Wort *Tresor,* verleiht aber auch dem linguistischen und wissenschaftlichen Wortschatz seinen Namen.

Warum horten wir Schätze? Was betrachten wir als wertvoll? Nötig war Vorsorge schon in der Frühzeit der Menschheitsgeschichte, um im Winter oder in Notzeiten über die Runden zu kommen. Dafür wurden möglichst haltbare Lebensmittel gesammelt und auch damals schon in extra dafür hergestellten oder von Natur aus passenden Behältern aufbewahrt. Der Mensch war also seit jeher ein Sparer. Und mit

Einführung der Münzen begann der Siegeszug der Spardose! Münzen regen durch ihre haptischen und akustischen Eigenschaften an, sie zu sammeln. Und irgendwo muss der Überschuss ja auch aufbewahrt werden.

Interessant ist, welche Modelle die Menschen als Behältnisse für ihre Spargroschen entwickelten und welche Materialien benutzt wurden. Das gewährt einen Blick in Kulturgeschichte und verschiedene Zeitalter, dokumentiert Lebensumstände und Weltgeschehen, aber auch, warum Geld gesammelt wird. Oftmals sind Tiere die Schatzhüter. Nahe liegen Vergleiche mit ihrer Natur: der fleißige Hamster ebenso wie das emsig sammelnde Eichhörnchen, Fische wegen ihres massenhaften Vorkommens, Elefanten wegen ihrer Stärke und Weisheit. Diese Eigenschaften wünschen sich die Sparer vielleicht für sich selbst. In unserem Kulturkreis am bekanntesten ist sicher das Sparschwein, im Englischen bezeichnenderweise »Piggy Bank« genannt. Das Schwein verdankt seine Karriere nicht nur Robert Lembkes Frage »Was bin ich?«, die im besten Falle mit fünf D-Mark honoriert wurde. Die Beliebtheit speiste sich schon im alten China aus seiner Symbolkraft als Glücksbringer, der hohen Fruchtbarkeit und seiner Bescheidenheit, auch von Resten wohlgenährt und rosig zu erscheinen – lauter positive Merkmale für die Funktion von Spardosen.

Die Spardose als zeitgeschichtliches Objekt zeigt sogar den Weg des globalen Nachrichtentransports. Stellvertretend stehen gestalterische Formen, die per se eine Funktion als Sammelbehälter in sich tragen: Briefkästen. Sie sammeln die Post an den Straßen ein, sind immer und überall erreichbar, in der ganzen Welt auch aus der Ferne durch ihre Form und Farbe erkennbar. Wenn die kleine Briefkasten-Spardose wirkungsvoll im Regal steht, bemerkt sie vielleicht auch die wohlmeinende Patentante. Mini-Tresore, die kleine Geldschätze im Innern speichern, passen auch zu den vielschichtigen Aufgaben der Post in früheren Zeiten. Schon in der Postkutschen-Ära wurden nicht nur Menschen befördert, sondern gleichzeitig auch Wertvolles in hölzernen Truhen, gesichert mit riesigen Schlössern, versteckt direkt unter dem Kutschbock im sogenannten Wertgelass. Trotzdem war diese Transportmethode angesichts der Begehrlichkeiten durch Posträuber eher riskant. Die clevere Lösung, den Bargeldverkehr sicherer zu gestalten, fand die Post in der Einrichtung eines Geldübermittlungsdienstes. Mit dessen Hilfe wurde der Geldaustausch bereits im 19. Jahrhundert virtualisiert. Es flossen keine Münzströme mehr, sondern ein Kreislauf aus »Giralgeld« entstand. Der Absender zahlte Geld am einen Ende ein und wies die Post per Beleg an, es am anderen Ende dem Empfänger bar auszuzahlen. Transportiert wurden nur noch die Belege. Natürlich auch ein bisschen schade für die Posträuber, aber wer will es demjenigen verdenken, der seine Schulden zahlen musste?

Das System war so erfolgreich, dass die Deutsche Reichspost 1909 für den Zahlungsverkehr sogar eine eigene Bank gründete, neben dem Personen- und Nachrichtentransport quasi als drittes Standbein. Und weil es in Europa bereits ähnliche Vorläufer gab, folgte 1939 der Postsparkassendienst. Sparguthaben wurde nun auf Papier in kleinen blauen Büchlein verwahrt. Doch die Spardose war immer noch en vogue. Um schon die Kinder zum Sparen anzuregen, wurde mit dem Sparbuch oft eine spielerisch gestaltete Sparbüchse überreicht, wie die beliebte Kinderfigur »Käpt'n Blaubär«, der an einer hölzernen Schatzkiste lehnt. Traditionell einmal im Jahr am Weltspartag wird immer noch der Inhalt geleert und eingezahlt. Sparstrümpfe allerdings kamen nie so recht in Mode. Heute sind Spardosen – wenn sie verschenkt werden – oft je nach Grund des Sparens geformt: Um sich einen Wunsch zu erfüllen als Auto, Klavier, Schuh und künftig vielleicht in Form eines Smartphones oder einer Virtual-Reality-Brille. In jedem Fall dienen sie immer noch dem Sammeln von Münzen und Scheinen, auch wenn heute Geld via Crowdfunding oder Spenden-App generiert wird. Möglicherweise sind Sparbüchsen darum ein aussterbendes Objekt der Begierde, denn im Zeitalter der elektronischen Währung verlieren sie ihre Funktion. Vielleicht jedoch bleiben sie als nostalgisches Nischenprodukt erhalten, ähnlich wie Bücher, weil die Freude am Angucken und Berühren der gesammelten Schätze dem Menschen innewohnt.

Und genau darum sammelt und bewahrt die Museumsstiftung wunderschöne, interessante, kuriose, besondere und seltene Spardosen. Darunter finden sich solch exotische Originale wie eine Spar-Uhr aus den 1930er Jahren, die nur durch regelmäßiges Füttern mit einer Münze die Zeit anzeigt. Und wer die Sache mit dem Sparbuch für old school hält, den informiert das 2013 eingeführte Modell »Porkfolio« via WLAN über den aktuellen Sparstand. Bleibt für die Keramikfraktion trotzdem die spannende Frage: Sparschwein mit Schlüssel öffnen oder mit dem Hammer zerklopfen? JUTTA SCHERM

~ N°78 ~

PLAKAT

Aufforderung zum Versand von Paketen in die DDR

~

Papier

1954

GESCHENKSENDUNG, KEINE HANDELSWARE Vor allem der Duft aus einer Mischung von Kaffee, Apfelsinen, Schokolade und Seife steckt den meisten Empfängern der begehrten Westpakete noch heute in der Nase und weckt ihre Erinnerungen. Erinnerungen an die große Spannung beim Öffnen der langersehnten Weihnachtspakete und an die besondere Freude über Jacobs Krönung, Milka Schokolade, Dr. Oetker Puddingpulver, Wrigleys Kaugummi, Nivea Creme und vieles mehr. Aber auch Erinnerungen an Verwandte und Freunde, die gleichzeitig nah und doch so fern in der Bundesrepublik gelebt und die liebevoll gepackten Westpakete geschickt hatten.

In der Zeit der deutschen Teilung, als jährlich mehrere Hundert Millionen Briefe und Millionen Päckchen die innerdeutsche Grenze passierten, war der Brief- und Paketverkehr entscheidend für das in Verbindung Bleiben von Familien und Freunden aus Ost und West. Doch auch wer keine Westverwandtschaft hatte, konnte sich hin und wieder über eine Geschenksendung »von drüben« freuen. Vor allem in den 1950er und 1960er Jahren vermittelten westdeutsche Hilfsorganisationen Adressen ostdeutscher Familien und organisierten sogenannte Fremdpaket-Aktionen, die ausdrücklich als Geschenksendung einer Privatperson deklariert sein mussten und keine Handelsware enthalten durften. Neben der materiellen Hilfe sollten damit – politisch initiiert – das Zusammengehörigkeitsgefühl und die Einheit der deutschen Nation gestärkt werden. Auf Werbemarken und Zündholzschachteln, mit Postwurfsendungen und Plakaten wurde für die Paketaktionen geworben.

Auch der Spitzenverband der freien Wohlfahrtspflege Freiburg im Breisgau warb in den 1950er Jahren für den Versand von Unterstützungspaketen in die DDR und wählte dafür einen Postboten, der sich flotten Schrittes und fokussiert auf sein Ziel aufmacht, die ersehnten Pakete zu überbringen. Schließlich transportierte die Post in den 1960er Jahren rund 300 Millionen Briefsendungen und 50 Millionen Päckchen jährlich zwischen West- und Ostdeutschland.

Aufgrund des bildlichen Postmotivs hat das Plakat Eingang in die Sammlungen der Museumsstiftung Post und Telekommunikation gefunden. Die rund 5.000 Exponate umfassende Plakatsammlung wurde in deren Vorgängerinstitutionen in erster Linie angelegt, um postalische Werbemaßnahmen zu dokumentieren. So spiegelt sie schwerpunktmäßig die gesamte Postplakatwerbung von 1949 bis 1990 wider. Die gesellschaftliche Bedeutung der sogenannten Post von drüben, wie sie auf diesem Plakat deutlich wird, zeigt sich noch in einem anderen Sammlungsgebiet der Museumsstiftung: Seit 2005 sammelt sie am Standort Berlin auch deutsch-deutsche Briefwechsel als Zeugnisse privater Kommunikation, die der politischen und räumlichen Trennung durch die Grenze entgegenwirkte. Ein Teil dieser Sammlung ist in einer Online-Datenbank einem breiten Publikum zugänglich. WENKE WILHELM

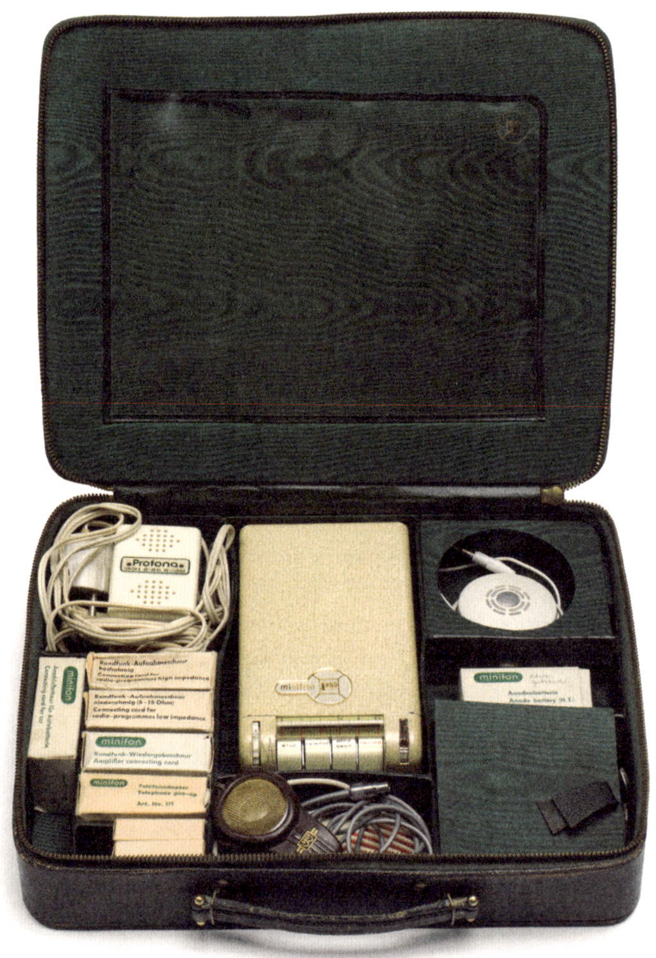

~ Nº79 ~

DRAHTTON-AUFNAHMEGERÄT MINIFON P 55

für unbemerktes Aufzeichnen von Gesprächen

~

Metall, Kunststoff

1955

DIE LIZENZ ZUM SPIONIEREN Das Minifon P 55 der Protona GmbH war ein in den 1950er Jahren hergestelltes batteriebetriebenes Miniatur-Drahttongerät – ein Stück Wirklichkeit gewordene James-Bond-Ausrüstung. Der deutsche Elektroingenieur Willi Draheim begann mit der Entwicklung 1948 – kurz bevor er Nikolaus Monske begegnete. Monske, ein Hannoveraner Geschäftsmann, hatte sich darüber geärgert, dass mündliche Vereinbarungen hinterher oft anders wiedergegeben wurden, und suchte nach einem Gerät, diese Besprechungen unbemerkt aufzeichnen zu können. Finanziert durch Monske entwickelte Draheim das Minifon zusammen mit Ernst Genning bis 1951 zu einem fertigen Produkt.

Als der nun M 51 genannte Minirekorder auf der Industriemesse in Hannover vorgestellt wurde, war er eine Sensation. Bis dahin hatte man ein so kleines Aufnahmegerät für unmöglich gehalten. Über Tage hinweg berichteten Zeitungen und Magazine weltweit über dieses Stück deutscher Ingenieurskunst. Eine amerikanische Firma bestellte gleich 120.000 Stück. Rasch wuchs Monske & Co. auf 180 Mitarbeiter, doch Finanzierungsprobleme und Lieferschwierigkeiten führten zum Konkurs. Die Produktion des Minifon M 51 wurde von der Protona GmbH weitergeführt.

1955 stellte Protona auf der Hannover-Messe das Nachfolgemodell Minifon P 55 vor. Obwohl das Tonband qualitativ bessere Aufnahmen lieferte, zeichnete das Minifon die Töne weiterhin auf dünnem Stahldraht auf – die Aufnahmedauer des Minifon war mit bis zu fünf Stunden zehn Mal länger. Aufgrund seiner kleinen Baugröße wurde das Gerät stets auch zu Abhör- und Spionagezwecken eingesetzt. Hierzu gab es reichhaltiges Zubehör, etwa als Armbanduhr, Füller oder Krawattennadel getarnte Mikrofone oder auch kleine Induktionsspulen, die Mitschnitte von Telefongesprächen gestatteten. Der Kaufpreis betrug damals 985 Mark – nach heutiger Kaufkraft rund 2.200 Euro. FRANK GNEGEL

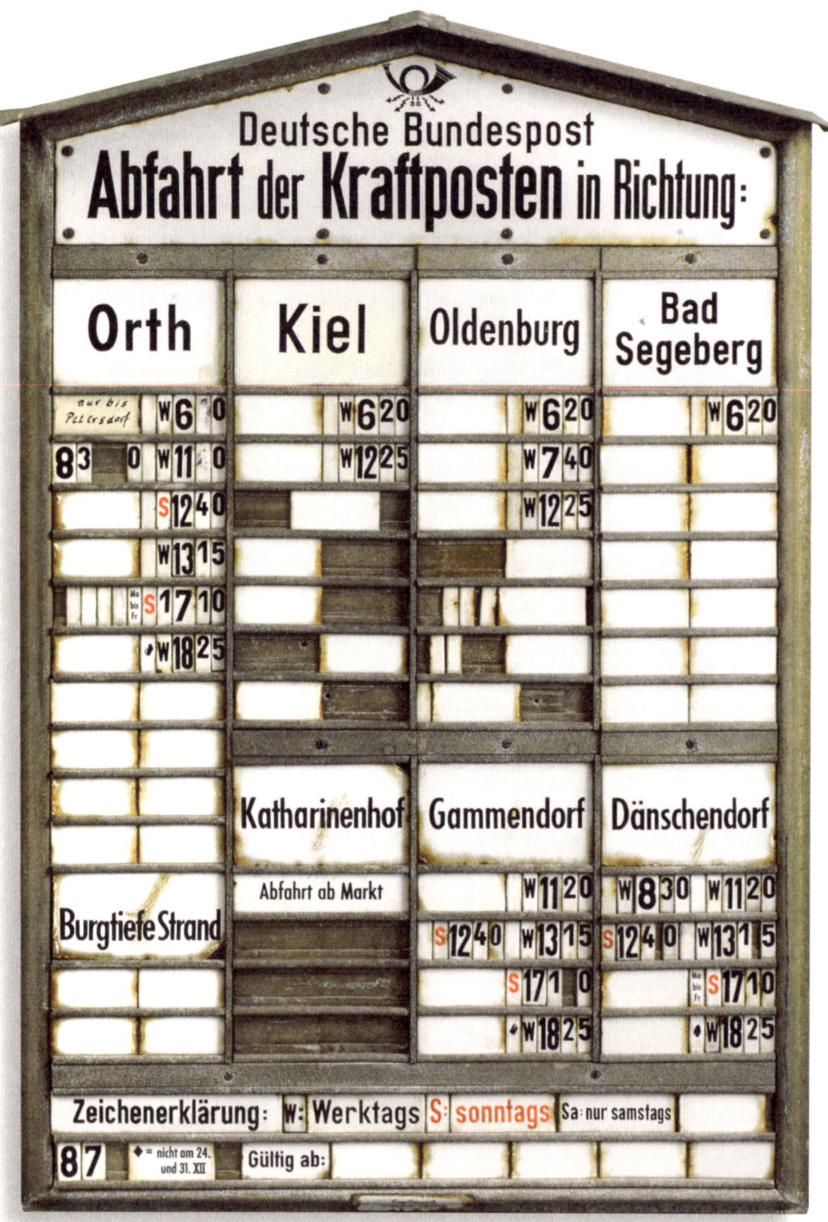
Deutsche Bundespost
Abfahrt der Kraftposten in Richtung:
Orth
Kiel
Oldenburg
Bad Segeberg
nur bis Petersdorf
Katharinenhof
Gammendorf
Dänschendorf
Abfahrt ab Markt
Burgtiefe Strand
Zeichenerklärung:
W: Werktags
S: sonntags
Sa: nur samstags
♦ = nicht am 24. und 31. XII
Gültig ab:

~ N°80 ~

KRAFTPOST-INFORMATIONSTAFEL

mit Abfahrtszeiten der Station Burg auf Fehmarn

~

Metall, Emaille

UM 1955

DER POSTBUS KOMMT! »Nicht nur da, wo ehedem die gute alte Postkutsche sich abmühte, sondern auch im Fern- und Höhenverkehr verkehren heute überall die Kraftpost-Omnibusse. Leicht und mühelos lassen sie die Schönheit der Landschaft und ihren reizvollen Wechsel am Auge der Fahrgäste vorüberziehen und haben weite Gegenden, die von der Eisenbahn nicht erschlossen sind, vor allem im regelmäßigen Kraftpost-Linienverkehr leicht erreichbar gemacht. Daneben führen Kraftsonderposten in Ausflugs- und Gesellschaftsfahrten in die landschaftlich schönsten Gegenden (…)«, wirbt die Deutsche Bundespost in den 1950er Jahren in dem Faltblatt *Schwarzwald-Bodensee-Kraftposten.* Auch aus dieser Zeit – allerdings vom anderen Ende Deutschlands, aus dem hohen Norden – stammt die Tafel mit den Abfahrtszeiten der Kraftpost in Burg auf Fehmarn, die in den 1990er Jahren über das Museum für Kommunikation in Hamburg in den Bestand der Museumsstiftung Post und Telekommunikation gelangte. Die Fahrtziele beschränkten sich dabei nicht nur auf die schleswig-holsteinische Ostseeinsel, sondern führten nach Oldenburg in Holstein, Bad Segeberg und sogar bis in die Landeshauptstadt Kiel.

Im Norden wie im Süden waren die 1950er Jahre die Hochzeit der Kraftpost, und die Post wurde zum größten Busunternehmen Europas. Mit 4.075 posteigenen Bussen wurden damals jährlich rund 355 Millionen Fahrgäste befördert. Der Wohlstand der Deutschen wuchs stetig, aber ein eigenes Auto besaßen nur wenige. Große Auslandsreisen waren noch unerschwinglich, sodass man gerne mit der Kraftpost reiste, die 1955 bereits ihr 50-jähriges Jubiläum feierte.

Am 1. Juni 1905 hatte die selbstständige Bayerische Post den Linienverkehr auf der Strecke von Bad Tölz nach Lenggries eröffnet. Die Deutsche Reichspost folgte 1906 mit der Verbindung von Friedberg nach Ramstadt in Hessen. Mit den Kraftpostlinien wurden auch die ländlichen Regionen abseits der Eisenbahn zum Zweck der Mobilitäts- und Postversorgung neu ins Verkehrsnetz einbezogen. Die gleichzeitige Personen- und Postsachenbeförderung diente dazu, die Wirtschaftlichkeit der Kraftpostlinien zu steigern. Bereits 1922 hatte das Reichspostministerium für den motorisierten Postverkehr den Begriff der Kraftpost eingeführt, der erst in den 1960er Jahren durch die Bezeichnung Postreisedienst abgelöst wurde. Mit der Massenmotorisierung und der damit verbundenen Ausbreitung des Individualverkehrs in den 1970er Jahren brachen die Fahrgastzahlen beträchtlich ein. Hinzu kam die starke Konkurrenz durch die Deutsche Bundesbahn, mit deren Schnellzügen IC und ICE die Postbusse in Bezug auf Geschwindigkeit und Komfort nicht länger mithalten konnten. Der Postreisedienst wurde schließlich zu Beginn der 1980er Jahre an die Bahn übergeleitet. Aber es dauerte noch bis 1985, als ausgerechnet im Allgäu, der Wiege der Kraftpost, und am 31. Mai, einen Tag vor dem 80-jährigen Jubiläum, der vorerst letzte Postbus seinen Dienst einstellte.

Aber die Geschichte der Postbusse ging doch noch einmal weiter, als im Jahr 2013 das Personenbeförderungsgesetz reformiert wurde und Busunternehmer wieder Linienverbindungen über 50 Kilometer Streckenlänge anbieten durften. Die Deutsche Post tat sich mit dem ADAC zusammen, und gemeinsam starteten die Unternehmen den ADAC Postbus, der die Reisenden sicher, komfortabel und gut unterhalten ans Ziel bringen sollte. Diese kurze Episode endete allerdings mit dem Ausstieg des ADAC und schließlich im Jahr 2016 mit der Übernahme durch ein Konkurrenzunternehmen. WENKE WILHELM

~ No 81 ~

PANORAMA-FERNSEHER

französische Design-Ikone mit wegweisender Empfangstechnik

~

Metall, Glas, Kunststoff

1957–1959

HDTV VOR 60 JAHREN Der zwischen 1957 und 1959 hergestellte Téléavia Panoramic 111 gilt als eine der Ikonen der Fernsehgeschichte und besticht durch sein atemberaubendes Design und seine Technik. Das Gehäuse des Bildschirms folgt in elegantem Schwung der Bildröhre, und so gilt der P111 als eines der wichtigsten Werke des Nachkriegsdesigns. Häufig wird fälschlich angegeben, dass Flaminio Bertroni den Téléavia P111 entworfen habe. Tatsächlich zeichnete für seine Gestaltung Philippe Charbonneaux (1917–1998) verantwortlich, der auch den Renault 8 und den Renault 16 designte. Der für damalige Verhältnisse außergewöhnlich große Bildschirm mit 19 Zoll (54 Zentimeter) Bildschirmdiagonale scheint über dem Gehäuse zu schweben. Er kann in einem Winkel von 150 Grad gedreht werden und lässt sich auch in der Neigung einstellen. Doch der Téléavia P111 erhielt seine Form nicht, um einfach nur anders auszusehen als die damals üblichen Geräte, die mit ihren großen Gehäusen und fest in einer bestimmten Höhe eingebauten Bildröhren nicht unbedingt auf den besten Betrachtungswinkel ausgerichtet waren. Im Prinzip wurde die Sitzposition der Zuschauer durch den Fernseher vorgegeben. Der in alle Richtungen verstellbare Bildschirm des P111 ermöglichte jedoch unterschiedliche Positionen beim Fernsehgucken, zudem war das leichte Gehäuse auf Rollen einfach zu verschieben.

Auf den ersten Blick nicht erkennbar, konnte die Technik im Inneren leicht mit dem sensationellen Design mithalten: Der Téléavia aus dem Jahr 1957 ist ein *echter* HDTV-Empfänger. Er stellt das Fernsehbild in einer Auflösung von 819 Zeilen dar. Nach heutigem HDTV-Standard, nach dem nur die aktiven Zeilen angegeben werden, könnte die Auflösung des Panoramic 111 am ehesten als 720i (interlaced) beschrieben werden. Bei einem Seitenverhältnis von 4 zu 3 betrug seine Auflösung 408 mal 368 Linienpaare – also 816 mal 737 Pixel. Zum Vergleich: Der heutige 720p-Standard hat 1.280 mal 720 Pixel – allerdings in einem anderen Seitenverhältnis. Der Ausschnitt des 720p-Bildes im Verhältnis 4 zu 3 hätte 960 mal 720 Pixel. Also ist die horizontale Auflösung des Téléavia etwas besser, die vertikale etwas schlechter als modernes HDTV – allerdings bei halbierter Bildwechselrate im Zeilensprungverfahren. Bemerkenswert an der 819-Zeilen-Norm war, dass es den französischen Technikern gelang, in der Aufnahme- und Wiedergabetechnik das Format auch zu füllen und auszureizen. So weist der P111 ein gestochen scharfes Fernsehbild auf – jedoch nur in schwarz-weiß.

1949 wurde in Frankreich die 819-Zeilen-Norm eingeführt; die Sender in Paris und Lille nahmen 1950 den öffentlichen Betrieb auf. Ursprünglich sendete der erste Fernsehsender im Pariser Eiffelturm ab 1938 mit 455 Zeilen, 1943 stellte die deutsche Besatzungsmacht den Sendebetrieb auf 441 Zeilen um. Diese *deutsche* und nicht mehr ganz zeitgemäße Norm sollte nach dem Krieg durch eine neue abgelöst werden, wobei sich die Franzosen weder der amerikanischen 525-Zeilen-Norm noch der europäischen 625-Zeilen-Norm anschließen mochten. Vielmehr sollte die technologisch führende Rolle Frankreichs mit der ambitionierten 819-Zeilen-Norm unterstrichen werden. Aus Sicht der Politik hatte die 819-Zeilen-Norm auch noch den Vorteil, dass die französischen Fernseher ausländische Sender nur schlecht empfangen konnten und zumindest im Fernsehen das Meinungsmonopol des staatlichen Radiodiffusion-Télévision Française (RTF) gewahrt wurde.

Allerdings gab man die 441-Zeilen-Norm mit Aufnahme des 819-Zeilen-Sendebetriebs keineswegs auf, sondern verpflichtete sich mit Rücksicht auf die Besitzer vorhandener Geräte und die Fernsehhersteller, noch zehn Jahre auf 441 Zeilen weiterzusenden. Doch es gab immer wieder Gerüchte, die 819-Zeilen-Norm werde wieder aufgegeben – was tatsächlich erst 1983 geschah. In den 1950er Jahren verursachte dies allerdings eine allgemeine Verunsicherung der französischen Käufer, was wiederum dazu führte, dass die meisten damals angebotenen französischen Fernsehgeräte beide Normen beherrschten. Auch der Téléavia Panoramic 111 hat zwei Empfänger – einen für 441 und einen für 819 Zeilen. Nach Aufgabe der 441-Zeilen-Norm stellten die Franzosen allerdings nicht einheitlich auf 819 Zeilen um, sondern führten für den zweiten Fernsehkanal 1961 die europäische 625-Zeilen-Norm neu ein, sodass den französischen Fernsehzuschauern die unterschiedlichen Auflösungen ihrer Fernsehprogramme noch mehr als 20 Jahre erhalten blieben.

Auch in Deutschland gab es kurzzeitig ein 819-Zeilen-Fernsehen: Im Juni 1954 ging der saarländische Fernsehsender Telesaar auf Sendung. Das Saarland – damals noch nicht Teil der Bundesrepublik – hatte in seinem Rundfunkgesetz 1952 die Übernahme aller französischen Fernsehnormen vorgeschrieben. So sendete der Privatsender Telesaar sein 819-Zeilen-Bild von Saarbrücken aus. 1957 trat das Saarland der Bundesrepublik bei. Telesaar fügte sich als Privatsender nicht in die öffentlich-rechtliche Rundfunklandschaft der Bundesrepublik ein, sodass die Behörden seinen Betrieb untersagten und der Sender ihn eineinhalb Jahre später – im Juli 1958 – einstellte. Bis zur Inbetriebnahme des Senders Göttelborn im Oktober 1959 konnte der Saarländische Rundfunk allerdings das ARD-Fernsehprogramm noch nicht ausstrahlen. Daher nutzte der Saarländische Rundfunk die Sendeeinrichtungen von Telesaar zunächst weiter. Dort filmte er das 625-Zeilen-Bild der ARD von einem Fernseher mit einer 819-Zeilen-Kamera ab und brachte so das – allerdings leicht verwaschene – ARD-Programm in die saarländischen Wohnzimmer. FRANK GNEGEL

~ Nº 82 ~

VW-KLEINLIEFERWAGEN TYP 147

im Volksmund »Fridolin« genannt

~

Metall, Glas, Kunststoff

1970

MASSGESCHNEIDERT Zwei Kubikmeter Ladekapazität, 400 Kilogramm Nutzlast, 1,50 Meter Innenhöhe, Verbindung zwischen Führerhaus und Laderaum sowie zwei Schiebe- statt üblicher Klapptüren – diese Anforderungen stellte die Deutsche Bundespost im Jahr 1962 an den Volkswagenkonzern für ein Sonderfahrzeug zur Post- und Paketzustellung. Das Ergebnis war der VW-Westfalia 147, Spezial Typ »Post«, der 1965 in Serienproduktion ging und ein Typenmix aus dem VW-Baukasten war.

Die Zusammenarbeit zwischen der Bundespost als größtem europäischen zivilen Fuhrparkhalter und VW, dem größten europäischen Automobilkonzern, begann bereits unmittelbar nach Ende des Zweiten Weltkriegs. Volkswagenfahrzeuge dominierten fortan den Fuhrpark der Bundespost. Grund dafür war die von der Post festgelegte Typenbeschränkung, um Reparatur- und Wartungsarbeiten sowie Instandsetzungs- und Schulungskosten für das Personal zu vereinfachen beziehungsweise zu verbilligen. Bereits seit den 1950er Jahren gab es Überlegungen bei der Post, ein ihren spezifischen Ansprüchen entsprechendes Sonderfahrzeug unter anderem für die Briefkastenleerung, den Brief- und Paketzustelldienst sowie den Landposteinsatz entwickeln zu lassen. Der VW-Käfer war hierfür zu klein und der VW-Transporter wiederum zu groß. Nach Versuchen mit verschiedenen Prototypen konzipierte VW schließlich Anfang der 1960er Jahre zusammen mit der Firma Westfalia, die den Wagenaufbau liefern sowie die Endmontage vornehmen sollte, nach den besonderen Vorgaben der Post den VW 147.

Seinen Spitznamen »Fridolin«, der sich rasch einbürgerte, erhielt er vermutlich von einem Mitarbeiter der Westfalia-Werke. Der Wagen fiel besonders durch seine originelle Form mit dem kastenförmigen Aufbau auf, und die Volkswagenkonstrukteure haben sich vielfältig im VW-Sortiment bedient. Sie setzten auf das Fahrgestell des VW Karmann Ghia die Achsen, das Getriebe und den Motor des VW-Käfer, Bauteile wie die Motorklappe kamen vom VW Transporter und Komponenten wie die Frontscheinwerfer stammten vom VW 1500. Auch wenn der Fridolin wegen seiner Eigentümlichkeit von manchem verspottet wurde, so erfüllte er doch die Anforderungen der Post und wurde mehr als ein Jahrzehnt lang als Standardfahrzeug für die Briefkastenleerung und die Zählerfotografie im Fernmeldedienst sowie in anderen Bereichen der Deutschen Bundespost eingesetzt. 1974 musste die Produktion wegen veränderter Verkehrsbestimmungen eingestellt werden. Von den insgesamt 6.139 für den deutschen Markt gebauten Fridolin-Fahrzeugen waren 85 Prozent im Einsatz bei der Post.

Der hier abgebildete Fridolin wurde am 25. März 1970 produziert und von den Zählerfotografen des Fernmeldeamts Taunus genutzt. Bis ihn die Oberpostdirektion Frankfurt am Main am 28. Dezember 1979 ausmusterte und an das damalige Bundespostmuseum in Frankfurt übergab. WENKE WILHELM

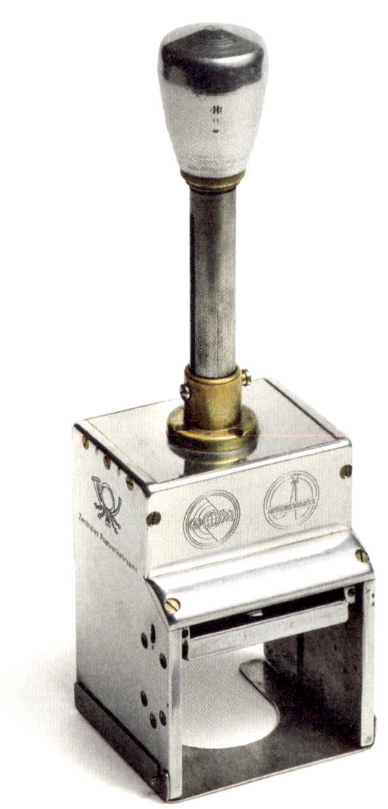

~ N° 83 ~

KOSMOS-SONDERSTEMPEL

in der DDR entwickelt zum Stempeln von Post in der Schwerelosigkeit

~

Metall

1978

DER WELTRAUMSTEMPEL Bei der deutschen Post erzeugen Stempel auf Briefen Beförderungsvermerke seit ihrer Einführung in der ersten Hälfte des 18. Jahrhunderts. Seit 1849 entwerten sie auch Briefmarken. Sonderstempel zur Erinnerung an besondere Ereignisses gibt es in Deutschland in größerer Anzahl erst seit den 1920er Jahren. Der Kosmos-Stempel erinnert an den gemeinsamen Weltraumflug UdSSR-DDR 1978. Er ist das am weitesten gereiste dreidimensionale Sammlungsstück der Museumsstiftung Post und Telekommunikation. Während seines Weltraumflugs vom 26. August bis 3. September umkreiste er 125 Mal die Erde und legte über 5 Millionen Kilometer zurück. Zusammen mit 20 Ersttagsbriefen zum sozialistischen Interkosmos-Programm hatte ihn Kosmonaut Sigmund Jähn, der erste Deutsche im All, mit zur Raumstation genommen. Während der Liveübertragung im Fernsehen der DDR eröffnete Jähn am 28. August an Bord des Orbitalkomplexes Sojus 29/Salut 6/Sojus 31 das kosmische Postamt und stempelte in der Schwerelosigkeit mit Datum 27.8.1978 symbolisch zwei Briefumschläge: »Diesen Stempel – übrigens ist dieses Gerät speziell für uns, für kosmische Bedingungen entwickelt worden, es handhabt sich ausgezeichnet – werden wir mit nach Hause bringen, sicherlich zur Freude der Briefmarkensammler unserer Republik, um dort weitere Marken zu stempeln.«

Der Stempelkopf aus Metall mit seinem deutsch-russischen Interkosmos-Schriftzug befindet sich im Innern der Selbstfärbervorrichtung, die von der Abteilung Instandhaltung und Stempelherstellung des Zentralen Postverkehrsamts mit dem Ziel hergestellt worden war, ein Stempelgerät zu schaffen, »das ohne spezielle Kenntnisse und Erfahrungen bedient werden kann und mit dem sich auch ohne besonders erworbene Fertigkeiten stets einwandfreie Stempelabdrucke erzielen lassen«. Das Aluminiumgehäuse trägt die Gravur »Kosmos-Stempel Nr. 1 der Deutschen Post der DDR« sowie deutsch-sowjetische Raumfahrtprogramm-Symbole.

Die 350 Kilometer über der Erde angekündigte Abstempelung von weiteren Briefen mit Sonderpostwertzeichen zum gemeinsamen Weltraumflug erfolgte dann vom 23. bis 27. Oktober im Postverkehrsamt in Ost-Berlin. Im Mai 1979 verfügte der Postminister der DDR Rudolph Schulze die Abgabe des Stempels an das Postmuseum mit der Auflage, »dieses Gerät gegen Zugriff und mißbräuchliche Verwendung absolut gesichert aufzubewahren.« Seit März 2000 ist der Stempel in der Schatzkammer des Museums für Kommunikation Berlin ausgestellt. An seiner Seite in der Vitrine befindet sich auch einer der im All gestempelten Briefe, der zusätzlich die Unterschriften der vierköpfigen Bordbesatzung aufweist. VEIT DIDCZUNEIT

~ Nº84 ~

FERNSPRECHHÄUSCHEN FEH 79

der Deutschen Post der DDR

~

Metall, Glas, Kunststoff

1979

EIN EINGESCHRÄNKTES VERSPRECHEN In der auf Vollständigkeit angelegten Sammlung von Fernsprechhäuschen der Museumsstiftung gab es eine schmerzliche Lücke: Alle Modelle der deutschen Reichspost, der deutschen Bundespost und der Telekom waren im Bestand vertreten – einzig ein Fernsprechhäuschen der Deutschen Post der DDR fehlte! Im Jahr 2007 gelang es schließlich, ein Exemplar zu erwerben: Auf einem Campingplatz im brandenburgischen Werneuchen im Berliner Umland war ein originales Fernsprechhäuschen 79 der Verschrottung entgangen. Als öffentliche Sprechstelle für die Campinggäste bot es dort nach 1990 noch lange Jahre seine altbewährten Dienste an.

Aus dieser Zeit stammen die grüne Farbgebung von Türgriff und Kanten und die Aufkleber an den Glasscheiben. Sie sind sichtbare Spuren der Nutzungsgeschichte und wurden deshalb belassen. Der an der Rückwand montierte Münzer, ein SWFV Mü 69 – die Abkürzung steht für Selbstwählfernverkehrsmünzfernsprecher, stammt aus dem Sammlungsbestand des Museums. Die ursprünglich vorhandene Ablage für das Telefonbuch fehlt, sie ist wohl bei der Umrüstung auf neue Technik in den 1990er Jahren entfernt worden.

Bis zum Verschwinden der Telefonhäuschen aus dem öffentlichen Raum in den 2000er Jahren waren sie ein wichtiger Teil der Infrastruktur und verhießen Zugang zum Kommunikationsnetz. Unter den Bedingungen der Mangelwirtschaft in der DDR reichten die 10.000 Fernsprechhäuschen als Ersatz für den fehlenden privaten Anschluss bei Weitem nicht aus. Ohne eigenes Telefon blieb jedoch nur der Gang zum Telefonhäuschen – und dort reihte man sich in die Warteschlange ein. Fand man ein freies Häuschen, verweigerte entweder der Münzfernsprecher den Dienst – oder er war beschädigt. Funktionierte der Apparat, war die Leitung überlastet. Wollte man eine Nummer nachschlagen, fehlte garantiert die gesuchte Seite im Telefonbuch. So konnten die Telefonhäuschen in der DDR ihr Versprechen, Kommunikation zu ermöglichen, oft nur unzureichend oder gar nicht erfüllen. LIOBA NÄGELE

~ Nº85 ~

VIDEOSPIELEKONSOLE ATARI 2600

mit dem Spiel Pac-Man

~

Kunststoff, Metall

1982

MIT GEISTERN UND AUSSERIRDISCHEN SPIELEN Am 3. Juli 1999 gegen 16.45 Uhr stellte Billy Mitchell, Restaurantkettenbesitzer und Hersteller scharfer Saucen, einen Weltrekord auf. Nach fast sechs Stunden Spielzeit und einer Gesamtpunktzahl von 3.333.360 hatte er alle Level von Pac-Man erfolgreich absolviert, alle Punkte gesammelt und alle Geister besiegt. Pac-Man – ein kleiner gelber Kreis, der sich unermüdlich durch ein Labyrinth frisst – Hauptfigur und Namensgeber des Spiels, steht wie kaum ein anderes Spiel für die Ära der Videospielekonsolen.

1980 vom japanischen Hersteller Namco zuerst unter dem Namen Puck Man (vom japanischen *paku paku* für »wiederholt den Mund öffnen und schließen«) veröffentlicht, wurde es, ein Jahr nach seinem Erscheinen, als sogenanntes Arcade-Spiel – ein kostenpflichtiges Automatenspiel – unter dem Namen Pac-Man in den USA auf den Markt gebracht. Pac-Man wurde zu einem Riesenerfolg: Vor den Spieleautomaten bildeten sich lange Schlangen, mehr als 100.000 Automaten wurden innerhalb eines Jahres verkauft. Diesen Erfolg machte sich auch ein Hersteller von Spielekonsolen zunutze. Das Atari Video Computer System (Atari VCS) wurde 1977 vorgestellt. Die Atari – japanisch für »Volltreffer« – gehörten zu diesem Zeitpunkt zu einer neuen, zweiten Generation der Videospielekonsolen. Im Gegensatz zu ihren Vorgängern, den festverdrahteten Konsolen, bei denen das Spiel durch die Nutzung von verschiedenen Schaltkreisen erzeugt wurde, waren die neuen Konsolen schon kleine Computer, deren Programme die Spiele waren. Mit 30 Millionen verkauften Exemplaren wurde die Konsole zu einer der meistverkauften Videospielekonsolen weltweit.

Doch Atari hatte nicht nur Glück. Ende des Jahres 1982 wurde das Spiel E. T.: The Extra-Terrestrial veröffentlicht, von dem sich Atari sicherlich einen ähnlichen Erfolg erhoffte, wie ihn Steven Spielbergs Film für sich verzeichnen konnte. Um noch rechtzeitig für das Weihnachtsgeschäft in den Regalen zu stehen, war es in nur fünf Wochen programmiert worden. Und so mag es der Zeitmangel gewesen sein, der E. T.: The Extra-Terrestrial bei den Usern als unspielbar und bis dahin »schlechtestes Videospiel aller Zeiten« gelten ließ. Atari blieb tonnenweise auf unverkauften Exemplaren sitzen und läutete damit eine tiefe Krise des Videospielmarkts – den Video Game Crash – ein.

1983 kam das Gerücht auf, dass Atari mehrere LKW-Ladungen von E. T.: The Extra-Terrestrial auf einer Müllkippe in der Wüste New Mexicos entsorgt und vergraben haben soll. Das Gerücht wurde zur Legende: Erst im April 2014, nach 30 Jahren voller Spekulationen und Ungewissheiten, ging man mit einem sehr außergewöhnlichen Ausgrabungsprojekt dieser Legende auf den Grund. Und fand die vergrabenen, teilweise noch funktionstüchtigen Spiele zusammen mit Konsolen und anderem Zubehör – und manifestierte damit das Ende einer Ära. KATHARINA FENDIUS

~ Nº 86 ~

COMPUTER COMMODORE 64

mit separatem Fernsehbildschirm und Diskettenlaufwerk

~

Metall, Kunststoff, Glas

1982

EIN BROTKASTEN ZUM PROGRAMMIEREN Schön war er nicht. Der »Brotkasten«. Wenn man ihn anschaltete, stand »**** Commodore 64 BASIC V2 **** 64 K RAM SYSTEM 38911 BASIC BYTES FREE READY« auf dem blauen Bildschirm. Unter dem READY blinkte ein leeres Feld und wartete geduldig auf die Eingabe. Dann konnte man loslegen. Einen Befehl nach dem anderen in die Tastatur tippen. BASIC hieß die mitgelieferte, schnell zu erlernende Programmiersprache, die dem Besitzer des Commodore 64 eine neue digitale Welt eröffnete. Der kurz C64 genannte Rechner war nicht der erste, der jenseits der riesigen, teilweise raumfüllenden Computer der 1950er oder 1960er Jahre auf den Markt kam. Aber es war der C64, der den Computer in die Wohn- oder besser Kinder- und Jugendzimmer brachte.

Im Januar 1982 auf der Consumer Electronics Show in Las Vegas vorgestellt, schwanken die Angaben über die Anzahl der bis 1990 verkauften Geräte zwischen 12,5 und 30 Millionen Exemplaren. Als die Produktion 1994 eingestellt wurde, galt der C64 als weltweit meistverkaufter Heimcomputer. Und als das gilt er bis heute. Dass er so erfolgreich war, hatte viele Gründe: Nach einem recht hohen Einführungspreis war der C64 zu einem bezahlbaren Preis erhältlich und ließ sich an jeden Fernseher anschließen. Das hieß, man brauchte keinen separaten Monitor, und er konnte mit zusätzlich erhältlichen Peripheriegeräten zu einem wahren Multimediawunder werden. Die Möglichkeiten, die dies bot, machten den C64 zu etwas ganz Besonderem.

So gab es zum Beispiel die Datasette, ein Kassettenlaufwerk, mit dem normale Musikkassetten zu Datenträgern wurden, und zwei verschiedene Diskettenlaufwerke. VC 1541 hieß das vorrangig genutzte 5¼-Zoll-Laufwerk – ein Floppy, in das man die biegsamen Floppy-Disks einschob, um Daten auf- oder abzuspielen. Und das wurde unermüdlich getan. Da viele der stolzen Besitzer eines C64 mittellose Teenager waren, konnten sie sich die recht teuren aber immer mehr werdenden Spiele, die für den C64 erhältlich waren, nicht leisten. Und so wurde kopiert, was das Zeug hielt. Man »crackte« das Original (umging den Kopierschutz, wenn er vorhanden war) und kopierte. Kopieren und Spielen wurden zu sozialen Ereignissen, bei denen Teenager gemeinsam um einen Bildschirm saßen und die neuesten Errungenschaften ausprobierten. Auch der Musikszene bot der C64 neue Möglichkeiten. Mit einem bis dahin nicht diese Klangqualität bietenden Soundchip wurde der Computer zum Musikinstrument und prägte den typisch künstlichen Computersound.

Durch die mit dem C64 entstehenden neuen Möglichkeiten der Freizeitgestaltung entwickelte sich der Computer von der reinen Maschine zum multimedialen Begleiter und wurde so zum Ausgangspunkt einer völlig neuen digitalen Kultur. KATHARINA FENDIUS

~ No87 ~

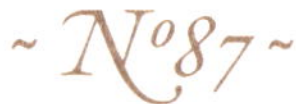

ZOLLKONTROLLEINRICHTUNG

der Deutschen Post der DDR zur Paketkontrolle

~

Metall, Kunststoff, Glas

1982

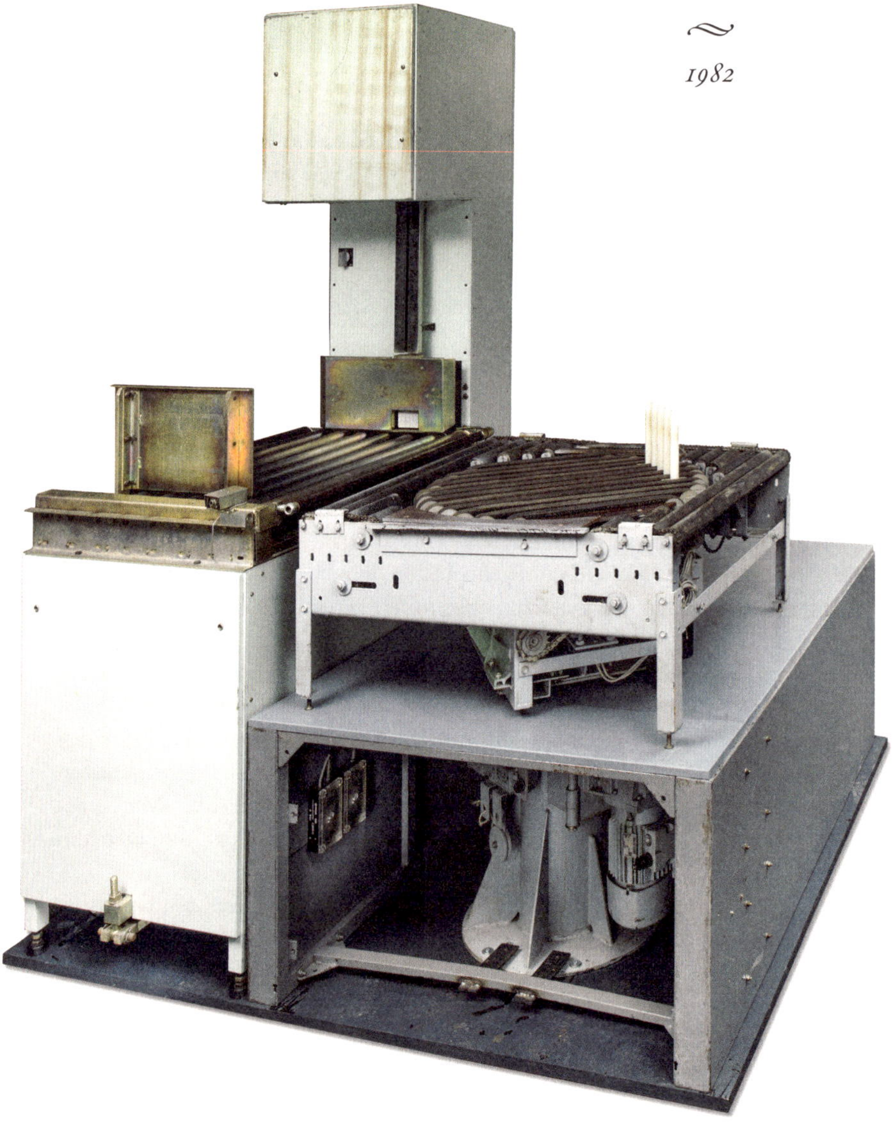

DURCHLEUCHTET Am 19. Februar 1969 beschloss der Ministerrat der DDR die Einrichtung von Postzollämtern in allen Bezirken als Dienststellen der Zollverwaltung. Damit sollte die vollständige Kontrolle des internationalen Paket- und Päckchenverkehrs auf dem Postwege erreicht werden. Erich Mielke, Chef der DDR-Staatssicherheit, befahl am 23. Januar 1970, die Organe der Hauptverwaltung Zoll der DDR zu unterstützen, da diese die flächendeckende Überwachung des Paket- und Päckchenverkehrs im Sinne der Staatssicherheit nicht gewährleisten konnten. Die acht bestehenden Postzollämter wurden daraufhin ausgebaut und um sieben Neubauten ergänzt. In jedem Bezirk, eingeschlossen Ost-Berlin, existierte nun ein Postzollamt mit der neuen Dienststelle Postzollfahndung, besetzt durch Offiziere im besonderen Einsatz des Ministeriums für Staatssicherheit der DDR. Die Bezeichnung Postzollfahndung diente der Tarnung gegenüber der Öffentlichkeit, den Postangestellten und den Mitarbeitern des Postzollamts. Ab 1. Januar 1984 wurde die Postzollfahndung in die Abteilung M (Postkontrolle) des Ministeriums integriert.

Ende der 1970er Jahre erhielt das Institut für Post- und Fernmeldewesen (IPF), das wissenschaftlich-technische Institut der Deutschen Post der DDR für das Post- und Zeitungswesen sowie das Fernsprech- und Fernschreibwesen, von der Zollverwaltung den Auftrag, eine Automatisierung der Arbeitsprozesse bei der Röntgenkontrolle der Pakete im internationalen Postverkehr, die bisher handbedient erfolgte, zu entwickeln. 30 Millionen Sendungen mussten allein jährlich im grenzüberschreitenden Verkehr mit der Bundesrepublik kontrolliert und befördert werden. Das IPF installierte ein Forschungsprojekt und entwickelte eine Musteranlage zur Erprobung. Ende 1984 wurde die erste funktionstüchtige Röntgenanlage im Postzollamt Frankfurt (Oder) aufgebaut. Anschließend erfolgte die Ausstattung aller Postzollämter mit der neuen Technik. Pakete und Päckchen konnten nun vollautomatisiert der Röntgenkabine zugeführt, von allen Seiten mit Röntgenstrahlen durchleuchtet, gekennzeichnet und anschließend weitergeleitet oder bei Verdacht auf verbotenen Inhalt geöffnet werden.

Bevor jedoch der Zoll die Pakete durchleuchten ließ, tat dies, personell und räumlich strikt voneinander getrennt, bereits die Staatssicherheit mit derselben Technik. Die Einhaltung des Post- und Fernmeldegeheimnisses wurde flächendeckend außer Kraft gesetzt. Das Ministerium für Staatssicherheit entwendete im Zeitraum von Januar 1984 bis November 1989 Zahlungsmittel im Wert von 32,8 Millionen D-Mark aus Briefen, Päckchen und Paketen, die in die DDR geschickt wurden. Hinzu kamen viele gestohlene Wertgegenstände, die zur Veräußerung an die Kunst- und Antiquitäten GmbH des Bereichs Kommerzielle Koordinierung (KoKo) gegeben wurden. Im Juli 1990 übernahm das Postmuseum der DDR einige Teile des Versuchsmusters der Zollkontrolleinrichtung aus dem Labor des ehemaligen IPF Berlin. ANKE HÖWING

~ *Nº88* ~

WALKMAN WM-36

mit integriertem Gürtelclip auf der Rückseite

~

Metall, Kunststoff

~

1987

WALKMANIA – MOBILE FREIHEIT »Den Kopf in den Wolken und den Walkman am Ohr, meine Blicke schweifen an den Häuserfronten empor (...). Mein Walkman macht die Welt zum Videoclip, und ich bin mittendrin. (...) Loops und frische Beats hab ich vom Walkman am Ohr, wenn ich fortgeh', egal an welchem Ort ich steh, drück ich auf Play und dreh' nur leiser, wenn es sein muss – bis dahin sind meine Sinne von Musik beeinflusst. (...) Ich hab einen Walkman und er sieht gut aus, also rauf mit dem Kopfhörer, denn was ich jetzt brauch sind echte Burner.«

Dieser Text aus der Single »Walkmania« (1997) der österreichischen Hip-Hop-Band Texta – in dem dazugehörigen Video betrachtet man die Welt durch das Loch einer Kassettenspule – stammt aus der Spätzeit der »Walkmania«. Was heute durch das Smartphone und den MP3-Player wie selbstverständlich erscheint, war zu Beginn der 1980er eine kultur- und technikgeschichtliche Revolution: Start, Stop, Fast, Forward, Rewind – die eigene selbst gewählte Musik immer und überall auf den Ohren. Der Walkman, buchstäblich »der gehende Mann«, war überall präsent – privater Musikkonsum und Öffentlichkeit prallten aufeinander. Mussten vor allem Jugendliche zuvor schwere Radiorekorder auf den Schultern schleppen, konnten sie nun mit Hilfe des leichten Geräts im Hosentaschenformat unterwegs über Kopfhörer Musik und eigens erstellte Audiokassetten konsumieren. Umweltgeräusche konnten ausgeblendet und sozialer Kontakt, wenn gewünscht, vermieden werden. Somit wurde das Musikhören zur Privatsache. Das »äußerst ansteckende Mini-Recorder-Fieber« (Stereoplay, 1981) griff um sich, und der Walkman wurde zu einem Statussymbol und Sinnbild einer ganzen, zunächst vor allem jungen und urbanen Generation. Die prägende Revolution im Musikkonsum ebnete den Weg in eine zunehmend mobilisierte und individualisierte Gesellschaft.

Im Jahr 1977 patentierte der deutsche Erfinder Andreas Pavel unter dem Namen »Stereobelt« oder »Gürtel mit Geräten zum Anhören von reproduzierter Musik« eine »batteriebetriebene, elektroakustische miniaturisierte Anordnung für die hochwertige stereophone Wiedergabe von Hörereignissen«. Nur zwei Jahre später revolutionierte die Kleinanlage unter einem neuen Namen den Musikmarkt und versprach mobile und musikalische Freiheit. Am 1. Juli 1979 präsentierte der Unterhaltungselektronikanbieter Sony der Öffentlichkeit den Sony TPS-L2 – den ersten Walkman. Morita Akio, der Mitbegründer des japanischen Konzerns, und der Ingenieur Nobutoshi Kihara, auch bekannt als Mr. Walkman, wurden für die Errungenschaft gefeiert. Akio stilisierte sich später zum genialen Erfinder des Geräts. Pavel blieb zunächst, trotz juristischer Bemühungen, die öffentliche und finanzielle Anerkennung seiner Erfindung verwehrt.

Der violett-blaue 390 Gramm schwere und klobig anmutende Walkman TPS-L2 in der Größe eines Taschenbuches (13,2 mal 2,9 mal 8,9 Zentimeter) erinnerte optisch an die Diktiergeräte und Taschenrekorder der Zeit, besonders an das Sony-Gerät »Pressman«, das die Basis für den ersten Walkman bildete. Der TPS-L2 aus

Kunststoff und Metall war das erste mobile Abspielgerät für die im Jahr 1963 durch den Elektronikkonzern Philips auf den Markt gebrachte Kompaktkassette. Der offizielle Sony-Gesamtkatalog von 1981 wirbt ganz bewusst damit, dass »dieser neue Stereo-Cassetten-Spieler mit Stereo-Kopfhörer(n)« »Unabhängigkeit, Freiheit und nicht zuletzt den vollen-Stereo-Sound« vermittelt. Durch eine zugehörige Ledertasche mit einem Gürtelclip konnte das Gerät komfortabel an der Kleidung des Hörenden befestigt werden. Der Walkman bot die Möglichkeit, mit Stereokopfhörern in offener Bauweise allein oder über zwei Anschlussbuchsen zu zweit Musik zu hören und über die sogenannte Talk-Line die Geräusche aus der näheren Umgebung einzublenden, ohne die Kopfhörer absetzen zu müssen. Die zwei Anschlüsse und die Talkline-Taste waren auch bereits in Andreas Pavels Patent zu finden. Das einfach zu bedienende Gerät kostete bei seiner Markteinführung in Japan 33.000 YEN (circa 143 US-Dollar; 200 US-Dollar in den USA), und bereits nach drei Monaten waren 30.000 Geräte im Umlauf. In Deutschland war der TPS-L2 ab 1980 für 400 DM zu haben. Bis heute wurden nach Angaben der Sony Corporation 335 Millionen Geräte des TPS-L2 und der nachfolgenden Walkman-Generationen, wie dem 1987 erschienenen WM-36, verkauft.

Der Sony Walkman WM-36 wirkte optisch bereits ansprechender als die erste klobigere Walkman-Generation. Aufgrund seiner technischen Ausstattung und seiner attraktiven Gestaltung schürte er hohe Erwartungen: Er bot Dolby B NR (NR für Noise Reduction) zur Rauschverminderung während des Hörens und einen 5-Band-Grafik-Equalizer zur Tongestaltung und zur Entzerrung von Tonfrequenzen (die höchste Frequenzkorrektur, die jemals auf einem Walkman angeboten wurde). Zudem besaß der WM-36 bereits einen integrierten Gürtelclip, der ab dem Walkman WM-2 zur Standardausstattung gehörte. Zum Zeitpunkt seiner Markteinführung wurde oftmals kritisiert, dass der WM-36 auf seinem niederwertigeren Vorgänger, dem WM-33 – mit all seinen mechanischen Nachteilen – basierte, obwohl seine optische Erscheinung mehr erwarten ließ.

Die erste mobile Unterhaltungsquelle und der Urahn von Disc Man und MP3-Player war nicht nur ein Gesellschaftsschichten übergreifendes und globales Produkt, sondern wurde auch hitzig in der Öffentlichkeit und der Wissenschaft diskutiert. Im Jahr 1985 zählt der Freiburger Kulturanthropologe Werner Mezger den Walkman »zu den bezeichnendsten Erscheinungen des ausgehenden 20. Jahrhunderts« und kritisiert ihn als »eine im Grunde widersinnige Möglichkeit, inmitten anderer Menschen mit sich selbst und seiner Musik allein zu sein.« Aber nicht nur die Entrücktheit seiner Nutzer bot Anlass zur Kritik. Besonders die dauerhafte laute Musikbeschallung über die Kopfhörer und die damit einhergehende Gefahr für das Gehör der oft jungen Nutzer wurde bemängelt. Der Journalist Matthias Greffrath sieht im Jahr 1988 den Walkman sogar als »Ende der Aufklärung (...). Denn nun haben die Menschen den Nasenring der Dummheit nur eingetauscht gegen – einen *walkman.* Und alles, worauf *wir* hoffen können, ist die gute Isolierung der Kopfhörer.«

Heute sind auf den Straßen so viele Menschen mit nunmehr gut isolierten In-Ear-Kopfhörern zu sehen wie nie zuvor. Die mobile Nutzung von Wiedergabegeräten ist aus dem (urbanen) Alltag nicht mehr wegzudenken. Was früher einen gesamten Plattenladen einnahm, ist mittlerweile im komprimierten MP3-Format auf einem einzigen Smartphone zu finden. Obwohl die Produktion des Walkman bereits im Jahr 2010 eingestellt wurde, erfreut sich das robuste Wiedergabegerät trotz neuer digitaler Möglichkeiten nach wie vor kultiger Beliebtheit. Fernerhin tritt die Marke Walkman immer noch mit neuen Produkten in Erscheinung, bei denen es sich nicht um kassettenbasierte Geräte handelt. Und auch die Geschichte des ursprünglichen Patentinhabers des portablen Mini-Kassettenrekorders nahm nach langwierigen juristischen Bemühungen ein gutes Ende: Nachdem Pavel bereits 1986 nach einer Urheberrechtsklage gegen Sony 150.000 Mark Abfindung erhielt und die Talkline-Taste aus Sony's Walkman entfernt wurde, kam es im Jahr 2004 zu einem außergerichtlichen Vergleich zwischen dem Konzern und Andreas Pavel. LINA HARDER

MOBILTELEFON POCKY

hergestellt im Auftrag der Deutschen Bundespost für das C-Netz

~

Kunststoff, Metall

1989

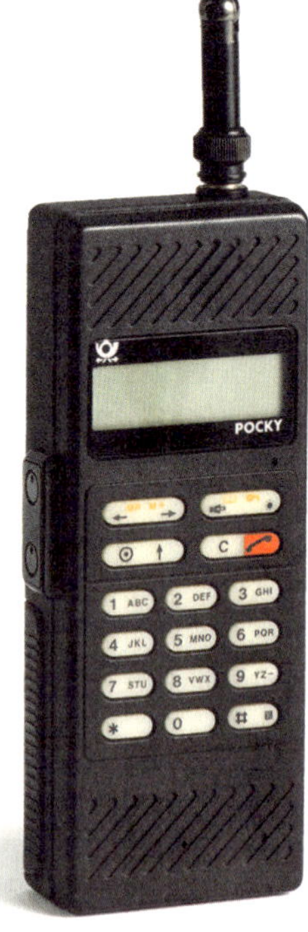

DIE NEUE LEICHTIGKEIT Der Name »Pocky« war nichts weniger als eine Verheißung: endlich ein Mobiltelefon, das in die Hosentasche passte! Von den Traummaßen moderner Smartphones war das brikettförmige, über ein Pfund schwere und mit einer Größe von 20,5 mal 7,5 mal 3,5 Zentimetern noch nicht wirklich zierliche Handy zwar noch weit entfernt, aber welch ein Unterschied zu den sonstigen »Schleppis«! Das 1988 auf der CeBIT vorgestellte »Handheld-Technophon« war das erste echte Handy für den deutschen Markt. C-Netz-Geräte brachten damals gut und gerne mehrere Kilogramm auf die Waage und glichen eher kleinen Koffern, auch wenn uns die Werbefotos der Zeit geschäftige C-Netz-Nutzer mit am Schulterriemen locker umgehängten oder scheinbar mühelos in der Hand getragenen Mobiltelefonen zeigen.

Apropos *Handy:* Bosch benutzte tatsächlich diese Bezeichnung für sein C9; bei den anderen Herstellern wurde es als »Poctel« oder »Teleport« vertrieben. Pocky war die griffige Wortschöpfung der Post, die diese Linie später um das »Porty«, ein weiteres C-Netz-Modell, ergänzte. Zum Erfolg von Pocky und Konsorten trugen neben der Verkleinerung der Geräte die technischen Neuerungen des C-Netzes entscheidend bei: Erstmals war man auch mobil bundesweit unter einer Rufnummer erreichbar. Sinkende Gebühren – von 270 DM monatlicher Grundgebühr 1986 auf 75 DM 1991 – und fallende Gerätepreise machten Mobilfunktechnik zunehmend für breitere Schichten erschwinglich. Mit über 800.000 Teilnehmern erreichte das C-Netz Spitzenwerte, die weit über den ursprünglichen Planungen – man hatte mit etwa 100.000 Teilnehmern gerechnet – lagen. Das Pocky hatte für damalige Verhältnisse gute Leistungsdaten: eine Betriebsbereitschaft von 8 Stunden und eine Sprechzeit von 30 Minuten.

Eine wichtige Rolle spielte das C-Netz auch beim Aufbau eines flächendeckenden Kommunikationsnetzes in den neuen Bundesländern. Die Funktechnik ergänzte recht schnell das veraltete und völlig überlastete Festnetz aus DDR-Zeiten. Seit Januar 1991 konnte auch in Dresden, Chemnitz, Halle, Schwerin und Rostock über das C-Netz kommuniziert werden. LIOBA NÄGELE

~ N° 90 ~

TRIBUT

Installation von Jean-Luc Cornec

~

Kunststoff, Draht

1989

DIE TELEFON-SCHAFE »Cornec verwandelt 30 Telefone, 120 Telefonhörer und 9.000 Handapparatschnüre in die naturalistische Darstellung einer Schafsherde«, hieß es 1991 in der Pressemitteilung des damaligen Deutschen Postmuseums in Frankfurt. Der französische Künstler Jean-Luc Cornec präsentierte zwei Wochen lang seine 1989 konzipierte Installation *TribuT* – damals 30 graue Schafe – im Filmsaal des Museums. Sammlungsmitarbeiter hatten ihm eigens dafür eine Großzahl von Telefonapparaten zur Verfügung gestellt. Anschließend wanderte die Arbeit durch verschiedene Ausstellungen und Städte, unter anderem war sie anlässlich des EU-Gipfels 1994 zu Gast in der Schau *Kunst in Europa* in der Galerie Neher in Essen. Im darauffolgenden Jahr erwarb das Museum zwölf Schafe, um sie im Eingangsbereich des Museums zu zeigen. Sie »grasen«, »liegen« und »schauen«. Mit etwas Geduld vernimmt man auch ihr »Blöken«, denn die audiovisuelle Installation erzeugt per Zufallsgenerator ein Klingeln in unterschiedlichen Tönen.

Jean-Luc Cornec schafft mittels minimaler Eingriffe aus einer vorgegebenen Form etwas völlig Neues. Seine Objekte und Bilder haben oftmals die Absicht, gewohnte Sichtweisen aufzubrechen, so auch diese Installation, die zum Publikumsliebling des Museums geworden ist. Humor und Witz spielen in seinem Werk keine geringe Rolle, wie er selbst zugibt. Cornec wurde 1955 in der Bretagne geboren und hat an der École des Beaux-Artes in Nantes studiert. Im Rahmen verschiedener Stipendien kam er nach Deutschland. Der Titel *TribuT* lässt sich unterschiedlich deuten: »Tribut zollen« kennen wir in der Bedeutung von »Achtung erweisen«, ein Tribut meint aber auch eine Beisteuerung oder Abgabe – an wen oder was? »Tribu« wird aus dem Französischen mit »Sippe«, »Volksstamm« oder »Herde« übersetzt: eine Herde Schafe versammelt sich – einzelne Objekte oder Teile beziehen sich aufeinander und bilden ein Ganzes, das neu gedeutet werden muss – Kabel werden zu Fell, Hörer zu Beinen und Hufen. Die grauen Wählscheiben- und Tastentelefonköpfe schauen scheinbar ahnungslos den Besuchern entgegen – oder sind ins »Grasen« versunken.

Die rasche Entwicklung der Telekommunikation vom einstigen Telefon bis zum heutigen Smartphone scheint an ihnen vorbeizuziehen. Die Fernsprechtischapparate 61 (FeTAp 61), Klassiker der 1960er Jahre – auch bekannt als »graue Mäuse« – erinnern an eine Zeit, in der das Haustelefon die einzige Möglichkeit war, mit der Welt über Draht zu kommunizieren. In der gegenwärtigen drahtlosen Kommunikation per Smartphone wirkt das gesamte Ensemble fast nostalgisch. Verloren steht ein weiteres schwarzes Schaf – 2002 vom Museum erworben – auf der Empore des Lichthofs außerhalb der »Herde«, dennoch sichtbar. Es ist namenlos, steht allein und schweigt. Obwohl Kommunikation das entscheidende Thema der Installation ist – oder vielleicht gerade aus diesem Grund: Das einsame Schaf lässt uns nachdenken über Gruppenverhalten und Ausschluss aufgrund von Andersartigkeit. REGINE MELDT

~ Nº 91 ~

COMPUTER NEXT CUBE N1000A

dessen Leistungsfähigkeit bei der Entwicklung des World Wide Web half

~

Metall, Kunststoff

1990

EIN SCHWARZER WÜRFEL UND DAS WORLD WIDE WEB

»This machine is a server. DO NOT POWER IT DOWN!!« stand mit rotem Filzstift auf dem Zettel, der an dem schwarzen Würfel im Schweizer CERN klebte. Geschrieben hatte ihn Tim Berners Lee, der ab 1989 auf dem so deutlich gekennzeichneten Gerät an der Erfindung des World Wide Web arbeitete. Der schwarze Würfel war »The Cube« der Firma NeXT. Und es war kein anderer als Apple-Mitbegründer Steve Jobs, der, nachdem er Apple 1985 wegen interner Differenzen verlassen hatte, die neue Firma mit diesem programmatischen Namen gründete.

Jobs hatte viel vor. Er wollte eine neue Generation von Computern für das Bildungswesen schaffen. Revolutionär sein. Da er auch schon damals großen Wert auf den Designprozess legte, sollte alles, vom Markenzeichen bis zur Maus, aufeinander abgestimmt werden. Er gewann den Grafikdesigner Paul Rand, der auch schon den Schriftzug von IBM entworfen hatte, um das Logo seiner neuen Firma zu entwickeln. Dieser schuf einen auf einer Ecke stehenden, dreidimensional gezeichneten Würfel, von dessen Frontseite die Buchstaben »N – e – X – T« leuchteten. Das aus schwarzem Magnesium bestehende Computergehäuse entwarf der deutsche Designer Hartmut Esslinger. Kein technisches oder ästhetisches Detail war für Jobs zu klein, alles sollte perfekt sein. So kam es dann auch, dass die Präsentation des Cube nach dreimaligem Verschieben statt im Frühjahr 1987 schließlich am 12. Oktober 1988 in San Francisco in der Davies Symphony Hall stattfand. Nach Jobs' dreistündiger Rede und einem Duett zwischen dem Cube und einem Violinisten folgte ein unglaublicher medialer Hype, sodass zwei wichtige Fakten zunächst nur am Rande wahrgenommen wurden: Zum einen war das Betriebssystem NeXTStep noch in der unfertigen Beta-Version, zum anderen war der Cube unglaublich teuer. Der Absatz blieb aus. NeXT musste ab 1993 die Hardware-Produktion einstellen. Und konzentrierte sich nun auf die Entwicklung von Software. NeXTStep war in der weiter entwickelten Form ein extrem leistungsfähiges und stabiles Betriebssystem, das zudem über außerordentliche grafische Fähigkeiten verfügte.

Als Apple dann Anfang bis Mitte der 1990er Jahre in der Krise steckte, stellte sich angesichts des erfolgreich gestarteten Windows 95 von Microsoft vor allem die Frage nach einem zukunftsfähigen Betriebssystem. Zwei Systeme standen im Raum: Das BeOS von Jean-Louis Gassée, einem ehemaligen Apple-Manager, und NeXTStep. Wie es schließlich zu der Entscheidung kam, die Steve Jobs nach über zehn Jahren zu Apple zurückholte, ist nur schwer zu entwirren. Doch fünf Monate, nachdem Apple knapp 430 Millionen Dollar für NeXT gezahlt hatte, wurde der aktuelle CEO entlassen; Steve Jobs übernahm im September 1997 die Position des Interim-CEOs. Und kehrte damit 90 Tage vor dem Konkurs von NeXT zu Apple zurück. KATHARINA FENDIUS

~ Nº92 ~

QUELLE-PAKET

mit Originalinhalt, einer von Quelle versandten Weihnachtskrippe

~

Karton

1991

EINE WAHRE PAKETFLUT In Vorbereitung einer Jubiläumsausstellung zum »Aufbau Ost« startete das Museum für Kommunikation Berlin gemeinsam mit der *Märkischen Allgemeinen Zeitung* im Frühjahr 2015 in Brandenburg an der Havel und Umgebung einen Sammlungsaufruf: »Wer besitzt das älteste Quelle-Paket?« Der Aufruf erbrachte mehr als zehn Pakete, von denen ich eine Auswahl kurze Zeit danach auf einer Rundreise durch das Havelland einsammelte. Drei Quelle-Pakete hatten dabei eine ganz besondere Geschichte. Eine Familie aus Göttin besaß das älteste: Direkt nach der Währungsunion im Juli 1990 kaufte sie sich mit dem ersten Westgeld bei Quelle in Fürth einen 1,80 Meter hohen künstlichen Weihnachtsbaum, der 25 Jahre die Familie an Weihnachten erfreute und nach dem Fest immer wieder in die Originalverpackung zurück kam. Der Adressaufkleber weist noch die DDR als Zielland der Sendung aus. Auch Familie Bogedaly aus Groß Kreutz verstaute nach Weihnachten im Quelle-Karton immer wieder den Ursprungsinhalt, eine im September 1991 für 50 D-Mark gekaufte Weihnachtskrippe. Auf dem Paketaufkleber steht vor der Postleitzahl der Buchstabe O, der im Verkehrsgebiet Ost zur Vermeidung von Fehlleitungen bis zur Einführung der fünfstelligen Postleitzahlen im Sommer 1993 voranzustellen war.

Das dritte Paket hatte zwar keinen Inhalt mehr, aber an seiner Außenseite war eine Sichttasche aufgeklebt, in der noch der Infozettel steckte, den Quelle dieser Sendung im Februar 1991 beigefügt hat. Die Kundenbetreuung von Europas größtem Versandhaus teilte ihrer treuen Kundin in Hagelberg mit, dass sie diese Zustellbenachrichtigung gern schon einige Tage eher geschrieben hätte, »aber die starke Nachfrage der letzten Wochen führt leider zu ungewöhnlichen Wartezeiten. Selbst die Post in den neuen Bundesländern braucht derzeit etwa zwei Wochen für die Beförderung unserer Sendung.«

Mit der D-Mark in den Händen setzte im Osten bei Konsumgütern, vor allem bei Textilien, Elektro- und Elektronikartikeln sowie Waren des täglichen Bedarfs ein regelrechter Kaufrausch der Bevölkerung zur Erfüllung der lang gehegten Wünsche ein. Nicht nur auf dem Land waren die Kataloge der Versandhäuser gefragt. 1991 stellte die Post 15 Millionen Exemplare in den neuen Bundesländern zu. Quelle setzte im Osten 1,1 Milliarden D-Mark um. Das Unternehmen drohte, vorübergehend »am Umsatz zu ersticken«, kommentierte die Presse den Boom. Auch die Bundespost hatte angesichts dieser Bestellmengen – allein das Päckchenaufkommen war von 1989 bis 1991 um 1.000 Prozent gestiegen – und der sich erst im Aufbau befindlichen neuen Postinfrastruktur große Schwierigkeiten, kundenfreundliche Laufzeiten zu realisieren. In vielen Ämtern stapelten sich die Päckchen und Pakete. Nachhaltige Verbesserungen brachten die folgenden Aufbauleistungen der Bundespost, vor allem eine neue Transportflotte, die fünfstelligen Postleitzahlen sowie ab 1993 die Eröffnung der neuen Brief- und Frachtzentren. VEIT DIDCZUNEIT

~ Nº93 ~

BLUE COLLAR TELEPHONE

Gemälde von Edward Ruscha

~

Acryl auf Leinwand

1992

TELEPHONE

DIE »T«-BILDER Was hat das gemalte Fragment einer Telefonzelle im Irgendwo mit einem Arbeiter zu tun? Auf den ersten Blick fällt es schwer, einen Zusammenhang herzustellen, aber ein Bild wie *Blue Collar Telephone* regt in seiner apokalyptischen Botschaft regelrecht dazu an, sich mit einem der berühmtesten amerikanischen Künstler in der zweiten Hälfte des 20. Jahrhunderts auseinanderzusetzen.

Ed Ruscha kam als 21-Jähriger 1956 von Oklahoma City zum Studium an das Chouinard Art Institute in Los Angeles und studierte bald auch parallel an der Schule für Walt-Disney-Illustrationen. Während seines Kunststudiums beschäftigte er sich mit dem Werk von Jasper Johns und den Künstlern des Abstrakten Expressionismus, die ihn zunächst faszinierten und auch beeinflussten. Schon bald entschied er sich, nicht in dieser Kunstrichtung zu arbeiten, sondern reflektierte über einen neuen Ansatz seiner Bildgestaltung. Ihn beeindruckte die plakative Werbewirtschaft mit ihren simplen Aussagen und ihren Text-Bildmontagen ohne Zeitlichkeit. Ruscha befasste sich in den folgenden Jahren mit der Grafik, Buchgestaltung, dem Schriftsetzen und Drucken der Werbewirtschaft. Dies führte ihn zur Entgrenzung der kontextgebundenen Sprache, die er fortan als leere Worthülsen in seine Bildräume einbindet. Seitdem zeugt seine über 50-jährige Schaffensperiode von einer kraftvollen Bildgestaltung in einer reduzierten Formensprache. Die Einbindung von Schrift oder Sprachsequenzen, die oft in Landschaftsräumen stehen, verweist auf deren Überformung durch die Zivilisation, lässt aber der Schönheit der Natur Raum und wird in zum Teil kräftiger Farbgebung wiedergegeben.

Einzig eine Serie, die *Blue-Collar-Serie* von 1992, macht eine Ausnahme. Ruscha komponierte Anfang der 1990er Jahre eher dunklere, apokalyptische und minimalistische Gemälde mit Architekturfragmenten. Er selbst bezeichnet seine fünf Gemälde als »Kästen mit Namen«, die aus der Froschperspektive architektonische Versatzstücke zeigen und gerade in ihrer Ausschnitthaftigkeit neue Räume und Tiefen, aber auch Brüche andeuten.

Blue Collar Telephone ist das erste von den fünf »T«-Gemälden, das in einer sehr reduzierten Sequenz geradezu visionär den historischen Verfall einer technischen Sparte der Kommunikationssysteme – die Telefonzellen – zur Sprache bringt.

Vor einem sich dramatisch verdunkelnden Himmel, der nur wenig lichtes Blau durchscheinen lässt, schaut der Betrachter auf die obere Abdeckung einer dunkelgrauen Telefonzelle mit der bloßen Bezeichnung »Telephone«. Die Zelle ist in ihrer Alleinstellung nicht in ihrer realen Umgebung wahrnehmbar, sie deutet einen unbestimmten Raum an, der auch in der Wüste sein könnte und dem Ruscha vielleicht bei den Fahrten zu seinem Haus begegnete. Sie ist in einer Ecksituation unteransichtig dargestellt, ihre kurze abschattierte Seitenkante zur linken Bildbegrenzung weist in den tiefen Bildraum, während die größere vordere Abdeckung mit der Bezeichnung »Telephone« annähernd bildparallel, aber mit perspektivisch sich verkleinernden Versalien zum rechten Bildrand verläuft. Die Telefonzelle ist mit den beiden Fluchtpunkten ein tragendes Bildelement, ihre Vereinzelung hebt sie aus einem undefinierten Raum heraus, der wiederum überall auf der Welt sein könnte. Egal welches Sujet Ruscha wählt, ob vor einem tiefliegenden oder einem hohen Horizont, immer ist der Sinn mehrdeutig und verschließt sich einer einfachen Festlegung. Seine Schriften enthüllen keine eigenen Botschaften, sie sind in ihrer schlichten geraden Form neutral. Es handelt sich um seine eigene Schrift, die er als »Boy Scout Utility Modern« bezeichnet, eine Schrift im geraden Schnitt ohne Rundungen. Der Künstler sagte einmal, er mache mit der Schrift in seinen Gemälden keine »Wortspiele«, sie solle nicht auf irgendetwas hindeuten. Sie soll »neutral« sein und den Abstraktionsgrad des Gemäldes fördern. »Mein Werk ist abstrakt in dem Sinn, dass sogar wiedererkennbare Objekte zu bloßen Formen werden – abstrakte Formen«, erläuterte Ruscha in einem Interview mit Kristine McKenna im Jahr 2009 seine Malweise.

Der Künstler gibt uns über die Schrift Hinweise zu seinen Intentionen, seiner Wahrnehmung der Welt, wie hier über den Titel zum materiellen Verfall in *Blue Collar Telephone.* 1992 war es vielleicht noch eine Vorahnung zum Niedergang einer ganzen amerikanischen Industriesparte, denn er bezeichnet mit dem Titel *Blue Collar (Workers)* einen Gegensatz zu »White Collar Workers«. Arbeiter, Handwerker und Tagelöhner mit den historisch blauen Uniformen ihrer Arbeitskleidung hier, dort die Büroangestellten mit weißen Hemden. Der Künstler deutet mit der fragmentarischen unteransichtigen Gemäldeserie den Wandel der Gesellschaft von einer Industrie- in eine Informations- und Dienstleistungsgesellschaft an. Die Leere des Raumes, der eigentlich nicht leer ist, aber Verlassenheit symbolisiert, der nüchterne Schriftzug, der völlig vereinzelt erscheint, verweisen in ihrem Abstraktionsgrad auf die Probleme einer ganzen Generation technischer Entwicklungen, die letztlich irgendwann überholt sein werden. In einem eigentlich kurzen Zeitraum von 1992 bis heute verwandelt das Telefonieren den öffentlichen Raum – auf dem Bild in der Telefonzelle abgebildet: nun in der Hand jedes einzelnen, um überall, jederzeit, pausenlos und online erreichbar zu sein.

In späteren Werken des Jahres 2007 greift Ruscha diesen radikalen Wandel der amerikanischen Wirtschaft wieder auf und malt in kräftigen und durchaus fröhlichen Farben ähnliche Sujets, die er seinen Blue-Collar-Bildern als Folge des Geschehenen anekdotisch gegenüberstellt.

Ruschas Werk durchzieht die Auseinandersetzung mit der Geschichte der Kommunikation wie eine unsichtbare Perlenkette, sei es durch teilweise provokante Schriftzüge, die doppeldeutig sind; sei es, dass er den Verlust von Buchgestaltungen, Schriftsetzern und der historischen Druckgeschichte in Bild-Textmarken zum Ausdruck bringt. Und immer wieder verweist er auf die Konflikte in der Natur, spielt damit auf die Überformung des Landschaftraums an und macht gleichzeitig auf seine Schönheit aufmerksam. LIESELOTTE KUGLER

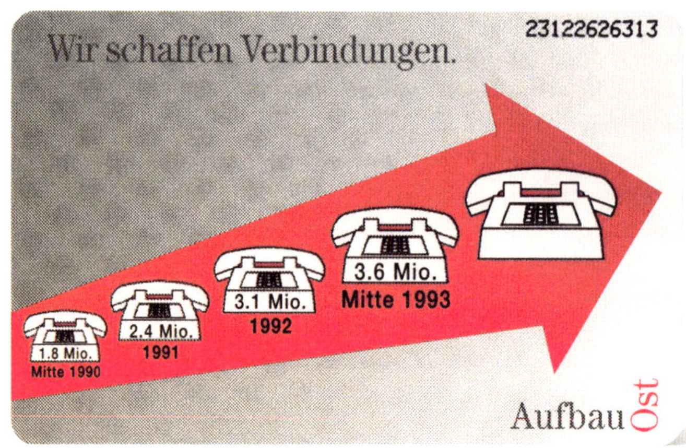

~ Nº 94 ~

TELEFONKARTE

der Deutschen Bundespost Telekom

~

Kunststoff, Metall

1993

DAS ENDE DER DREIGROSCHENOPER »Hast du mal drei Groschen? Ich muss telefonieren.« Wie oft fehlte so manchem das passende Kleingeld, um von unterwegs kurzfristig eine Verabredung zu verschieben, was in der Zeit vor Handy oder Smartphone nur aus der Telefonzelle möglich war. Doch wie oft brach das Telefongespräch abrupt ab, wenn der Groschen gefallen und das Kleingeld alle war. Die Lösung waren 54 mal 86 Millimeter große und 6 Gramm schwere Plastikkarten, die die Deutsche Bundespost in den 1980er Jahren für die Benutzung der ersten öffentlichen Kartentelefone herausbrachte.

Gleichwohl stand die Telefonkarte nicht am Beginn des bargeldlosen Telefonierens: Bereits in den ersten öffentlichen Fernsprechzellen des Königreichs Bayern wurde Ende des 19. Jahrhunderts mit Hilfe sogenannter Telephon-Billets gezahlt. Die vorausbezahlten Telefongutscheine, bedruckt mit einem schwarzen Wertstempel mit bayerischem Wappen, wurden bei Gebrauch wie Briefmarken abgestempelt. Als der Andrang an den Telefonzellen allerdings zu groß und die Ausgabe sowie Entwertung der Billets zu aufwendig wurde, endete im Jahr 1908 ihre Verwendung, und die Zeit der Münzfernsprecher begann. Die Plastikkarte breitete sich in den USA im Kreditbereich seit den 1950er Jahren aus, und mit dem Chipkartenpatent setzte sich Mitte der 1970er Jahre das bargeldlose Bezahlen mit Scheck- oder Kreditkarten international immer stärker durch. Diese Entwicklungen bildeten die Grundlage für die 1983 zunächst in vier deutschen Testgebieten und schließlich 1986 bundesweit eingeführten Telefonkarten. Die grafische Gestaltung der Karten war zunächst noch sehr einfach gehalten, da sie ursprünglich nur zur Nutzung des Kartentelefonsystems dienen sollten.

Mit den ersten mehrfarbig bedruckten und illustrierten Karten ab 1988 wurde ihre Wirkkraft als Werbemittel und Marketinginstrument entdeckt, und mit der bunten Vielfalt loderte gleichzeitig eine neue Sammelleidenschaft auf, die sich rasch ausbreitete. Post und später Telekom stellten sich auf ihre neuen Werbe- und Sammlerkunden ein: Die Telefonkarten erschienen in verschiedenen Serien, mit Eigen- und Fremdwerbung, zum freien Verkauf und Versandbezug oder als reine Kontaktgaben. Für den boomenden Sammlermarkt wurde 1990 ein Telefonkarten-Versandservice eingerichtet, im November 1998 erschien die 500-millionste Telefonkarte. Dennoch erlosch das Feuer der Sammelleidenschaft um die Jahrtausendwende schon wieder, da Telefonkarten nach und nach überflüssig wurden. Das Telefonieren mit dem eigenen Mobiltelefon breitete sich aus, und in den weniger werdenden öffentlichen Telefonzellen wurde über Nummern-Karten oder mit der Geldkarte bezahlt.

Zuvor spielten die bunten Plastikkärtchen allerdings noch eine besondere Rolle beim Aufbau der Telekommunikationsnetze in den neuen Bundesländern. Die in Ostdeutschland Anfang der 1990er Jahre zahlreich installierten Kartentelefone verbesserten die Bedingungen des Telefonierens und waren sichtbare Zeichen des geplanten Kommunikationsaufschwungs, den die Deutsche Bundespost Telekom mit ihrem Aufbauprogramm »Telekom 2000« umsetzte. Mit der Eigenwerbung auf der Telefonkarte informierte die Telekom 1993 über den ersten Zwischenstand dieser enormen Aufbauleistung. Bis 1997 schaltete die Telekom im Osten Deutschlands dank Investitionen in Höhe von über 50 Milliarden D-Mark insgesamt 7,2 Millionen Telefonanschlüsse.

Aufgrund ihrer großen Vielfalt und dank ihrer schnellen Entwicklung vom einfachen Zahlungsmittel zu einer gern genutzten Werbefläche sowie zu einem begehrten Sammelobjekt bilden Telefonkarten trotz ihres relativ kurzen Wirkungszeitraums heute einen umfangreichen Sammlungsbestand im Bereich Geldverkehr der Museumsstiftung. WENKE WILHELM

~ Nº 95 ~

NACHRICHT

Gemälde von Neo Rauch

~

Öl auf Leinwand

1999

AUF DER HIMMELSLEITER DER KOMMUNIKATION Auf annähernd 300 Kunstwerke ist der Kunstbestand der Museumsstiftung Post und Telekommunikation seit der Gründung des Reichspostmuseums 1872 angewachsen.

Generalpostdirektor Heinrich Stephan hatte sehr vorausschauend einen weitgespannten Sammlungs- und Präsentationsauftrag verfügt, der die Nachrichteneinrichtungen »aller Zeiten und aller Völker« umfasste. Neben den umfangreichen technischen Objekten wurden auch ältere Kunstwerke angekauft und zeitgenössische beauftragt, die neben den Arbeitsbedingungen der Menschen auch die technischen Innovationen der Nachrichtenübermittlung oder der Transportmöglichkeiten abbildeten. Heute umfasst die große Kunstsammlung Gemälde, grafische Arbeiten, Skulpturen und Multiples sowie viele fotografische Werke bis zur Gegenwart.

In dieser Tradition standen im Kontext der Wiedereröffnung des vollständig renovierten Berliner Museums auch Aufträge an Künstler, die den Wandel zur inhaltlichen Neuausrichtung des alten Gebäudes zum Museum für Kommunikation im Jahr 2000 vermitteln sollten.

Das Gemälde *Nachricht* von Neo Rauch, der 1999 als Assistent an der Hochschule für Grafik und Buchkunst und als freischaffender Künstler in Leipzig arbeitete, wurde in diesem Zusammenhang beauftragt. Der ursprüngliche Wunsch an Neo Rauch, er möge eine moderne Interpretation der über 100-jährigen Geschichte des historischen Gebäudes schaffen, musste bald fallen gelassen werden, denn seine Auseinandersetzung mit Themen wie Kommunikation in seiner ihm eigenen figurativen Bildsprache widersetzte sich einer solch plakativen Auftragsvergabe. Zwischen der Kontaktaufnahme und der Besichtigung des Präsentationsortes bis zur Übergabe des Gemäldes an das Museum lag ein kurzer Zeitraum, in dem Rauch eines seiner ersten großen Figurenbilder schuf, das heute sehr zentral ein Hauptthema der Kommunikation ist: die *Nachricht,* im Lichthof präsentiert. Lediglich die zentrale Treppe des Museums ist der Historie und dem Wunsch des Auftraggebers geschuldet, sie taucht in einer Sprechblase der rechten Figur auf.

Wir sehen zwei großformatige Figuren, einen Mann im Vordergrund und eine Frau in der zentralen Bildmitte, die voneinander abgewandt, ohne Bodenberührung und Blickkontakt entgegengesetzt eine abgewinkelte Treppe hinauf beziehungsweise hinab eilen, die sich im hinteren Bildraum verliert. Beide Figuren halten wichtige Nachrichten in den Händen, was aus gelben Zetteln mit je einem Blitz zu erschließen ist. Ihnen sind zwei hochrechteckige Sprechblasen zugeordnet, die der Frau am linken Bildrand ist leer, die des Mannes beinhaltet die historische Museumstreppe.

Interessant ist das Figur-Grund-Verhältnis in diesem Gemälde, das die Figuren in den Vordergrund rückt. Aus zwei opaken Farbflächen in L-Formen in hellblau unten rechts und rosa oben links versperren beide den Ausblick auf einen Hintergrund und lassen völlig offen, wo die Szene spielt, noch gibt sie einen zeitlichen Hinweis.

Zwei gelbe Farbflächen im Zentrum des Gemäldes stellen die Figuren wie vor einer Leinwand frei. Zur Verstärkung und Hervorhebung der Figuren hat der Maler um ihre Körper die Farbe ausgespart, sodass ein weißer Umriss wie ein Rahmen entsteht. Damit vereinzelt er die Figuren, deren Gesichter, Hände, Füße und Kleidung realistisch ausformuliert sind. Der Mann im Vordergrund in roter Fliegerjacke und heller Hose und die Frau mit einer dunkleren blauen Jacke (möglicherweise einer Postuniform), roter Hose und Stiefeletten könnten zwei Vertreter der Nachrichtenüberbringer zu Lande und zu Luft sein. Möglicherweise ist das ein Hinweis auf die Gründungsurkunde des Museums. Ein Sendeturm begrenzt den rechten Bildrand bis auf Augenhöhe des Mannes und stoppt dessen Bewegung gewissermaßen ab, während sich der Weg der Frau mit ihrem abwärtsgewandten Blick im Unendlichen verliert. Nicht zufällig stehen die Sprechblase mit dem historischen Gebäudeteil und der neue Funkturm nebeneinander, repräsentieren sie doch Vergangenheit und Gegenwart. Wir sehen in der Spiralbewegung der Bildkomposition bildmittig Hinweise auf die Themen des Museums, die auf die Auseinandersetzung des Künstlers mit der Geschichte des Museums für Kommunikation verweisen.

Neo Rauch verbindet in diesem Gemälde die grundsätzlichen Kommunikationsthemen von Sender und Empfänger, zwischenmenschlicher – hier mangelnder – Kommunikation, auch der zwischen Mann und Frau, mit der technischen Kommunikation des Nachrichtenwesens im Reichspostmuseum als Allegorie. In seiner eigenen Bildwelt, die die Alltäglichkeit zum Anlass nimmt, diese aber immer wieder verfremdet darstellt oder unverhofft in Architekturen oder Landschaften einbindet, schafft er ein Werk voller Metaphern. Die Gleichzeitigkeit von Ereignissen sowie die flexible Ortsbezogenheit überlagern die verschiedenen Perspektiven, aus denen der Künstler das Gemälde konzipiert hat. Die »Offenheit« der schwebenden Kuriere suggeriert einen zeitlosen Raum, ebenso eine offene Kommunikation, die überall geschehen kann und niemals abgeschlossen ist, aber auch bedrohlich sein kann. Das ist eine der großen Qualitäten dieses Gemäldes zur Zukunft der Kommunikation. LIESELOTTE KUGLER

~ Nº96 ~

JAMBA! BOX

zum Download von Klingeltönen und Logos für das Mobiltelefon

~

Kunststoff, Papier

AB 2000

MELODIEN FÜR MILLIONEN In der Mitte des vergangenen Jahrzehnts gab es wohl nichts, was so nervte wie die allgegenwärtige Klingeltonwerbung. Zeitweise flimmerten die Werbespots für »Crazy Frog«, »Sweetie«, das tanzende Küken und »Schnuffel«, den Hasen, bis zu 150 Mal täglich über die Bildschirme, insbesondere auf den Musiksendern MTV und VIVA. Zu verdanken war die Werbeflut der Jamba! GmbH, die im Jahr 2000 von den Brüdern Marc, Oliver und Alexander Samwer gemeinsam mit den Unternehmen debitel, MediaSaturn sowie Electronic Partner in Berlin gegründet wurde. Die ersten Produkte, die Jamba!

auf den Markt brachte, waren Klingeltöne für Mobiltelefone und Logos für das Handydisplay. Vertrieben wurden die Produkte über die Website des Unternehmens, das WAP-Portal sowie über seine Offline-Partner. Ein Vertriebsweg war dabei die Jamba! Box, die eine Anleitung sowie einen Code enthielt, mit dem man sich über das Internetportal der Firma Klingeltöne und Logos auf das Handy laden konnte. Die genaue Datierung dieser Jamba! Box ist nicht leicht. Die Handytypen, die auf der Verpackung angegeben sind (nur für Nokia-Handys) sowie die Hits, die man sich mit Kauf der Packung als Klingelton herunterladen konnte – »Lady« von Modjo, »Still D.R.E« von Dr. Dre sowie »Hey Baby« von DJ Ötzi – verweisen jedoch auf die Anfangsjahre der Firma, also auf die Jahre 2000 bis 2003.

Angetreten war Jamba! in einer Zeit, als die Zukunft – das mobile Internet – ungeheure Wertschöpfungsmöglichkeiten verhieß. Zur gleichen Zeit wie die Gründung des Unternehmens endete die Versteigerung der UMTS-Lizenzen. Highspeed-Internet auf Mobiltelefonen schien zum Greifen nah zu sein. Doch der technische Fortschritt kam nicht so schnell voran wie erhofft, mobile Datennutzung war zwar möglich, aber immer noch teuer. Erfolgreich wurde das Unternehmen jedoch auch so. Acht Wochen nach seiner Gründung konnte es mehr als 300.000 Nutzer und täglich bis zu 4.000 Neukunden verzeichnen. Nach neun Monaten wurde die Grenze von einer Million registrierten Benutzern überschritten. Jamba! führte dabei als erste mobile Plattform das Content Billing ein, das heißt die Abrechnung der verkauften Produkte über die Telefonrechnung.

Der finanzielle Durchbruch gelang Jamba! mit der Idee, seine Produkte als Abonnements zu vertreiben. Für 2,99 Euro im Monat gab es sieben Klingeltöne. Ab 2003 schaltete das Unternehmen aggressive Fernsehwerbung, die einen Direct-Response-Ansatz verfolgte: Die schrille, sich ständig wiederholende Werbung sollte nicht etwa das Markenimage verbessern, sondern beim Zuschauer eine direkte Reaktion auslösen, nämlich das Senden einer SMS und damit den Abschluss eines Abonnements. »Jetzt! Nur einen Euro je Ton im Jamba!-Monatspaket. Schicke Ton 1, Ton 2 oder Ton 3 an fünfmal die drei. Sofort schickt Dir Jamba! Deinen Nokia-Ton aufs Handy und eine SMS mit noch mehr Top-Klingeltönen zur Auswahl.« So simpel, dazu laut und bunt, wurde der Fernsehzuschauer aufgefordert, eine SMS an die 33333 zu schicken, um sich die neuesten Hits als Klingeltöne, Bilder, Spiele und zahlreiche andere Gadgets auf sein Handy zu laden. Die aufdringlichen Werbestrategien gerieten jedoch schnell in die Kritik. Denn vielen Kindern und Jugendlichen fiel nicht auf, dass sie ein Abonnement abschlossen. Die Werbespots mit schrillen Animationen, zum Teil auch mit viel nackter Haut, lenkten vom »Kleingedruckten« ab, der Begriff Abonnement wurde strengstens vermieden und durch »Monatspaket« ersetzt. Gerade Kinder und Jugendliche waren mit ihren Prepaid-Handys die Zielgruppe von Jamba!, und viele von ihnen wunderten sich, dass ihre Prepaid-Karten so schnell leer waren. Sobald sie wieder aufgeladen waren, buchte das Unternehmen weiter ab. Das Handy wurde zur Kostenfalle.

Nichtsdestotrotz wurde Jamba! ein Erfolgsunternehmen mit Millionen von Nutzern, an denen es Millionen verdiente. 2004 wurde Jamba! für rund 228 Millionen Euro an den amerikanischen Konzern VeriSign verkauft. Den Jugendlichen bot das Unternehmen die Möglichkeit, das Massenprodukt Handy individuell zu gestalten – mit Logos, Klingeltönen, Spielen und lustigen Videos, die man sich gegenseitig auf dem Schulhof zeigen konnte. In dieser Hinsicht begleitete Jamba! den Wandel des Mobiltelefons vom hauptsächlich beruflich genutzten Medium zum alltäglichen Konsum- und Lifestyle-Objekt und heizte den Hype um das Mobiltelefon mit eigens gestalteten Animationen und eigens komponierten Songs, die es bis in die Charts schafften, weiter an.

Auf der Videoplattform YouTube sind die Klingelton-Werbungen immer noch verfügbar, ein Zusammenschnitt von Spots trägt den Titel *Klingeltonwerbung aus dem Handymittelalter.* Obwohl gerade einmal 16 Jahre seit der Gründung von Jamba! vergangen sind, erscheinen die Werbespots angesichts der Möglichkeiten des Smartphones wie aus einer komplett anderen Zeit. Die Technik, so scheint es, hat sich in den vergangenen 16 Jahren rasant weiterentwickelt, die Innovationszyklen haben sich extrem verkürzt. Schon länger haben wir es in Museen unter dem Stichwort »Musealisierung der Gegenwart« mit Objekten zu tun, die uns nicht mehr qua ihres Alters fremd sind, sondern noch durch eigene Nutzung vertraut. Auch dies trägt gegenwärtig zu dem Gefühl bei, es sei alles schneller geworden. Auch wenn die Jamba! Box noch nicht die Aura eines Reis-Telefons besitzt, so ist es doch ein historisches Objekt, das für den Beginn der mobilen Telefonie als Alltags- und Massenphänomen steht. Bei jetzigen Zielgruppen über 30 mag es noch nostalgische Erinnerungen an das erste Handy, an monochrome Displays und die Begeisterung für die ersten polyphonen Klingeltöne auslösen. Für künftige Zielgruppen wird es wohl mehr wie ein Objekt aus der Steinzeit der Mobiltelefonie wirken. KATRIN PETERSEN

~ Nº 97 ~

DHL-HANDSCANNER MOTOROLA F4411A

für die Paketzustellung mit Eingabestift und Ladevorrichtung

~

Metall, Kunststoff

2005

DEM PAKET AUF DER SPUR Es klingelt. Ein Paketzusteller steht vor der Tür. Doch bevor der Kunde sein Paket annehmen darf, muss er auf dem Display eines Handscanners mit seiner elektronischen Unterschrift den Erhalt des Pakets bestätigen. Dieser tragbare Minicomputer mit einem Touchscreen speichert die mit einem speziellen Stift eingegebene Unterschrift des Empfängers. Jedes Paket besitzt einen Barcode und kann durch diesen eindeutig identifiziert werden. Durch das Einscannen des Barcodes an den verschiedenen Umschlagpunkten ergibt sich eine Sendungshistorie, mit der sich jederzeit der Status des Pakets nachvollziehen lässt. Für den Zusteller dient die Sendungsverfolgung der Überwachung der Logistikkette, dem Produktmanagement und der Ressourcensteuerung. Zudem wird das Informationsbedürfnis des Kunden gestillt: Dieser kann mit Hilfe der Sendungsnummer und digitaler Informationstechnologie jederzeit seine Sendung nachverfolgen.

All dies wäre ohne den Handscanner undenkbar. Im Jahr 1997 wurden erstmals über 10.000 Handscanner für die Frachtpostzusteller der Deutschen Post, seit 2015 Deutsche Post DHL Group, eingeführt. Mitbewerber der Post setzten die Scanner im Bereich der Informationslogistik bereits zuvor ein. Die Zusteller der Post konnten somit bald auf die analogen Zustelllisten verzichten und die Prozesse zu Abrechnung, Übernahme von Sendungen und Retouren-Rückhol-Service deutlich verbessern. Auch die Auskunftsqualität des sogenannten Tracking & Tracing-Systems (die Sendungsverfolgung) wurde deutlich gesteigert. Bereits Mitte des Jahres 1998 nutzten circa 2.200 Postkunden Track & Trace Online, um den Status ihrer Sendungen einzusehen. Der Einsatz von Handscannern war ein erster Schritt auf dem Weg zur vollelektronischen Informationsverarbeitung und -logistik in der Frachtpostzustellung.

In Deutschland nutzten die meisten Zusteller zunächst Handscanner der Firma Casio. Mittlerweile liefert die Firma Motorola einen Großteil der Handscanner an verschiedene Zusteller wie DHL, Hermes und GLS. Die erste Version des INCA-Kurierterminals von Motorola war ein innovativer Meilenstein der Informationslogistik. Das Terminal ermöglichte erstmals die drahtlose Übermittlung von Daten ohne eine Dockingstation in den jeweiligen Zustellbasen. Das Modell F4411A der DHL wurde ab Mai 2004 testweise durch die Paketzusteller von DHL Express genutzt und kam ab 2005 auch teils in Postfilialen zum Einsatz. Der schwarz-gelbe Kunststoffscanner wurde unter Beteiligung der Zusteller entwickelt, um die Software auf die Belange der Nutzer abzustimmen und die Bedienerfreundlichkeit zu gewährleisten. Sein kleinerer und handlicherer Nachfolger INCA II (Motorola) – mit WLAN und GPRS ausgestattet – kam bereits wenig später, ab Juli 2006, in einem Pilotprojekt zum Einsatz. Im Gegensatz zu seinem direkten Vorgänger wurde der INCA II ab Juni 2007 schrittweise flächendeckend eingeführt und auch langfristig eingesetzt. LINA HARDER

~ Nº98 ~

SCHWEBENDE KOMMUNIKATION

Installation von Volker März

~

Ton, Holz, Kunststoff

2010

SCHWERELOS Was könnte im Eingangsbereich des Museums für Kommunikation Nürnberg den Besucher besser in seinen Bann ziehen und auf die neue, 2012 eröffnete Dauerausstellung einstimmen, als ein mitten im Raum von der Decke pendelndes Ensemble kleiner hängender, stehender, kauernder, lachender, plappernder, lauschender und vielleicht auch manchmal schweigender Tonfiguren – nicht größer als die Hand eines Erwachsenen. Die Installation *Schwebende Kommunikation* des Künstlers Volker März wurde eigens für diesen Ort geschaffen und gibt quasi den roten Faden für alles Folgende vor. Mit seinen 16 Figuren- und Figurenpaaren stellt das aus einem Podest und einem Mobile bestehende Kunstwerk unterschiedliche Kommunikationskonstellationen heiter-absurd dar. Es ist raumgreifend und raumschaffend zugleich, nimmt einen Raum in Beschlag und gibt ihn – in veränderter Ordnung – immer wieder aufs Neue frei. Das macht es so interessant und authentisch zugleich, denn unsere tägliche Kommunikation ist genau durch dieses Oszillieren zwischen Suspension und Setzung geprägt. Wir kommunizieren mitunter vage und subtil, sagen etwas sprichwörtlich »durch die Blume« oder lesen »zwischen den Zeilen«. Ein anderes Mal sind wir konkret und korrekt, treffen »ins Schwarze« oder »den Nagel auf den Kopf«.

Volker März, 1957 in Mannheim geboren, studierte von 1977 bis 1983 an der Hochschule der Künste Berlin. In seinem Schaffen lässt er sich schwer in eine Schublade stecken, ist er doch neben dem Bildhauer, der vorzugsweise kleine skurrile Figuren aus Ton gestaltet und dessen Markenzeichen das kleine Format ist, auch Regisseur, Maler und Autor. Er strapaziert ironisch mit seinen scheinbar harmlosen heiteren Inszenierungen Tabus, um neue Freiräume zu schaffen und neue Sichtweisen in Bewegung zu bringen. Seit 1985 sind immer wieder historische Persönlichkeiten wie Friedrich Nietzsche, Martin Heidegger, Heinrich von Kleist oder Hannah Arendt Gegenstand seiner Kunstinstallationen. Der Künstler will sie »ins Heute holen« und durch seine Verfremdung »handhabbar, menschlich und für sich und andere erlebbar machen«. Provokant politisch bildet seine 2009 erschienene Publikation *Kafka in Israel* die Grundlage für mehrere Installationen, mit denen der Künstler die aktuellen Verhältnisse des Staates Israel thematisiert: Der jüdische Franz Kafka reist ins heutige Israel, ins Zentrum des Nahost-Konflikts, und wird dort vom Künstler an authentischen Orten von Tel Aviv bis Ramallah inszeniert und in kleinen Videos festgehalten. Das Ende der März'schen Erzählung ist dann auch aufrüttelnd: Kafka wird von der israelischen Justiz gehängt. Die Ausstellung sorgte im Herzliya Museum / Israel für Aufsehen und wurde in den israelischen Medien sehr kontrovers diskutiert. Eines seiner aktuellen Projekte ist die Beteiligung an der Gruppenausstellung *When tomorrow comes* in Johannesburg, bei der die Idee der »Endzeit« in verschiedenen Arbeiten thematisiert wird und März mit dem Werk *Salve Slave – halbe Hunde in Griechenland* teilnimmt.

Vor diesem Hintergrund sind nun auch die kleinen Figuren im Museum für Kommunikation Nürnberg nicht mehr einfach nur als lustige »Püppchen«

anzusehen. Durch die vielseitigen Spannungsgefüge der Installation führt uns der Künstler die existenzielle Bedeutung von Kommunikation beschwingt vor Augen. Die Arbeit selbst ist ein Abenteuer, bei dem kein Bogen überspannt werden, kein Faden reißen darf – denn das Gleichgewicht ist fragil. Das immer wieder in März Werk vorkommende Motiv der Nacktheit gibt auch bei den Nürnberger Figuren Rätsel auf: Die geschlechtliche Zuordnung der in Ton gebrannten Figuren ist diffus. Mit kurzen Haaren und einem maskulin anmutenden Gesicht haben sie andererseits an Zielscheiben erinnernde weibliche Brüste und sind lediglich mit einem uniformen schwarzen Rock bekleidet – der Künstler lässt den Betrachter über die geschlechtliche Identität im Ungewissen. Sie ist indifferent, unmarkiert und changiert. Auch durch Mimik, Gestik oder Überformung einzelner Körperteile tritt dieses Oszillieren offen zutage. Die Figuren blicken finster drein, drohen oder haben anstelle ihrer Ohren große »Lauscher«, mit denen sie das Treiben der global vernetzten Welt vernehmen können. Andere machen sprichwörtlich »Stielaugen«, küssen sich oder hängen anderweitig aneinander. Man kann also auch hier – des Gleichgewichts wegen – weder mit- noch ohne einander. Ihre Beziehungen zueinander verändern sich permanent durch die Bewegungen der verbundenen Fäden. Mit diesen ständigen Bewegungen nehmen sie auch Einfluss auf unsere eigene Position im Raum; aus der Entfernung betrachtet gewinnen wir einen Überblick über dieses tanzende Spektakel, während wir erst aus der Nähe immer neue Details entdecken. Ab einer Körpergröße von 1,75 Meter ist auch Vorsicht geboten, um nicht mit den leicht wippenden filigranen Figuren zu kollidieren. Es verschwimmen in dieser Arbeit also nicht nur die Grenzen zwischen den einzelnen Figuren, der Schwerelosigkeit und Schwerkraft, sondern auch die Grenze zwischen Subjekt und Objekt – wir werden Teil dieser Arbeit, und vielleicht gelingt es uns, beim Betrachten auch für einen Moment unsere eigene Schwerkraft zu überwinden. MARION GRETHER UND THOMAS PICK

~ Nº 99 ~

PAKETKOPTER 2.0

der Deutschen Post DHL Group zum Transport von Postsendungen

~

Kunststoff, Metall

2014

PAKETZUSTELLUNG 2.0 Im Hafen der autofreien Nordseeinsel Juist wartete bisher ein Kutscher mit seinem Pferdefuhrwerk auf die ankommende Fähre vom Festland und belieferte nicht nur die Lebensmittelgeschäfte mit frischen Waren, sondern auch die *Seehund-Apotheke* mit den notwendigen Medikamenten. So, wie es von jeher zahlreiche seiner Kollegen vor ihm getan haben. Im Jahr 2014 wurde diese historisch-traditionelle Art der Paketzustellung durch einen gewaltigen Sprung in die Zukunft testweise abgelöst: Mit einer Transportdrohne, dem sogenannten Paketkopter 2.0, versorgte die Deutsche Post DHL von September bis Dezember 2014 die Insel mit eiligen Arzneimitteln – und das erstmalig sogar im Linienbetrieb.

Das unbemannte Luftfahrzeug, ein Quadrokopter, flog vollständig autonom und außerhalb der Sichtweite des Piloten. Die Teststrecke von Norddeich auf dem Festland bis zur Insel Juist betrug zwölf Kilometer, die Reisegeschwindigkeit circa 46 Kilometer pro Stunde, bis zu 1,2 Kilogramm Nutzlast konnten mittransportiert werden. Ein DHL-Zusteller lieferte schließlich die gelandeten Waren an die Empfänger aus. Insgesamt wurden während der dreimonatigen Testphase 40 Paketkopter-Flüge durchgeführt, wobei in zwei dringenden Notfällen Hilfe gebracht werden konnte. Genau für diese Zwecke hatte das Forschungsteam der Deutschen Post DHL zusammen mit dem Institut für Flugsystemdynamik der Rheinisch-Westfälischen Technischen Hochschule Aachen und der Microdones GmbH den Paketkopter 1.0, der bereits im Dezember 2013 in Bonn seinen Jungfernflug absolviert hatte, weiterentwickelt. Dort flog er lediglich einen Kilometer über den Rhein und wurde noch manuell von einem Piloten in Sichtweite gesteuert. Doch die gewonnenen Erkenntnisse hinsichtlich Flugverhalten und Zuverlässigkeit bei verschiedenen Wetter- und Windbedingungen waren die Grundlage für die Weiterentwicklung bis hin zum Paketkopter 3.0, der 2016 in der Bergregion zwischen Reit im Winkl und der Winklmoosalm getestet wurde. Als erstem Paketdienstleister weltweit war es der DHL gelungen, eine Transportdrohne bis zum Endkunden einzusetzen. Am Parcelcopter Sky Port, einer speziell entwickelten Packstation, konnten die Postkunden selbst ihre Pakete abholen, die der Paketkopter dort vorher vollautomatisch abgelegt hatte. Auf die gleiche Art und Weise konnten auch Privatkunden ihre Pakete versenden. Das war möglich, da nun ein Kippflügler als Fluggerät eingesetzt wurde, der im Gegensatz zum Quadrokopter senkrecht starten und landen konnte und deshalb keine Start- und Landebahn benötigte. Zudem konnten die Flugdistanz, die Reisegeschwindigkeit sowie die Traglast erweitert beziehungsweise erhöht werden. Diese Testphase wurde von einer innovativen Bodenstation überwacht, die die Wetter- und Flugdaten kontinuierlich aufzeichnete und analysierte.

Mit Hilfe dieser zukunftsweisenden Logistik sollen auch weniger zugängliche Gebiete, unabhängig von einem ausgebauten Straßennetz, versorgt werden. Natürliche Barrieren wie Wasser und Berge konnten schon mit den Paketkoptern 2.0 und 3.0 überwunden werden. Die aus den bisherigen Testphasen gewonnenen

Erkenntnisse sollen bald zu einer Erprobung im urbanen Raum genutzt werden. Bislang allerdings gibt es weder in Deutschland noch in den USA eine Zulassung für die zivile Nutzung von Drohnen.

Der DHL-Paketkopter gehört zu einer Reihe von Innovationen, mit denen die Post die Zukunft im Blick hat. Die Packstation, Logistikroboter, Datenbrillen und der Elektrotransporter »Streetscooter« sind Entwicklungen des größten deutschen Arbeitgebers, um die Chancen der Digitalisierung aktiv zu nutzen und unseren Aufbruch in die digitale Welt mitzugestalten. In die Zukunft kann niemand blicken. Allerdings ist es als Museum unsere Aufgabe, in der Gegenwart für die Zukunft zu sammeln. Ich bin mir sicher, dass der Paketkopter, der im Museum für Kommunikation Berlin über den Köpfen die Aufmerksamkeit des heutigen Publikums auf sich zieht, auch künftigen Besuchern ein Eyecatcher sein und zur Kommunikation über Vergangenheit, Gegenwart und Zukunft anstiften wird. Wir sammeln weiter. WENKE WILHELM

SMARTPHONE SAMSUNG GALAXY S DUO 2

genutzt von Mohammad K. auf der Flucht aus Syrien nach Deutschland

~

Kunststoff, Metall

2015

DER FLUCHTHELFER Heutzutage sind laut UNO so viele Flüchtlinge wie noch nie in der Geschichte der Menschheit unterwegs. Ende 2015 waren über 65 Millionen Personen auf der Flucht. Das sind vier Mal so viele Menschen, wie zur deutsch-deutschen Wiedervereinigung in der ehemaligen DDR lebten. Die größte Gruppe, fast fünf Millionen Menschen, fliehen aus Syrien, und fast alle von ihnen haben eines gemeinsam: Das Smartphone ist ihr Fluchthelfer. Es hilft beim Kommunizieren, Übersetzen, Planen, Recherchieren – und vor allem zeigt es ihnen den genauen Weg. So auch bei Mohammad K. (41) aus der syrischen Hauptstadt Damaskus, der diesem Smartphone sein Leben verdankt, wie er immer wieder sagt. Schon vor seiner Flucht informierte Mohammad K. sich online über Routen, Schleuser, Tipps und Tricks. Er recherchierte wie die meisten Flüchtlinge vor allem über Google, Kartendienste und im Besonderen über Facebook. In den Facebook-Gruppen, den offenen wie geschlossenen, tauschen sich Flüchtlinge untereinander und mit Schleusern direkt aus. Ähnlich wie bei anderen Verkaufsplattformen werden die Schleuser hier in den Kommentaren bewertet, und teilweise wird vor ihnen gewarnt, wenn Geflüchtete schlechte Erfahrungen gemacht haben. Nach dem Erstkontakt über Facebook nutzen die meisten Schleuser weitere Messenger wie WhatsApp, Viper oder Threema, um Details, Abläufe und Treffpunkte zu klären. Auch die Geldübergabe wird per Messenger geregelt. Der vereinbarte Betrag wird in einem normalen legalen Bankschließfach hinterlegt, die Bank bestätigt den Eingang, und erst nachdem die Flüchtlinge am Zielort ankommen, senden sie die PIN an die Schleuser, damit diese das Schließfach öffnen können. Für die Geldtransaktionen und die gesamte Kommunikation mit Freunden, anderen Flüchtlingen und den Schleusern ist ein Smartphone essenziell. Die Flüchtlinge müssen dabei flexibel sein: Da es in einigen Ländern Probleme mit Updates, Internetverbindungen und Strom gibt, unterscheiden sich die verfügbaren Messenger von Land zu Land.

Nachdem Mohammad K. sich ausgiebig erkundigt, Kontakte geknüpft, Routen und Ausweichmöglichkeiten geplant hatte, hat er das Nötigste in einen großen Rucksack gepackt und sich auf den Weg nach Deutschland gemacht, um eine Zukunft für sich und seine Kinder zu finden. Schweren Herzens hat er sie zurückgelassen mit dem Plan, sie später mit einer Einreisegenehmigung auf ungefährlichem Weg nachzuholen. Ohne Einreisegenehmigung ist ein Flug nach Deutschland nicht möglich, und die anderen Wege können lebensgefährlich sein. Im schlimmsten Fall führt die Flucht über das risikoreiche Mittelmeer – so wie bei Mohammad K. Auf den Standardrouten hat sich um die Flüchtlinge ein ganzer Wirtschaftszweig entwickelt, unter anderem werden Ladestationen für Laptops, Handys und Smartphones angeboten – allerdings zu völlig überteuerten Preisen. Strom ist neben der mobilen Internetverbindung mit ausreichend Datenvolumen eine der wichtigsten Ressourcen, die benötigt wird. Neben der mobilen Kommunikation mit Schleusern und der Familie daheim ist vor allem die GPS-Funktion des Smartphones wichtig, um sich zu orientieren. Das GPS seines Smartphones rettete Mohammad K. und Dutzenden weiteren

Flüchtlingen sogar das Leben, als die Schleuser sie mit einem alten Fischerboot von der Türkei zu einer griechischen Insel überführen wollten. Nachdem sie bereits mehrere Stunden auf dem Meer hin und her gefahren waren, machte sich Mohammad K. Sorgen und begann, die Route anhand seines eigenen GPS-Signals zu verfolgen. Er bemerkte, dass sich der Kapitän völlig verfahren hatte. Dieser sprach weder englisch noch arabisch, außerdem war er betrunken, also machte Mohammad K. ihm mit Hilfe von Gesten und seinem Smartphone klar, dass sie sich auf dem falschen Weg befinden. Um nicht entdeckt zu werden, hatte der Kapitän die gesamten Kommunikationsmittel des Schiffes – samt Navigationsgerät – ausgeschaltet. Mit dem Smartphone von Mohammad K. konnte er wieder navigieren, und sie gelangten doch noch zur vereinbarten Insel. Ohne das Smartphone wären sie wahrscheinlich auf dem offenen Mittelmeer verloren gewesen. Mohammad K. denkt nicht besonders gerne an die Erfahrungen zurück, deswegen hat er auch kaum Fotos von der Flucht aufbewahrt. Inzwischen lebt er in Cottbus, seine Kinder konnten im Rahmen des Familiennachzugs tatsächlich mit dem Flugzeug nach Deutschland kommen. Er hat kürzlich einen Job gefunden und sucht eine Wohnung für sich und seine Kinder, damit sie nicht mehr im Flüchtlingsheim wohnen müssen. Er nutzt das Smartphone, nun aber ein anderes Gerät, immer noch alltäglich zum Übersetzen, Orientieren, Recherchieren und um mit Freunden, Bekannten und Verwandten in Kontakt zu bleiben, die inzwischen überall auf der Welt verstreut leben. DANIEL EBERT

DATENBRILLE VUZIX M100

zur Kommissionierung von Waren

~

Kunststoff, Metall

2015

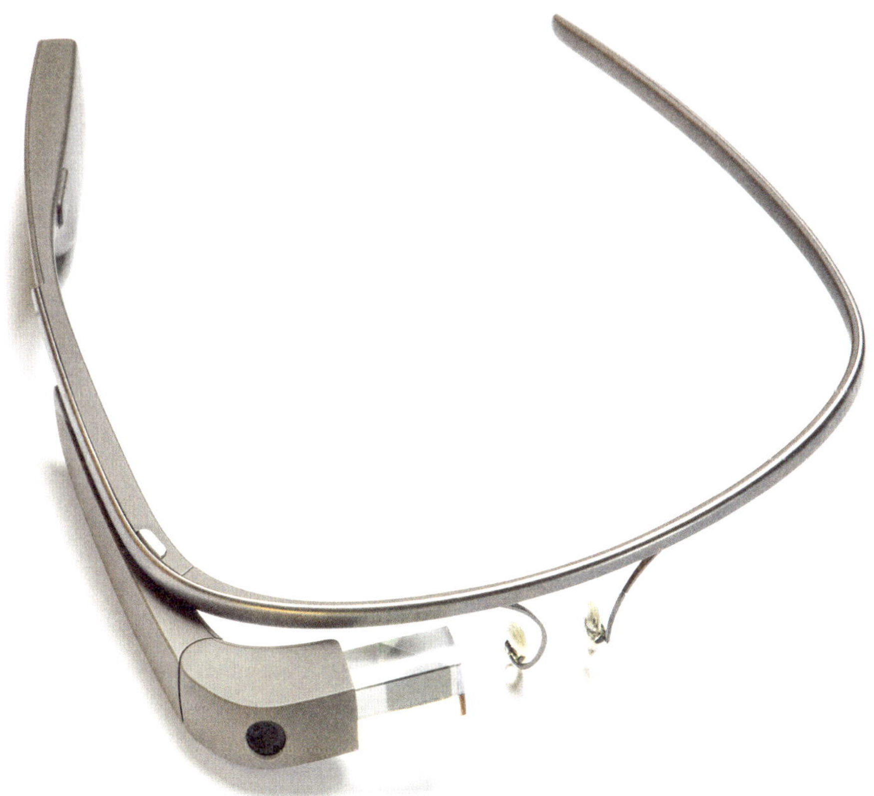

DIE ZUKUNFT IM BLICK Der 6. Juli 2016 wird rückblickend als der Tag, an dem »Augmented Reality« den Durchbruch in der breiten Öffentlichkeit erlebte, in die Annalen der digitalen Entwicklungen eingehen. Grund dafür ist die Erstveröffentlichung der App Pokémon Go, die Heerscharen von Menschen mobilisiert, mit ihren Smartphones in ihrem Umfeld kleine virtuelle Monster zu jagen. Sie erforschen erstmals ihre Umgebung durch die Linse ihrer Handykamera, obwohl sie gar kein Foto machen, sondern im Display die von der App eingeblendeten Monster (Pokémon) fangen wollen. Die Technik dahinter nennt sich Augmented Reality (AR), also erweiterte Realität, und meint die computergestützte Erweiterung der Realitätswahrnehmung, indem computergenerierte Zusatzinformationen oder virtuelle Objekte mittels Einblendung und Überlagerung hinzugefügt werden. Eine einfache Form, die heute jedem Fernsehzuschauer geläufig ist, kann zum Beispiel das Einblenden von Entfernungen bei Freistößen mithilfe eines Kreises oder einer Linie bei einer Fußballübertragung sein.

Diese Technik ist nicht neu. Bereits 1968 entwarf Ivan Sutherland das erste Mal ein Gerät, das sogenannte Head Mounted Three Dimensional Display, das mit Hilfe von Spiegeln und Glasscheiben virtuelle Bilder in das Sichtfeld des Betrachters projizieren konnte. Für die heutige AR-Technik bahnbrechende Entwicklungen entstanden zu Beginn der 1990er Jahre. Tom Caudell und David Mizell entwickelten im Auftrag des Flugzeugherstellers Boeing erstmals ein System, bei dem Techniker zum Verlegen von Kabeln in einem schwer zugänglichen Flugzeugrumpf mit einem Helm ausgestattet wurden, in dem eine Brille Informationen in das Sichtfeld des Benutzers projizierte. Eine wesentliche Hürde, die es bei der Verschmelzung von realem und virtuellem Raum zu nehmen gilt, ist die Positionierung und Bewegung des Betrachters in Echtzeit, das sogenannte Tracking. 1993 ermöglichte die Freigabe des Global-Positioning-Systems – kurz GPS – für die Öffentlichkeit die genaue Ortung des jeweiligen Anwenders auf der Erde. Vorher war das GPS-Verfahren nur dem Militär vorbehalten, das es für die taktische Kriegsführung benutzte.

Die Anwendungsgebiete für AR sind schier unendlich und in den meisten Fällen auch bereichernd. Ein Text in Fremdsprache wird dem Leser gleich in übersetzter Form eingeblendet, Navigationshinweise und Zusatzinformationen zu unbekannten Orten werden automatisch im Sichtfeld angezeigt; die Darstellung nicht sichtbarer Elemente mittels erweiterter Realität ermöglicht etwa einem Chirurgen, während der Operation aktuelle Röntgen- oder Ultraschallbilddaten einzubinden. In der Werbung wird schon heute vermehrt auf AR-Komponenten gesetzt, um dem Kunden einen Mehrwert zu bieten. So veröffentlichte beispielsweise die Möbelhauskette IKEA 2013 einen Katalog, in dem ausgewählte Möbelstücke per Smartphone-App eingescannt und virtuell an einen beliebigen Platz in der Wohnung projiziert werden konnten. Ein besonders lohnendes Segment in der Anwendung von Augmented Reality ist die Logistik. Unter »Pick-by-Vision« wird die Unterstützung des Kommissionierers in der Lagerlogistik durch visuelle Information in seinem Blickfeld unter Verwendung der Augmented-Reality-Technologie verstanden. Als ortsunabhängiges Visualisierungsmedium dient dazu eine vom Kommissionierer getragene Datenbrille, ein sogenanntes Head-Mounted-Display.

Die DHL hat im Rahmen eines Pilotprojekts in einem Paketzentrum in den Niederlanden erfolgreich den Einsatz von Datenbrillen (»Smart Glasses«) und Augmented-Reality-Anwendungen getestet. Die Lagerarbeiter wurden mit Datenbrillen ausgestattet, die schrittweise Arbeitsanweisungen einblenden, um den Kommissionierungsprozess zu beschleunigen und Fehler zu reduzieren. Über das Display der Datenbrillen (»Google Glass« und »Vuzix M100«) bekamen sie unter anderem angezeigt, wo sich der gesuchte Artikel genau befindet und in welcher Menge er benötigt wird. Die Datenbrille ersetzte den Handscanner und die sogenannten Pick-Listen. Die Arbeiter hatten die Hände frei und arbeiteten im Test fehlerfrei.

Wie sieht eine solche Brille der Zukunft aus? Die Vuzix M100 besteht aus einer etwa acht Zentimeter langen Kontrolleinheit, die über einen Verbindungssteg mit dem Displayteil verbunden ist. Das Gerät wird entweder an einem gängigen Brillenmodell befestigt oder befindet sich an einem Headset, das den Minibildschirm in einem Abstand von circa 3,5 Zentimetern vor einem Auge positioniert. Neben dem Farbdisplay hat die M100 eine Fünf-Megapixel-Kamera und ein GPS-Modul. Die Brille ist wegen ihrer handfreien Nutzung speziell für den industriellen und medizinischen Bereich konzipiert. Sie ermöglicht ihrem Träger über eine Bluetooth-Verbindung Zugang zu digitalen Daten eines Android- oder iOs-Smartphones.

Was sieht man durch die Datenbrille? Zunächst natürlich die reale Umgebung, in der man sich in Echtzeit bewegt. Wird eine Information oder eine Handlungsanweisung eingeblendet, stellt sich dies auf einem projizierten Bildschirmfenster am Rand des Sichtfeldes dar. Bewegt sich der Träger und blickt zum Beispiel auf einen QR-Code, werden automatisch die relevanten hinterlegten Daten dazu eingeblendet.

Welchen Mehrwert hat Augmented Reality in der Logistik? Der Test in den Niederlanden zeigte, dass AR-Anwendungen Logistikprozesse messbar optimieren können. In diesem Fall wurde eine 25-prozentige Effizienzsteigerung in der Kommissionierung erzielt, das heißt die Abläufe wurden deutlich beschleunigt und die Fehlerquote bei mehr als 20.000 Artikeln für 9.000 Bestellungen auf null reduziert.

Der Hersteller Vuzix ist ein Technologie-Unternehmen aus den USA, das schon seit 1997 tragbare Computer entwickelt. Die bisherigen Anwendungsbereiche waren beispielsweise Trainingsprogramme für das Militär oder 3D-Games. Die M100-Brille ist bereits seit 2013 in der Weiterentwicklung, mittlerweile gibt es den Nachfolger M300. MARION GRETHER

ANHANG

Nº 1

CANCIK-KIRSCHBAUM, EVA: »Die Keilschrift«, in: *Babylon. Wahrheit,* hrsg. von Joachim Marzahn und Günther Schauerte, Berlin 2008, S. 335–358.

Nº 2

Ägyptisches Museum. Staatliche Museen zu Berlin, Stiftung Preußischer Kulturbesitz, hrsg. von Karl-Heinz Priese, Mainz 1991.

Nº 3

PREISIGKE: »Ein Postpapyrus aus vorchristlicher Zeit«, in: *Archiv für Post und Telegraphie,* 24 (1909), S. 761–767.

Nº 5

PICK, ALBERT: *Papiergeld Lexikon,* München 1978.

Nº 7

SAUTTER, KARL: »Auffindung einer großen Anzahl verschlossener Briefe aus dem Jahre 1585«, in: *Archiv für Post und Telegraphie,* 4 (1909), S. 97–115.

Nº 11

STEPHAN, HEINRICH: *Geschichte der preußischen Post von ihrem Ursprunge bis auf die Gegenwart,* Berlin 1859.

Nº 12

LOHMANN, FERDINAND: *Die Post in Quedlinburg,* Quedlinburg 1889.

Nº 14

SCHARFE, WOLFGANG: *Abriß der Kartographie Brandenburgs 1771–1821,* Berlin / New York 1972.

Nº 16

http://bir.brandeis.edu/handle/10192/4864
http://parismuseescollections.paris.fr/fr/maison-de-balzac/oeuvres/le-moulin-du-telegraphe#infos-principales
(abgerufen am 22. November 2016).

Nº 17

DUFAYEL: »Mecklenburg-Schwerin'sche Postordnung vom Jahre 1770«, in: *Archiv für Post und Telegraphie,* 16 (1887), S. 481–488.

Nº 19

PICHLER, FRANZ: »Die Einführung der Morse-Telegraphie in Deutschland und Österreich. Die konstruktive Entwicklung der Apparate«, in: *Elektrotechnik und Informationstechnik,* 9 (2006), S. 402–408.

Nº 20

LIFFEN, JOHN: »The Introduction of the Electric Telegraph in Britain, a Reappraisal of the Work of Cooke and Wheatstone«, in: *The international Journal for the History of Engineering & Technology,* 80/2 (2010), S. 268–299.

Nº 23

SCHMITZ, DIRK: »Briefwaagen mit Loth-Skala«, in: *Maß und Gewicht. Zeitschrift für Metrologie,* 62 (2002), S. 1489–1502.

Nº 34

»Die Britisch-Indische Sammlung im Reichspostmuseum«, in: *Archiv für Post und Telegraphie,* 20 (1880), S. 609–619.

Nº 35

Nach Rang und Stand. Deutsche Ziviluniformen im 19. Jahrhundert, hrsg. von der Stadt Krefeld und dem Deutschen Textilmuseum, Krefeld 2002.

Nº 36

STEPHAN, MANFRED: *Zahlreiche Kasten sieht man hängen,* Berlin 1989.

Nº 37

»Das neue Postgebäude in Memel«, in: *Archiv für Post und Telegraphie,* 22 (1893), S. 783–792.

Nº 40

KIRCHEN, CHRISTIAN: *Emin Pascha. Arzt – Abenteurer – Afrikaforscher,* Paderborn 2014.

№ 41

SIMON, ERNST-OTTO: »Contract mit dem Posthalter Schüler (1830)«, in: *Archiv für deutsche Postgeschichte,* 1 (1979), S. 99–110.

№ 43

Dank an Ruth Bach-Damaskinos und Helge Weingärtner (beide Stadtarchiv Nürnberg) für die Identifizierung des Motivs »Wöhrder Thürlein«.

№ 46

JÄSCHKE-LANTELME, MICHAEL: »Die Handstempelaufdrucke von Tientsin. Deutsche Post in China«, *Michel-Nr. 8–14 und I–IV,* Berlin 2004.

№ 47

STÄHELI, URS: »Der Takt der Börse. Inklusionseffekte von Verbreitungsmedien am Beispiel des Börsen-Tickers«, in: *Zeitschrift für Soziologie,* 3 (2004), S. 245–263.

№ 49

MIOSGA, HARRY: »130 Jahre Bahnpost in Deutschland. Entwicklungsgeschichte der deutschen Bahnpostwagen von 1849–1979«, in: *Archiv für deutsche Postgeschichte,* 1 (1980), S. 5–97.

№ 52

FRITZ, JÜRGEN: *Spielzeugwelten. Eine Einführung in die Pädagogik der Spielmittel* (= Grundlagentexte soziale Berufe), Weinheim/München 1989.

№ 55

FRIEDEWALD, MICHAEL: *Die »Tönenden Funken«. Geschichte eines frühen drahtlosen Kommunikationssystems 1905–1914.* (Aachener Beiträge zur Wissenschafts- und Technikgeschichte des 20. Jahrhunderts, Bd. 2), 2. Auflage, Aachen 2012.

№ 56

LÜHRMANN, ERNST: »Der fahrende Landbriefträger von Melle«, in: *Postgeschichtliche Blätter aus dem Weser-Ems-Gebiet,* 14 (1959), S. 231.

№ 58

RAUSCH, WILHELM: *Der Stellmacher. Ausführliche Beschreibung in der Stellmacherei und beim Bau von Last-, Handels- und Leichenwagen vorkommenden Arbeiten,* Hannover 2003 (Reprint).

№ 59

ARNOLD, INGMAR: *Luftzüge. Die Geschichte der Rohrpost,* Berlin 2016.

№ 60

BAUMANN, MARGRET: »Betreff: Unterhaltungsrundfunk«, in: *DAS ARCHIV. Magazin für Kommunikationsgeschichte,* 4 (2011), S. 6–13.

№ 61

DINGWERTH, LEONHARD: *Die Geschichte der deutschen Schreibmaschinenfabriken,* Band 1: Große und mittlere Hersteller, Delbrück 2008.

№ 63

Deutsche Verkehrs-Zeitung. Organ für das Post-, Telegraphen- und Eisenbahnwesen (1902), S. 4.

№ 64

KLAES, REINER: *Steele im Bild,* Essen 1991.

№ 68

ALLGAIER, EDWIN: »Als Zeppeline noch Post beförderten«, in: *Archiv für deutsche Postgeschichte,* 1 (1991), S. 27–40.

№ 69

DALÍ, SALVADOR: *Das geheime Leben des Salvador Dalí,* München 2004.

№ 70

EMMERICH, ALEXANDER: *Olympia 1936. Trügerischer Glanz eines mörderischen Systems,* Köln 2012.

№ 73

SMITH, MICHAEL: *Enigma entschlüsselt. Die Codebreakers von Bletchley Park,* München 2000.

№ 77

THURN, HANS PETER: *Die Kulturgeschichte des Sparens,* Stuttgart 1991.

№ 78

Das Westpaket. Geschenksendung, keine Handelsware, hrsg. von Christian Härtel und Petra Kabus, Berlin 2001.

№ 79

SCHELLIN, ROLAND: *Minifon – Der Spion in der Tasche,* Idstein 2001.

№ 80

HORMANN, JÖRG-MICHAEL / STERN, VOLKHARD: *Der Postbus kommt. 100 Jahre Kraftpost in Deutschland,* Heidelberg 2005.

№ 81

GUIDOT, RAYMONT: *Les Bons Génies de la Vie Domestique. Exposition présentée au Centre Pompidou, Galerie Sud, 11 octobre 2000 – 22 janvier 2001,* Paris 2000.

№ 82

BUSCHMANN, KONRAD: *Da ging die Post ab. Die Geschichte der Motorisierung der Post,* Trier o. J.

№ 83

»Kosmosstempel«, in: *Die Deutsche Post,* 6 (1978), S. 281.

№ 86

STÖCKER, CHRISTIAN: *Nerd Attack! Eine Geschichte der digitalen Welt vom C64 bis zu Twitter und Facebook,* Bundeszentrale für politische Bildung 1215, Bonn 2011.

№ 87

HELLSTRÖM, PETER: *Die Postkontrolle der Staatssicherheit. Aus der Sicht eines Zeitzeugen,* Schönefeld 2010.

№ 88

WEBER, HEIKE: *Das Versprechen mobiler Freiheit. Zur Kultur- und Technikgeschichte von Kofferradio, Walkman und Handy,* Bielefeld 2008.

№ 93

Ed Ruscha. Fifty Years of Painting, hrsg. von Hayward Publishing, New York / Los Angeles 2010.

№ 94

BURZAN, MICHAEL: *Telefonkarten sammeln. Serien, Preise, Sammeltipps,* Donauwörth 1992.

Die Publikationen zur Sammlung und den Wechselausstellungen der Museen für Kommunikation finden Sie unter: http://www.museumsstiftung.de/kategorie/publikationen

OBJEKTE

Nº 1

KEILSCHRIFTTAFEL
40 × 45 × 20 mm (b × h × t)
3.0.2

Nº 2

NILBARKE
1150 × 300 × 410 mm
3.2010.2781

Nº 3

PAPYRUS HIBEH I 110
378 × 256 × 7 mm
3.0.6

Nº 4

ABLASSBRIEF
190 × 255 × 20 mm
3.2006.4172

Nº 5

CHINESISCHER GELDSCHEIN
340 × 220 mm
3.2009.1393

Nº 6

COSMOGRAPHIA VON CLAUDIUS PTOLEMÄUS
Drucker Lienhart Holl, Ulm
600 × 425 × 30 mm
4.2.89

Nº 7

POSTAVISO
Ruggero de Tassis, Mailand
190 × 275 mm
4.2.88

Nº 8

FELLEISEN
580 × 180 × 180 mm
4.0.1045

Nº 9

BOTENORDNUNG DER STADT NÜRNBERG
315 × 390 mm
4.2014.935

Nº 10

DAS TAXIS'SCHE POSTHAUS ZU AUGSBURG
Lukas Kilian, Augsburg
305 × 255 mm
4.0.14163

Nº 11

SCHNÖRKELBRIEF DES GROSSEN KURFÜRSTEN
geschrieben am 30. Juli 1649, späterer Kanzleivermerk: 5. August 1649
195 × 293 mm, aufgeschlagen 390 × 293 mm
3.2008.280

Nº 12

POSTHAUSSCHILD
Kaiserliche Reichspost, Quedlinburg
500 × 660 × 150 mm
4.0.2699

Nº 13

REISEHANDBUCH
Peter Ambrosius Lehmann, Hamburg
210 × 150 × 30 mm
A 10397

Nº 14

POSTROUTENKARTE des Kurfürstentums Brandenburg
Handzeichnung von Carl Ludwig Hahn, Breslau
Maßstab zwischen 1:240.000 und 1:300.000
1535 × 896 mm (Blattmaß)
3.0.9386

Nº 15

POSTILLIONSTIEFEL
300 × 590 × 200 mm
3.0.28

Nº 16

KAMINUHR
Uhrmacher H. Castor, Paris
270 × 540 × 143 mm
4.2006.474

Nº 17

WERTGELASS
620 × 600 × 337 mm
3.2015.1192

Nº 18

DRUCKPROBE
Drucker Perkins, Bacon & Co., Entwerfer William Wyon
108 × 118 mm
2.2003.153

Nº 19

TELEGRAFENSTATION
von Charles B. Robinson, Bremen
685 × 330 × 370 mm
4.0.28259

№ 20

FÜNFNADELTELEGRAF
Electric Telegraph Company, London
630 × 800 × 320 mm
3.0.1800

№ 21

EICHSTÄTTBRIEF
geschrieben vom Magistrats-Registrator J. Arnold am 13. November 1850
gefaltet 170 × 85 mm
2.2002.3417

№ 22

DAGUERREOTYPIE
78 × 95 × 1 mm
3.2015.2676

№ 23

BRIEF- UND PÄCKCHEN-WAAGE
hergestellt von Johann Peter Olhf, Frankfurt am Main
480 × 490 × 170 mm
4.0.3733

№ 24

REISEPASS FÜR JACOB GRIMM
ausgestellt vom Ministerium der auswärtigen Angelegenheiten Preußens am 10. Juli 1853
350 × 470 mm
4.2.87

№ 25

ERSTES TRANSATLANTIK-KABEL
Souvenirstück, Tiffany & Co., New York
100 × 18 × 18 mm
4.2008.120

№ 26

TELEFON VON PHILIPP REIS
Philipp Reis, Friedrichsdorf
Empfänger 280 × 60 × 100 mm
Geber 150 × 100 × 200 mm
4.0.33663.0

№ 27

EHRENPOKAL
Goldschmied Philipp August Schleissner, Hanau
160 × 460 × 160 mm
4.0.1786

№ 28

DRUCKPLATTE
231 × 22 × 135 mm
3.2009.210.0

№ 29

CORRESPONDENZ-KARTE
geschrieben am 30. September 1869,
versandt am 1. Oktober 1869
122 × 85 mm
2.2008.702

№ 30

VERFÜGUNG
eigenhändiges Schreiben Heinrich Stephans
datiert vom 24. August 1872
204 × 268 mm
aufgeschlagen 408 × 268 mm
3.2008.284

№ 31

VERTRAGSURKUNDE
zur Gründung des Weltpostvereins
datiert vom 9. Oktober 1874
aufgeklappt 520 × 378 × 12 mm
3.2011.3600

№ 32

LEITUNGSDRAHT
Alexander Graham Bell
195 × 3 × 195 mm
4.0.35898.0

№ 33

TELEFON VON ALEXANDER GRAHAM BELL
80 × 160 × 80 mm
4.0.27946

№ 34

TONGA MIT DREI POSTBOTEN
Britisch-Indische Postverwaltung, Kalkutta
570 × 380 × 260 mm
4.0.619

№ 35

GALAUNIFORM
Militär-Effekten und Uniform-Fabrik Eduard Sachs, Berlin
560 × 1060 × 210 mm
4.0.3880.0

№ 36

POSTBRIEFKASTEN
Kaiserliche Reichspost
380 × 555 × 190 mm
3.0.1728

№ 37

ENTWURFSZEICHNUNG
für das Postgebäude in Memel
Architekt H. Schoede, Berlin
Federzeichnung, aquarelliert
453 × 615 × 1 mm
3.2008.726

Nº 38

KAISER-MOSAIK
1170 × 2480 × 60 mm
3.2007.342

Nº 39

RÄDERSCHLITTEN
Hof-Wagenfabrikant Kathe, Braunschweig
3600 × 2400 × 1700 mm
4.0.2114

Nº 40

BRIEFTRANSPORTTASCHE
185 × 470 × 10 mm
4.2001.889

Nº 41

KURSUHRTASCHE
Eduard Ackermann, Berlin
240 × 740 × 95 mm
3.2012.2756.0

Nº 42

RUSSISCHE KAMELPOST
Anstalt zur Anfertigung Pädagogischer Hülfsmittel und Spiele, St. Petersburg
770 × 550 × 410 mm
3.2007.501

Nº 43

ANSICHTSKARTE
geschrieben von Georg Fischer am 31. Juli 1897
138 × 90 mm
5.2004.131.1

Nº 44

ÖFFENTLICHER BRIEFSCHREIBER IN CAIRO
Max Rabes
1850 × 1700 × 80 mm
3.0.42

Nº 45

UR-SKIZZE FÜR DIE GERMANIA-BRIEFMARKEN
Paul Eduard Waldraff
170 × 204 mm
2.2003.120

Nº 46

HANDSTEMPEL
21 × 41 × 24 mm
3.2011.3598

Nº 47

SELF WINDING STOCK TICKER
Thomas A. Edison Inc., West Orange, NJ
210 × 270 × 210 mm
4.0.35629

Nº 48

WANDTELEFON HILDESHEIM
Deutsche Waffen- und Munitionsfabriken, Karlsruhe
260 × 800 × 210 mm
4.0.29311

Nº 49

BAHNPOSTWAGEN 2785
Düsseldorfer Eisenbahnbedarf AG, Düsseldorf
3200 × 750 × 500 mm
3.0.283

Nº 50

MAURITIUS-TABLEAU
Reichspostmuseum, Berlin
264 × 24 × 227 mm
2.2000.152.0

Nº 51

VIELFACHUMSCHALTER ZB II
Siemens & Halske AG, Berlin
1950 × 2250 × 1150 mm
3.0.3871

Nº 52

KINDERPOST-SPIEL
Fabrik und Verlag der Sala-Spiele, Berlin
315 × 25 × 235 mm
4.2009.480

Nº 53

TELEGRAMM DER TITANIC AN DIE BALTIC
Marconi's International Marine Communication Ltd., London
gesendet am 15. April 1912
141 × 222 mm
4.2.2.61

Nº 54

BRIEFTASCHE MIT EINSCHUSSÖFFNUNG
125 × 65 × 170 mm
3.2015.1932.1

Nº 55

LÖSCHFUNKENSENDER NACH MAX WIEN
Dr. Erich F. Huth Gesellschaft für Funkentelegraphie mbH, Berlin
305 × 625 × 340 mm
4.2007.102

Nº 56

LANDBESTELLÜBERSICHT
Deutsche Reichspost,
Postamt Flensburg
445 × 610 mm
3.2015.284

Nº 57

VERTEILTISCH MIT WERTGELASS
Geldschrankfabrik
G. Fuhrmann, Berlin
1250 × 1370 × 930 mm
3.2010.1247

Nº 58

HANDWAGEN POST 22
2430 × 1090 × 1440 mm
4.2004.373

Nº 59

KAMMERAPPARATE
Deutsche Telephonwerke und
Kabelindustrie AG DeTeWe,
Berlin
jeweils 500 × 1600 × 660 mm
3.0.1525 und 1526

Nº 60

BASTLER-RADIO
40 × 35 × 20 mm
4.2011.1305

Nº 61

ZEIGERSCHREIBMASCHINE
AEG Mignon 4
AEG-Schreibmaschinen
Gesellschaft mbH, Erfurt
352 × 200 × 360 mm
3.2006.1311

Nº 62

REICHSPOST-KALENDER
Konkordia-Verlag, Leipzig
160 × 260 × 15 mm
3.2016.1836

Nº 63

WERTZEICHENGEBER
Turbon GmbH, Berlin
410 × 680 × 255 mm
4.0.2353

Nº 64

DOPPELBLATTFAHNE
Postverein Steele und
Umgebung, Essen
1170 × 1150 × 50 mm
3.2009.1344

Nº 65

TEXTOPHON
C. Lorenz AG, Berlin
545 × 925 × 440 mm
4.2004.211.0

Nº 66

RUHESTANDSURKUNDE FÜR ERNST BERG
datiert vom 14. Juni 1933
Deutsche Reichspost
210 × 298 mm
4.2.86

Nº 67

BELADUNG DES POSTDAMPFERS BREMEN
Alexander Kircher
1655 × 1150 × 45 mm
4.0.965

Nº 68

LUFTPOSTBEUTEL
Syndicato Condor Ltda.,
Rio de Janeiro
435 × 565 × 20 mm
4.0.1128

Nº 69

HUMMER- ODER APHRODISISCHES TELEFON
Salvador Dalí
305 × 180 × 125 mm
4.0.34173

Nº 70

FERNSEHKAMERA
Fernseh AG, Berlin
800 × 1680 × 950 mm
3.0.7704

Nº 71

BRIEF VON DEUTSCHLAND NACH CHICAGO
188 × 120 mm
2.2003.209

Nº 72

POLNISCHER LANDPOSTBRIEFKASTEN
benutzt von der
Deutschen Post Osten
375 × 252 × 230 mm
3.2000.3361

Nº 73

CHIFFRIERMASCHINE ENIGMA M4
Olympia Büromaschinen-
werke AG, Erfurt
geöffnet 285 × 455 × 455 mm
4.0.23036

№ 74

DRUCKFREIGABE
unterschrieben vom sowjetischen Stadtkommandanten von Berlin am 24. Mai 1945
140 × 206 mm
3.2010.2529

№ 75

BAUKASTEN-RADIO HEINZELMANN
Radio-Vertrieb Fürth Max Grundig oHG, Fürth
427 × 245 × 225 mm
4.2011.1335

№ 76

STÖRSENDER
VEB Funkwerk Leipzig
3080 × 1770 × 630 mm
3.0.5952

№ 77

SPARDOSE
Gesellschaft für Blechwaren mbH, Berlin
90 × 60 × 50 mm
3.0.1677

№ 78

PLAKAT
Spitzenverband der Freien Wohlfahrtspflege, Freiburg im Breisgau
420 × 590 mm
4.2008.109

№ 79

DRAHTTON-AUFNAHMEGERÄT MINIFON P 55
Protona GmbH, Hamburg
11 × 4 × 18 mm, mit Zubehör im Koffer 340 × 70 × 280 mm
4.2010.798

№ 80

KRAFTPOST-INFORMATIONSTAFEL
Schulze & Wehrmann Emaillierwerk, Elberfeld
720 × 1060 × 65 mm
3.2013.460

№ 81

PANORAMA-FERNSEHER
»Panoramic« P111, Société Française Frigéavia, Paris
650 × 1380 × 710 mm
4.2010.68

№ 82

VW-KLEINLIEFERWAGEN TYP 147
Ausführung Post, Volkswagen AG, Wolfsburg, Westfalia-Werke Franz Knöbel & Söhne KG, Rheda-Wiedenbrück
1670 × 1730 × 3970 mm
4.0.2023

№ 83

KOSMOS-SONDERSTEMPEL
Zentrales Postverkehrsamt der Deutschen Post der DDR, Berlin
85 × 245 × 70 mm
3.2002.7046

№ 84

FERNSPRECHHÄUSCHEN FEH 79
Deutsche Post der DDR
1060 × 2300 × 1200 mm
4.2007.696

№ 85

VIDEOSPIELEKONSOLE ATARI 2600
Atari Inc., Sunnyvale, CA
345 × 150 × 230 mm
4.2014.293.0

№ 86

COMPUTER COMMODORE 64
Commodore International Ltd., West Chester, PA
Tastatur/Rechner
430 × 100 × 233 mm
4.2016.330.0

№ 87

ZOLLKONTROLL-EINRICHTUNG
VEB Montan Wittenberg
1820 × 2300 × 1670 mm
3.0.531.0

№ 88

WALKMAN WM-36
Sony Corporation, Tokio
92 × 46 × 122 mm
3.2016.1862

№ 89

MOBILTELEFON POCKY
Standard Elektrik Lorenz AG (SEL), Stuttgart
80 × 210 × 40 mm
4.0.30520

№ 90

TRIBUT
Jean-Luc Cornec
je circa 800 × 1000 × 400 mm
4.0.33851

№ 91

COMPUTER NEXT CUBE N1000A
NeXT Inc., Redwood City, CA
310 × 320 × 310 mm
4.2014.526

№ 92

QUELLE-PAKET
Quelle Gustav Schickedanz KG, Fürth
410 × 250 × 320 mm
3.2015.3127

№ 93

BLUE COLLAR TELEPHONE
Edward Ruscha
3045 × 1375 × 40 mm
4.0.831

№ 94

TELEFONKARTE
ODS Oldenbourg Datensysteme GmbH, Neufahrn
86 × 54 × 1 mm
3.2013.3297

№ 95

NACHRICHT
Neo Rauch
1600 × 2400 × 40 mm
3.0.1790

№ 96

JAMBA! BOX
Jamba GmbH, Berlin
100 × 10 × 195 mm
4.2010.529

№ 97

DHL-HANDSCANNER MOTOROLA F4411A
Motorola Inc., Schaumburg, IL
125 × 180 × 220 mm
3.2015.2878

№ 98

SCHWEBENDE KOMMUNIKATION
Volker März
2200 × 3600 × 2200 mm
3.2016.1642

№ 99

PAKETKOPTER 2.0
Deutsche Post DHL Group, Bonn
1750 × 500 × 1750 mm

№ 100

SMARTPHONE SAMSUNG GALAXY S DUO 2
Samsung Electronics Co. Ltd., Suwon
63 × 12 × 122 mm
3.2016.1809

№ 101

DATENBRILLE VUZIX M100
Vuzix Corporation, Rochester, NY
145 × 35 × 145 mm

AUTORINNEN UND AUTOREN

JULIA BASTIAN
Wissenschaftliche Mitarbeiterin Presse und Ausstellungsmanagement,
Museum für Kommunikation Frankfurt
№ 25

DR. KLAUS BEYRER
Abteilungsleiter Öffentlichkeitsarbeit,
Museum für Kommunikation Frankfurt
№ 6, 7, 8, 9, 10, 24, 27, 62, 66

DR. VEIT DIDCZUNEIT
Abteilungsleiter Sammlungen,
Museum für Kommunikation Berlin
№ 4, 11, 15, 23, 29, 34, 38, 42, 44, 54, 72, 74, 83, 92

DANIEL EBERT
bis 2015 Wissenschaftlicher Volontär,
Museum für Kommunikation Berlin
№ 100

BJÖRN EGGERT
Museologe Sammlungen,
Museum für Kommunikation Berlin
№ 17, 41, 57

KATHARINA FENDIUS
Wissenschaftliche Assistentin der Kuratorin der Museumsstiftung Post und Telekommunikation,
Museum für Kommunikation Berlin
№ 85, 86, 91

FRANK GNEGEL
Abteilungsleiter Sammlungen,
Museum für Kommunikation Frankfurt
№ 16, 19, 47, 55, 79, 81

DR. OLIVER GÖTZE
Abteilungsleiter Öffentlichkeitsarbeit,
Museum für Kommunikation Berlin
№ 20, 59, 61

DR. HELMUT GOLD
Stellvertretender Kurator der Museumsstiftung Post und Telekommunikation,
Direktor Museum für Kommunikation Frankfurt
Vorwort

MARION GRETHER
Direktorin Museum für Kommunikation Nürnberg
№ 98, 101

DR. ANDREAS HAHN
Leiter Archiv für Philatelie Bonn
№ 18, 21, 45, 50, 71

LINA HARDER
Wissenschaftliche Volontärin,
Museum für Kommunikation Berlin
№ 35, 88, 97

SANDRA HESSE
Wissenschaftliche Projektmitarbeiterin,
Museum für Kommunikation Frankfurt
№ 67, 76

PETER HIRSCHMILLER
Wissenschaftlicher Volontär,
Museum für Kommunikation Berlin
№ 28

ANKE HÖWING
Referentin Sammlungen,
Museum für Kommunikation Berlin
№ 2, 3, 12, 36, 40, 63, 64, 87

THOMAS JABS
Fotoarchivar Sammlungen,
Museum für Kommunikation Berlin
№ 22

THOMAS KAHLBOM
Mitarbeiter Sammlungen,
Museum für Kommunikation Berlin
№ 46

MIRJAM KASPERL
Museologin Sammlungen,
Museum für Kommunikation Berlin
№ 14, 37, 56

DR. LIESELOTTE KUGLER
Kuratorin der Museumsstiftung
Post und Telekommunikation,
Direktorin Museum für Kommunikation Berlin
№ 93, 95

JOHANNES LINDENLAUB
Pressereferent,
Museum für Kommunikation Berlin
№ 1

CLAUDIA LOEST
Leiterin Bibliothek,
Museum für Kommunikation Berlin
№ 13

DR. VERA LOSSE
Abteilungsleiterin Öffentlichkeitsarbeit,
Museum für Kommunikation Nürnberg
№ 43

JOHN-ERNST LUDWIG
Restaurator,
Museum für Kommunikation Frankfurt
№ 58

REGINE MELDT
Leiterin Kommunikation und Marketing,
Museum für Kommunikation Frankfurt
№ 60, 69, 90

LIOBA NÄGELE
Referentin Sammlungen,
Museum für Kommunikation Frankfurt
№ 26, 32, 33, 48, 51, 84, 89

KATRIN PETERSEN
Wissenschaftliche Projektmitarbeiterin,
Museum für Kommunikation Frankfurt
№ 52, 96

THOMAS PICK
Wissenschaftlicher Volontär,
Museum für Kommunikation Nürnberg
№ 98

JUTTA SCHERM
Museumspädagogin,
Museum für Kommunikation Berlin
№ 77

DR. JULIA SCHOPFERER
Wissenschaftliche Volontärin,
Museum für Kommunikation Frankfurt
№ 53, 65

FLORIAN SCHÜTZ
Wissenschaftlicher Projektmitarbeiter,
Museum für Kommunikation Berlin
№ 70, 73, 75

WENKE WILHELM
Referentin Sammlungen,
Museum für Kommunikation Berlin
№ 5, 30, 31, 39, 49, 68, 78, 80, 82, 94, 99

SONY
WALKMAN
Quelle
Europas größtes
Versandhaus

Süd. West und Ost
Bringt Freud und Leid die Post.
46
Deutsche Post Osten

IMPRESSUM

DAS RADIO IN DER NUSSSCHALE
und andere Objektgeschichten aus
den Sammlungen der Museumsstiftung
Post und Telekommunikation

HERAUSGEGEBEN VON
Veit Didczuneit

MIT BEITRÄGEN VON
Julia Bastian, Klaus Beyrer, Veit Didczuneit, Daniel Ebert, Björn Eggert, Katharina Fendius, Frank Gnegel, Oliver Götze, Helmut Gold, Marion Grether, Andreas Hahn, Lina Harder, Sandra Hesse, Peter Hirschmiller, Anke Höwing, Thomas Jabs, Thomas Kahlbom, Mirjam Kasperl, Lieselotte Kugler, Johannes Lindenlaub, Claudia Loest, Vera Losse, John-Ernst Ludwig, Regine Meldt, Lioba Nägele, Katrin Petersen, Thomas Pick, Jutta Scherm, Julia Schopferer, Florian Schütz und Wenke Wilhelm

Eine Publikation der Museumsstiftung
Post und Telekommunikation (Bd. 38)

Printed in Germany
ISBN 978-3-7774-2876-5

www.museumsstiftung.de
www.hirmerverlag.de

BIBLIOGRAFISCHE INFORMATION DER DEUTSCHEN NATIONALBIBLIOTHEK
Die Deutsche Nationalbibliothek verzeichnet diese Publikation in der Deutschen Nationalbibliografie; detaillierte bibliografische Daten sind im Internet über www.dnb.de abrufbar.

REDAKTION
Wenke Wilhelm

LEKTORAT
Birgit Anna Schumacher

GESTALTUNG UND SATZ
Eva-Maria Bolz, Stephan Fiedler

OBJEKTFOTOGRAFIE
Roman März

OBJEKTWELTENFOTOGRAFIE
Ragnar Schmuck

LITHOGRAFIE
Johann Hausstätter

RESTAURIERUNG
Martina Haig, John-Ernst Ludwig,
Angelika Rippl

OBJEKTLOGISTIK
Peter Boesang, Gunnar Goehle,
Thomas Kahlbom,
Jörg Lange, Michael Richter

PROJEKTMANAGEMENT VERLAG
Kerstin Ludolph

DRUCK UND BINDUNG
Passavia Druckservice GmbH & Co. KG